信息化进程中的基础教育变革研究丛书

丛书主编：涂艳国

中学生的数字化成长与教育

DIGITAL GROWTH AND EDUCATION OF
MIDDLE SCHOOL STUDENTS

肖 凯 著

科学出版社
北 京

内 容 简 介

当前中学生数字化成长存在自我异化、自我迷失、自我分裂甚至自我毁灭的现象。本书在深入反思中学生自我完善现状的基础上构建数字时代人的自我完善理论，对面向中学生数字化成长的学校教育作出了理论和实践层面的探索。

本书研究的核心问题是数字时代中学生的自我完善的问题。在传统自我完善理论的基础上，提炼出数字时代自我完善的人的基本特征及其发生机制。笔者以此为框架分析了中学生数字化成长中的自我完善的现状，对其中存在的积极因素和消极因素作出深入探索，由此提出，我国教育界应致力于推动工业化教育思维向数字时代教育思维转变。

本书可供关注数字时代教育理论与实践的研究者、"互联网+教育"的教育研究者、教育管理者及中学教育工作者阅读使用。

图书在版编目（CIP）数据

中学生的数字化成长与教育 / 肖凯著. —北京：科学出版社，2021.6
（信息化进程中的基础教育变革研究丛书 / 涂艳国主编）
ISBN 978-7-03-068924-5

Ⅰ.①中… Ⅱ.①肖… Ⅲ.①中学教育–信息化–研究 Ⅳ.①G63

中国版本图书馆 CIP 数据核字（2021）第 103381 号

责任编辑：崔文燕 张春贺 / 责任校对：王晓茜
责任印制：李 彤 / 封面设计：润一文化

科学出版社 出版
北京东黄城根北街 16 号
邮政编码：100717
http://www.sciencep.com

北京中石油彩色印刷有限责任公司 印刷
科学出版社发行 各地新华书店经销

*

2021 年 6 月第 一 版　开本：720×1000　1/16
2021 年 6 月第一次印刷　印张：13 3/4
字数：246 000

定价：89.00 元
（如有印装质量问题，我社负责调换）

丛 书 序

我们已经生活在信息化时代。人类历史上从未有过这样一个时期，技术发明如此之多，出现的速率如此之快，对我们的生活影响如此之大。就教育领域而言，面对互联网、云计算、大数据、人工智能等信息技术日新月异的创新，不少人真的有些眼花缭乱、不知所措。

信息技术的发展和应用对教育究竟会产生什么样的影响？由美国新媒体联盟发布的地平线报告对此进行了比较系统的研究。《新技术驱动教学创新的趋势、挑战与策略——2017地平线报告（基础教育中文版）》聚焦最有可能影响其后五年技术规划和决策制定的六个趋势、可能阻碍新技术采用的六个挑战和进入基础教育主流应用的六项技术。[1]

六个趋势是：

远期（未来6年乃至更长时间）：推进创新文化、深层学习策略；

中期（未来3~5年）：注重学习测量、重构学习空间；

近期（未来1~2年）：培养编程素养、STEAM学习兴起。

六个挑战是：

可解决的挑战：怎样开展实景体验式学习、如何提升数字化素养；

---

[1] 美国新媒体联盟. 新技术驱动教学创新的趋势、挑战与策略——2017地平线报告（基础教育中文版）. 北京开放大学地平线报告项目组译. 中国现代教育装备，2017（18）：1-20.

有难度的挑战：怎样重构教师角色、如何发展计算思维；

严峻的挑战：怎样弥合学业成绩差距、如何在领导的变更中保持持续创新。

六项技术是：

近期（1年以内）：创客空间、机器人；

中期（未来2～3年）：分析技术、虚拟现实；

远期（未来4～5年）：人工智能、物联网。

地平线报告对于基础教育的信息化发展尤其是推动技术在教育领域的应用具有重要的参考价值。但是，这样的研究主要基于技术的发展及其在教育领域应用的预测，与教育实践的发展往往存在较大的差距。正因为如此，才出现了所谓的"乔布斯之问"。[①]

现阶段，信息技术在教育领域的应用难以取得预期的效果的原因是多方面的，其中一个重要原因是有些热衷于信息技术及其教育应用的研究者自觉或不自觉地忽视了人类学习和教育活动的复杂性。MOOC（慕课）的遭遇就是这方面的明显例证。

2012年，MOOC平台优达学城（Udacity）的创建者塞巴斯蒂安·特隆在接受《连线》（Wired）杂志采访时预言：50年之内，全世界将只剩下10所大学，而Udacity将在其中占有一个席位。也正是在这一年，特隆荣获美国《史密斯索尼恩》（Smithsonian）杂志授予的美国匠心大奖（American Ingenuity Award）（教育类）。

到了2013年，对于只有不足10%的注册学员完成了他们在Udacity上的课程这一事实，特隆指出Udacity提供的产品确实令人不满意。但就在他抨击自己产品的同一篇文章里，他又为Udacity的缺陷找到了合理的解释：辍学的学员主要来自困难地区，没有足够好的网络接入条件，而他们自身的生活还面临着其他多种挑战，所以MOOC可能并不适合他们这个群体。

[①] 2011年5月，乔布斯与比尔·盖茨会面，讨论关于教育和未来学校问题时曾经说过一句话："为什么计算机改变了几乎所有领域，却唯独对教育的影响小得令人吃惊？"这便是"乔布斯之问"。

2015年,《纽约时报》报道,经过几年的试验和试错,Udacity 已经找到一种职业训练模式,可对数百万规模的人员进行技能培训。这指的是 Udacity 可为来自企业的学习者授予纳米学位(Nano Degree)。然而不久以后,Udacity 却宣布打算撤离开放课程。公司一位副总裁称"MOOC 已死","我们的使命是引入合适的教育促进人们在职业与社会-经济环境中的活动,而 MOOC 显然没有做到这一点"[①]。

仅仅5年,从雄心勃勃地要重塑全部高等教育,转向只做公司职业培训,谁能预见 MOOC 这样大反转的命运?别说,还真有人预见到了。Audrey Watters 在特隆获奖后不久就曾指出,MOOC 被吹捧过度了;还有很多人在2013年就对那些不遗余力地鼓吹 MOOC 的人表示出理性的怀疑。

Udacity 失败的根源在于"产品"这个词,以及他们的信念——教育类产品可以重塑教育。Audrey Watters 曾经列过一个有关"教学机器"的大事年表,表明近两个世纪以来,这类产品几乎无例外地均未能引发教育的根本转型。也许严格来讲,Udacity 并不是一种教学"机器",但其设计者认为这个平台属于教学机器。他们深信这个平台自身能够提供教育,而没有意识到,教育不是产品,而是一个过程,这一过程在那些被教育的人群中可能发生也可能不会发生。而 Udacity 似乎把学习视为一种"病毒",一旦人们足够接近某种教育产品,就会学习。

真实的学习和教育过程要复杂得多。学校教育不仅要传授科学文化知识,还要培养学生的兴趣和能力、陶冶学生的品德和情操、提升学生的人格和价值。技术革命固然会带来人类文明的一些根本性改变,但这种改变在教育中应该是相对滞后的。比较成熟的新技术可以被逐步引进教育教学过程,作为辅助手段,但是对新技术的过分热衷,可能会使人忘记教育的本分。"教育界不必对技术的任何一点进展都过分敏感。从根本意义上讲,教育本身就是一种技术,一种社会技术,这种技术与狭义的技术即科学化的技术所担负的角色完全不同。科学化的物质技术起前瞻、

---

① 转引自: Waner J. MOOCs Are "Dead". What's Next? Uh-oh. https://www.insidehighered.com/blogs/justvisiting/moocs-are-dead-whats-next-uh-oh[2017-10-11].

引领和拉动作用，社会技术（教育）起积淀、传承和稳定作用。它们之间应该有一个张力，而不是完全顺应狭义的高新技术的路数。"①

人类进入信息化时代的时间不长。信息化时代的教育确实发生了很多变化。如果把古代的教育称为学徒制时代、近现代的教育称为普遍学校教育时代，那么我们现在正在进入教育的终身学习时代。

当我们从学徒制时代过渡到普遍学校教育时代时，很多不同的方面都发生了变化：谁为孩子的教育负责，教育他们的目的和内容是什么，如何教他们，如何评价，我们希望他们学会什么。学习发生的地点、学习发生的文化、教师和学生的关系也发生了变化。当我们进入终身教育时代时，教育的所有这些方面又一次发生了改变。②

责任：从"家长"到"国家"到"个人和家长"；

期望：从"社会复制"到"全员成功"到"个人选择"；

内容：从"实用技能到学科知识"到"学会如何学习"；

教法：从"学徒制"到"教学主义"到"互动"；

评价：从"观察"到"测试"到"嵌入式评价"；

地点：从"家庭"到"学校"到"任何地方"；

文化：从"成人文化"到"同伴文化"到"年龄混合文化"；

关系：从"个人亲情关联"到"权威人物"到"计算机中介的互动"。

根据柯林斯等的研究，从学徒制时代到普遍学校教育时代最引人注目的变化是国家接管了对儿童进行教育的责任。国家控制教育，带来了大众教育模式的诞生，即按年龄组别将学生集合起来，推进标准化的课程和评价，重组师生关系。在终身学习时代，乐于自己学习的人开始从国家手中收回教育责任。但同时，有些学习者不愿意利用或不会利用那些推动各种终身学习的技术，那么他们又会如何呢？因

---

① 吴国盛. 技术革命与教育改革. 人民教育，2018（1）：20-24.

② 柯林斯，哈尔弗森. 技术时代重新思考教育——数字革命与美国的学校教育. 陈家刚，程佳铭译. 上海：华东师范大学出版社，2013：93-104.

此，我们需要在技术世界中重新思考教育：重新思考学习、动机、重要的学习内容、职业、学习与工作之间的过渡、教育领导、政府在教育中的作用。

通过对不同时代教育的对比，我们可以更清晰地感受信息化时代教育的变化。当然，信息化时代的教育变化远不止柯林斯等人所列举的那些方面。就研究而言，信息化进程中的基础教育除了教育技术应用研究以外，还有学校教育变革、教育政策研究、教育理论创新等多方面的问题值得关注。近年来，我的一部分学生对信息化进程中的基础教育进行了比较深入的专题研究，取得了一批研究成果。这些成果涉及中学生的综合素质评价、中小学教师的生存方式、中学生的数字化成长、中学校长的决策过程、媒体素养教育、馆校合作、学习自由等基础教育的实践和理论问题，具有重要的现实意义。这些成果有的是在博士学位论文的基础上修改完善的，有的则是通过课题研究而取得的，达到了较高的水平。我为这些成果的正式出版而感到高兴，也希望各位作者继续深化有关问题的研究，为信息化时代的基础教育变革做出更大的贡献。

这套丛书的出版得到了科学出版社教育与心理分社付艳分社长的大力支持，教育与心理分社袁玲和崔文燕两位女士对出版工作尽心尽力。谨在此一并表示衷心的感谢！

2018 年 1 月

前　言

人类文明史就是一部人的自我完善史，但人类进入工业社会后仍没有很好地解决自我完善的问题。在《1844年经济学哲学手稿》中，马克思从哲学的角度提出了人的异化问题，后现代主义学者更是对工业社会中人的自我完善的不良状况进行了深刻揭露。以去中心、开放、连通、碎片、跨界、互动、个性为关键词的数字时代曾经带给人们一种这样的想象：数字时代让人获得了解放，人可以通过操作各种先进的数字化产品自主地学习，充分实现每个人的自我完善。勾勒这幅图景的《数字化生存》（尼葛洛庞帝，1997年版）一书曾在国内产生了广泛影响，人们的乐观情绪也随着数字技术在中国的快速发展而不断高涨。如果人们仔细观察日常生活就会发现，数字化在给人的自我完善带来便利的同时，也带来了一些挑战。以中学生为例，由于成长阶段的特点，他们在数字化成长过程中就面临着一个重要挑战，即可能被"数字化"。这样的现象随处可见。比如，并不是中学生在自主控制手机和计算机，而是数字化产品反过来控制中学生；一些中学生不是自己在决定学习内容、方式和手段，因为数字化技术似乎已经帮助中学生决定好这一切……当前，新闻媒体纷纷报道相关案例。从学校的反应来看，一些中学课程需要借助数字化产品才能完成，另外一些中学则想办法减少中学生接触手机、计算机等数字化产品的机会。总体而言，教育者所采取的大多是一些零散的治标不治本的措施，但缺乏应对数字时代的全面思考和系统设计。2016年10月9日，习近平在中共中央政治局就实施网络强国战略进行第三十六次集体学习时强调:"要正确处理安全和发展、开放和自主、管理和服务的关系,不断提高对互联网规律的把握能力、对网络舆论的引导能力、对信息化发展的驾驭能力、对网络安全的保障能力,把网络强国建设不断推向前进。"[1]在教育领域,需要有数字时代的教育理论来系统地指导人们开展数字时代的教育,将中学生的数字化成长纳入教育研究者和教育实践者的视野,进一步提升我国教育领域对于数字化的驾驭力和引导力。

本书关注的核心问题是人的自我完善的问题。所谓自我完善,就是现实而具体的人通过创造性的社会实践,在处理"我"与现实世界和数字化世界的关系的过程中不断确认自己存在的独特意义并不断地获得超越性意义的一种持续、动态的生命状态。简单地说,它有两层含义:一方面是"成为人";另一方面是"成为自己"。"成为人"意味着通过自己的努力从动物中独立出来,完整地拥有人的本质,这是自我完善的第一层含义;"成为自己"意味着通过自己的努力从人群中独立出来,完整地拥有个人的特有属性,这是自我完善的第二层含义。自我完善因当下出现的自我异化、自我迷失、自我分裂甚至自我毁灭等现象而具有强烈的现实针对性。自我完善的人应该具备这样一些特点:稳定的自我意识、有效的现实知觉、开放的经验结构、充分的自由感、强烈的创造性、开放的价值感、深刻的精神需要等。在对工业时代进行反思的基础上,许多精神分析学派和人本主义心理学家对"自我"的问题给予了较多的关注,尤其是马斯洛提出了"自我实现人"的理论;罗杰斯也提出了"充分起作用的人"的理论;罗洛·梅强调心理学家的首要任务应当是研究现代社会中人们普遍存在的空虚、孤独、焦虑、自我陌生和自我疏离等病态心理。这些论述在人的数字化成长中依然具有启发意义,他们所审视和批判的自我完善的不良状况在数字化成长中表现得更明显。

人类在数字时代陷入一种去中心化、外部控制不断消解的境地,人类获得更多自由的同时,也更加容易自我迷失,而人的自我完善成为人们走出困境的一种选择。

---

[1] 闫妍,秦华. 习近平在中共中央政治局第三十六次集体学习时强调:加快推进网络信息技术自主创新朝着建设网络强国目标不懈努力. http://dangjian.people.com.cn/n1/2016/1011/c117092-28768107.html [2016-10-11].

数字化成长中的自我完善主要产生于个体处理个人与数字化技术、数字化产品关系的过程中。在数字化成长过程中，人的自我完善出现了一些新的特点。例如，数字化成长推动了自我解放，但同时也增加了自我迷失的风险；数字化成长加速了意义的复归，但同时也强化了意义缺失的困境；数字化成长促进了自由度的提升，但同时也增加了自我控制的成本；数字化成长丰富了个体的经验，但同时也增加了个体经验加工的难度；数字化成长优化了实践的条件，但同时也增加了实践形式化的可能。数字化成长中人的自我完善的发生过程是内在自我的涵养、自我意识的觉醒、自我意向的建立和自我超越的获得。今天中国的数字化进程才刚刚开始，新的秩序还没有真正建立起来，加上我国国民性格中存在一些独特个性，这些都给人的自我完善带来了一些新的挑战。

2014年2月27日，习近平主持召开中央网络安全和信息化领导小组第一次会议强调，信息化和经济全球化相互促进，互联网已经融入社会生活方方面面，深刻改变了人们的生产和生活方式。[①]自我完善在中学生数字化成长中有着重要意义：既有利于改善人的生存状况，也有利于改善人的生活方式，更有利于提升人的生命价值。在人的自我完善的理论框架下，笔者对当代中国中学生数字化成长中的自我完善的现状进行了调查、分析，得出六个层面的基本结论：其一，中学生数字化成长中的自我完善状况不容乐观；其二，数字化对中学生的自我完善兼有正、反两方面的作用；其三，中学生数字化成长中的自我完善存在个体差异；其四，中学生在数字化成长中的要求自我完善的主动性有待增强；其五，中学生缺乏生活支配权是阻碍其自我完善的关键因素；其六，中学生数字化成长中的自我完善需要更多的正向力量予以引导。

当前，中学生数字化成长中自我完善的不良状况与学校教育的现状有很大关系。一是工业化教育的遗毒危害很深，中学生的自我意识容易被压抑和否定。主要表现在：一些学校教育对自我觉醒的限制、对现实生活的遮蔽、对思想观念的扭曲、学校教育中活动形式的异化、学校教育对创造需要的抑制。二是数字化浪潮对学校

---

① 中央网络安全和信息化领导小组第一次会议召开 习近平发表重要讲话. http://www.gov.cn/xinwen/2014-02/27/content_2625112.htm [2014-02-27].

形成冲击并打破了学校的原有秩序，给师生带来了一定的影响。主要表现在：教育价值体系的叙事结构问题、教学内容选择中的信息爆炸、校园日常生活的碎片化生存，以及学校教育遭遇数字化浪潮的冲击增加了中学生自我完善的难度。三是我们在推进数字化教育的进程中也走入了一些误区，例如，现代教育技术的滥用、教学过程的泛技术化、科学技术对人文的压制、学校教育的快餐化……这种过分推崇技术、理性的倾向不利于人的自我完善。

随着时代的发展，只有用数字时代的教育来培养人，才能促进中学生在数字化成长过程中的自我完善。教育工作者应该推动工业化时代的教育向数字时代的教育转型，否则教育会陷入一种用工业化时代的教育培养数字时代的人的荒谬境地。这种改变首先要从思想开始，数字时代是一个从"钟"向"云"转向的时代，教育工作者必须推动"自组织"的人的形成，推动"作为技艺的教育"向"作为文化的教育"转变。数字时代的教育应该呈现出一种新的形态，表现为泛在的教育环境、可能性教育思维、选择性教育内容、个性化教育方式、体验性教育活动。为了数字时代教育的理想愿景早日到来，我国应该以实现人的自我完善为发展方向，积极推动教育改革：培育内发的教育生态系统，建立开放的学校教育制度，实行价值融合的学校管理，建立支架式的课程结构，推进教师作为"引导者"的教学新形态。

肖　凯

2020 年 1 月 10 日

目 录

丛书序

前言

第一章 绪论 /1
  第一节 中学生数字化成长研究的意义 /1
  第二节 中学生数字化成长研究的概念与解析 /7
  第三节 中学生数字化成长的研究方法 /15

第二章 中学生数字化成长中自我完善的理论基础 /18
  第一节 数字化成长的方式选择：人的自我完善理论的提出 /18
  第二节 数字化成长的理想图景：自我完善的人的基本特征 /26
  第三节 数字化成长的思想资源：三种自我完善理论述评 /40

第三章 中学生数字化成长中自我完善的分析框架 /54
  第一节 数字化成长中自我完善的内涵 /54
  第二节 数字化成长中自我完善的发生过程 /76
  第三节 数字化成长中自我完善的"中国特性" /90

第四章 中学生数字化成长中自我完善的现状调查 / 94

第一节 中学生数字化成长的调查设计 / 94

第二节 中学生数字化成长的数据分析 / 98

第三节 中学生数字化成长调查的基本结论 / 115

第五章 中学生数字化成长中自我完善的学校境遇 / 123

第一节 工业化思维的影响：自我的圈养 / 124

第二节 数字化浪潮的冲击："秩序"的解构 / 139

第三节 信息化教育的误区：技术的狂热 / 153

第六章 中学生数字化成长中自我完善的教育支持 / 167

第一节 数字时代的教育思想转向 / 167

第二节 促进人的自我完善的学校教育的基本特征 / 176

第三节 促进人的自我完善的学校教育实践 / 182

参考文献 / 191

附录 / 198

数字化成长状况调查问卷 / 198

后记 / 203

第一章 绪 论

习近平在 2015 年 12 月 16 日举行的第二届世界互联网大会开幕式上就已经指出,"中国正在实施'互联网+'行动计划,推进'数字中国'建设"[①]。在建设"数字中国"的宏大背景下,数字化成长是当代中学生的主要发展方式之一,任何严肃的教育研究或教育实践都不应该回避对数字化成长的关注。与快速发展的信息化相比,学校教育理论变革显得较为缓慢,难以有效应对中学生在数字化成长中遇到的诸多问题,因此,对中学生数字化成长开展系统研究迫在眉睫。

第一节 中学生数字化成长研究的意义

中学阶段是人生发展的黄金时期,数字化的强烈冲击和中学生自我意识的迅速觉醒引发了诸多中学生成长问题,因此本书将数字化成长的研究对象确定为中学生。

一、中学生数字化成长问题的提出

中学生数字化成长研究直接源于中学生数字化成长过程中存在的诸多问题以及学术界对相关问题研究的乏力,尤其是人们对数字时代教育者应该如何引导中学

---

① 习近平.在第二届世界互联网大会开幕式上的讲话. http://www.xinhuanet.com/politics/2015-12/16/c_1117481089.htm[2020-05-15].

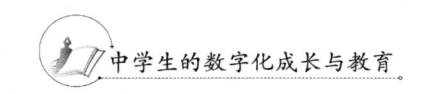

生学会生存、发展的问题缺乏深入的探究，也未得出令人信服的结论。

（一）数字化成长对人的自我完善及对学校教育的挑战

随着计算机、MP3 播放器、数码照相机、数字电视、数码摄像机、智能手机等数字化产品的迅速普及，人类进入了数字时代，尼葛洛庞帝率先把这种生存方式界定为"数字化生存"，随后唐·泰普斯科特把在数字化世界下的成长状况描述为"数字化成长"。今天的中国，无论是在家庭、学校、工厂还是在办公室，人们都已经越来越离不开数字化产品和数字技术。[①]尤其是中学生常常比年长的人更早地接触到数字技术，他们对数字媒体环境早就习以为常了。早在 2014 年 11 月 19 日，习近平向首届世界互联网大会致贺词时就已经提出，"中国正在积极推进网络建设，让互联网发展成果惠及 13 亿中国人民"[②]。2019 年 8 月 30 日，中国互联网络信息中心（China Internet Network Information Center，CNNIC）发布的《第 44 次中国互联网络发展状况统计报告》显示，截至 2019 年 6 月底，我国网民规模达 8.54 亿人，我国手机网民规模达 8.47 亿人，其中 10～19 岁年龄段的网民占总数的 17.5%。学生群体是网民中规模最大的群体，占比为 26.0%。[③]随着我国建设"网络强国"和"数字中国"战略的稳步推进，数字化成长在中国已经越来越成为一种现实，最近几年手机上网用户快速增多，作为数字原住民的中学生在数字时代的卷入度不断提高。数字化成长所产生的影响是难以估量的，相关的新闻报道已经反映出中学生在生存与发展过程中出现了许多新问题。

数字化产品的普遍使用给中学生健康成长带来了许多问题。例如，有些中学生长期痴迷于数字化世界无法自拔，从而影响其正常的学习和生活。同时，随着计算机、电子白板、电子书等各种数字化产品在教育领域的应用，一部分中学生并没有提高学习效率，反而常常因此分心。如何处理这些数字化产品和中学生成长之间的关系越来越成为突出的教育问题。数字化成长对中学生的影响不仅表现为外在行为的改变，还表现为内在心理状况的改变。例如，数字化世界的发展对中学生的道德品质的养成产生了广泛影响，数字化产品不仅带来了诸如丰富其信息量等积极影

---

① 数字技术，又称为数码技术、计算机数字技术、数字控制技术，是借助一定设备将图、文、声、像等信息转化成二进制数字"0"和"1"后进行运算、加工、存储、传送、传播、还原的技术。

② 习近平.习近平致首届世界互联网大会贺词全文.http://world.people.com.cn/n/2014/1119/c1002-26054449.html[2014-11-19].

③ 中国互联网络信息中心.第 44 次中国互联网络发展状况统计报告.http://www.cac.gov.cn/2019-08/30/c_1124938750.htm[2019-08-30].

响，也带来诸如网络剽窃、网络诈骗、网络盗窃等负面信息，对一些中学生可能产生不良影响，导致一些中学生道德品质下降，甚至导致生活中恶意伤害他人等违法犯罪行为的出现。

一些学校开始大规模推广数字技术，计算机、电子白板、电子书包的广泛使用已经成为当前引人注目的学校景观。人们对教育领域中推广应用数字技术普遍持乐观的态度，但在现实使用过程中，仍有不少问题暴露出来。例如，数字技术是否能够真正激发中学生学习的兴趣？虚拟学习能否代替现实生活场景中的学习？数字化学习过程中学生的心理调适是否存在问题？数字技术是否在传达某种隐性的价值观？等等。至少从目前看来，普通教育者很难弄清楚数字技术在学校教育中是如何对学生个体产生影响的以及产生了何种影响。

中学生是否应该接触手机、计算机等数字化产品，一直是一个有争议的话题。由于数字时代的来临成为不可逆转的趋势，中学生接触甚至拥有数字化产品变得非常容易，一部分老师和家长支持中学生使用这些产品，一部分教育者视这些事物为洪水猛兽而加以禁止[1]，由此引发争论。前些年，在计算机的使用上也出现过类似情况，后来人们越来越认识到计算机的使用已经成为当今时代人们必须掌握的技能，于是，不再那么排斥中学生使用计算机。事实上，中学生是否应该使用数字化产品以及应该花多长时间使用数字化产品，至今仍然是社会广泛争论的问题。

其实，上述问题和存在的争议还只是中学生数字化成长中面临的一些浅表性问题。今天的中学生数字化成长过程面临的最深刻的问题是，人随时面临被异化的风险，人可能成为数化技术和数字化产品的奴隶，人本身也可能会被数字化。是否会有一天不再是人类控制机器人，而是机器人控制人类呢？今天，人们似乎看到了某些影子。例如，并不是中学生在控制手机和计算机，而是手机和计算机反过来控制中学生。学习者不是自己在决定学习内容、方式和手段，因为数字技术似乎已经"帮助"学习者安排好了一切。那么，在数字化成长过程中，中学生如何通过处理好与数字化环境的关系而获得自我完善，已经成为一个非常紧迫的教育问题。

（二）教育界缺乏对数字化成长及人的自我完善的关注

今天的教育界非常关注"数字化""数字时代"等概念，但往往只关心如何把数字技术及其成果运用到教学之中，如何通过这些成果提高教学质量甚至是教育效率。在这样的趋势下，将云计算、大数据、物联网引入教学的呼声越来越高，电子

---

[1] 周欢. 学生被要求签承诺书 违规用手机或遭处分. 南方日报，2013-11-06，（HC03）.

书包、电子白板、教学软件、光学投影媒体、仿真实验等技术和产品越来越多地进入教育领域。现代教育技术研究者对数字技术在学校教育中的应用作了广泛、细致的研究，尤其是对以计算机为核心的信息技术在教育教学中的应用作了较为深入的研究。人们对数字技术在教育中的应用持乐观的态度，期待数字技术本身的强大力量带给教育一个美好的未来，并相信即使在数字技术应用推进过程中存在问题，那也只是数字技术使用不当造成的，而非技术本身的问题。正如雅斯贝尔斯所认识到的，技术化是一条我们不得不沿着它前进的道路。[1]笔者无意质疑数字技术本身，但人们也应该清楚地认识到教育的核心是使人成为人，其价值追求是真、善、美、幸福等，其技术价值追求的是开发、效率、实用等。教育者在教育过程中要注意这两种追求的平衡，如果教育者过于重视技术的价值追求，就会导致学校成为一台冰冷的"机器"，其塑造的可能是没有内在精神属性、人格结构支离破碎的人。在这个数字技术被神化的时代，教育者除了关注数字技术增加了哪些新的学习内容、提供了哪些新的技术和功能、改变了哪些旧的程序和方法，还要关注数字技术在多大程度上改变了中学生本身。尼葛洛庞帝认为，"计算不再只是和计算机有关，它决定我们的生存"[2]，数字时代给人带来的变化才是最紧要的。尽管当前的教育学不仅仅关注行为主义、认知主义心理学的重要成就，也越来越关注人本主义、建构主义的新观点，但这种关注还远远不够。

教育是培养人的一种社会活动，这种活动既要尊重教育规律的客观性，也要关注中学生作为个体存在的主观性。卡尔·罗杰斯认为，"在我看来，每一个人似乎都在心底深处反复自问：我到底是什么人？我怎样才能接触到隐藏在外显行为下面的真正的我？我如何才能真正变成我自己"[3]？中学生在接受教育的过程中是被动的还是主动的？在教育的过程中，中学生是否做了自己想做的事情？中学生的个人价值是否得到了实现？中学生是否实现了个人目标？中学生的自我潜能是否得到了充分的开发？中学生在学习和生活中是快乐的吗？当然这只是基于现象层面上的思考，如果继续追问"为什么"和"怎么办"，则将构成对中学生存在状况的关注这样一个庞大的问题群。

如果说教育是一门关于人的成长的学问，中学教育实践工作者就应该关注有关人的命运的问题。从教育的立场看，数字技术与教育及教育中的人之间的关系非常

---

[1] 卡尔·雅斯贝斯. 时代的精神状况. 王德峰译. 上海：上海译文出版社，2008：167.
[2] 尼古拉·尼葛洛庞帝. 数字化生存. 胡泳，范海燕译. 海口：海南出版社，1997：15.
[3] 转引自林方. 人的潜能和价值——人本主义心理学译文集. 北京：华夏出版社，1987：127.

复杂，人们对数字时代给学校教育所带来的冲击的认识是远远不够的。

今天的中学生越来越多地被数字技术以及通过数字化进行传播的信息包围，这种成长环境的改变会给教育带来巨大的冲击。网上学校、网络课程的出现让一些教师产生疑虑：未来的教育是否还需要这么多的教师？教师还能教给中学生什么？数字化成长带来的不仅仅是关于教师地位问题的重新思考，数字技术还使教育功能、教育目的、教育方式、教育内容、教育评价等许多方面发生了新的变化，工业时代所产生的教育理论已经不能很好地诠释今天的教育所发生的新变化。

人们不得不承认，一些中学生在数字化环境中所受到的影响甚至已经超过了学校教育给予他们的影响。中学生在课余时间使用数字化产品原本已经不在学校教育的视域之内，但这些活动的确影响到学校教育"培养人"这样一个核心目标的实现。如果不关注中学生的数字化成长，那么"培养人"这一核心目标就会受到影响。这就意味着，曾经人们对于学校教育运行原理的解释已经失去了部分解释力。今天的知识观也发生了变化，人们从对"硬知识"的关注开始转向对"软知识"的关注，而这种"软知识"的教学单凭学校教育来完成似乎难度很大，那么如何在学校教育、数字化世界、现实世界之间建立联系就显得尤其重要。这就意味着原本相对独立的学校教育已经和数字化世界紧密地糅合在一起，这也是以前的教育研究不曾涉及的问题。数字时代对人的发展提出了新的要求，工业时代偏重人的智力开发，那么今天的教育应该关注中学生哪些方面的发展呢？这也是教育学需要回答的问题，否则今天的一切教育实践将由于缺乏理论的引领而变得盲目。

随着对数字化了解的深入，人们已经形成了一些关于教育的新认识。例如，提高能力往往比掌握知识更为重要，教育应该教会中学生如何进行选择，学习的目的不仅仅在于获得知识，学习的过程并不是一个简单的线性过程，了解知识之间的关系往往比掌握孤立的知识点更重要，等等。但是，这些关于数字时代教育碎片化的观点更多的是对日常经验的总结，教育者需要通过系统的研究来阐释中学生数字化成长的新特点，并对中学生数字化成长中的自我完善给予系统的解释。

二、中学生数字化成长研究的意义

数字时代正快速地改变着人们的生存与发展状态，所以探讨中学生数字化成长过程中的自我完善及其教育问题有着重大的意义。

（一）理论意义

数字时代的来临已经引起教育界的重视，大量的数字技术及其产品被应用到教育领域，但教育界对数字化所引起的人类生存方式与人类文化的深层次变化缺乏足够的关注。总体而言，一些教育者依旧在沿用数字化到来之前的传统观点，用老旧的思路来指导数字时代的教育。让教育迈向数字时代，比发明与使用数字化教学设备更重要的是更新教育思想，数字时代的教育理论的构建已经成为一项非常紧迫的任务。数字时代教育理论的建立必须从研究数字时代人的生存及自我完善的特点入手，寻找数字时代的教育规律。人们对数字化教育的研究往往关注新技术在教育中的应用，以及如何通过新技术提高教学质量，但数字化对教育中人的生存状态与活动方式产生的影响则更为深远。本书主要考察数字时代人的自我完善的应然状态与实然状态，在反思当代人的自我异化问题的基础之上构建数字时代人的自我完善的理论，并以此为思想基础，对数字时代的教育进行反思和展望。

主体教育思想是当代中国教育界比较有影响力的教育思想，相关研究也正在不断深入进行。在数字时代，人的主体性问题又有了新的变化。陈志良和高鸿认为，数字时代是人的主体性进一步彰显的时代[1]；但李宏伟认为，数字时代会使人出现符号化、机器化的倾向，出现人的主体的消解，以及出现多重主体的问题。[2]主体性问题是主体教育研究和人的自我完善研究共同关注的核心问题，值得我们进一步去研究。

"生活""生命"是当前教育研究的焦点，"生活""生命"这些问题很难沿着科学主义的道路获得突破性的成果，而数字化成长正好意味着现代信息技术对传统科学的一种"反叛"，从这个角度进行深入研究可以发现生活和生命系统中存在的无序、去中心、非线性的状况。将人的自我完善放到数字化成长中去思考，是一项极其有意义的理论研究工作。

（二）实践意义

每个时代都应该有与之相适应的教育模式，当前的一些学校教育明显表现出滞后性，如迷恋集中式的管理、强调一致性、排斥非理性、对数字化坚持非黑即白的看法等。由于思维的惯性，人们很难一下子从原子思维转变为比特思维，如果依旧用传统的观念来指导自我完善，往往会适得其反，尤其是一些学校教育仍然固守传统观念，在发展中没有顺应数字时代的潮流。从根本上讲，我国应该加强对数字化成长的研究，祛除学校教育中不合时宜的内容。只有找准了问题、找出了原因，才

---

[1] 陈志良，高鸿. 数字化时代人文精神悖论之反思. 南京社会科学，2004（2）：8-12.
[2] 李宏伟. 现代技术的陷阱：人文价值冲突及其整合. 北京：科学出版社，2008：29.

能改进人的自我完善的现状。本书的研究也是沿着这一思路进行的，即以理论研究为先导，最终落脚到教育改革的实践上。笔者通过对学校教育中存在的问题进行分析，结合数字化成长中人的自我完善的基本理论，对中学教育的未来发展提出个人建议。

此外，数字时代，网络平台中的创富神话和大量数字英雄的出现导致成功学、励志思想的盛行，一些所谓的"成功"往往是一种对人的异化，将人的发展建立在对物质的追求或构建某种异化的人际关系基础上。数字化是影响当今教育发展的重要因素，教育确实在很多方面因其工业化的特色和现代性的一些弊端而对人的自我完善造成伤害。本书从人的自我完善出发去关注人，试图让人摆脱异化的风险，起到引导教育舆论的作用。只有教育工作者在人的自我完善上达成统一的认识，学校教育系统才能成为一个良性的面向未来的智慧教育系统。

第二节　中学生数字化成长研究的概念与解析

"数字化成长"是随着数字时代的发展而产生的概念，理解数字化成长的概念需要从界定数字时代的概念和梳理数字化成长研究的历史开始。

一、对数字时代的界定与阐释

人们已经习惯用"数字时代"来描述目前所处的时代，但人们在使用这个概念的时候大多对其缺乏深入理解，正所谓熟知未必真知。人们为什么把当前的时代定义为数字时代，数字时代是否能够准确体现当今时代的特征，数字时代和以往时代有什么不同，数字时代的到来意味着什么，这是研究者首先需要明确的问题。

理解数字时代必须先从理解数字化开始。在计算机科学中，我们把信息转变成二进制的"1"或"0"的过程称为"数字化"。"比特一向是数字化计算中的基本粒子，但在过去 25 年中，我们极大地扩展了二进制的词汇，使它包含了大量数字以外的东西。"[1]在数字化过程中，比特成为一个特别重要的概念，二进制数字系统中，比特是数据的最小单位，每个 0 或 1 就是一个比特。

---

[1] 尼古拉·尼葛洛庞帝. 数字化生存. 胡泳，范海燕译. 海口：海南出版社，1997：24.

"各种经济时代的区别，不在于生产什么，而在于怎样生产，用什么劳动资料生产。劳动资料不仅是人类劳动力发展的测量器，而且是劳动借以进行的社会关系的指示器。"[1]只有当数字化已经从计算机行业渗透到整个社会生活领域并深刻影响到人们的日常生活时，数字时代才会真正到来。对于数字化的阐述，尼葛洛庞帝在《数字化生存》一书中对此作出了巨大贡献。他把工业时代和数字时代作了非常精妙的区分，"想要了解'数字化生存'的价值和影响，最好的办法就是思考'比特'和'原子'的差异"[2]。数字时代是一个"比特"逐渐取代"原子"地位的时代，以数字化为特点的信息技术被称为"信息 DNA"，科学技术的发展使信息甚至物质都能够通过一定的技术用"1"或"0"来表征，数字化为信息化铺平了道路。正如尼葛洛庞帝所说："我们无法否定数字（化）时代的存在，也无法阻止数字（化）时代的前进，就像我们无法对抗大自然的力量一样。"[3]可以说，数字化大大超越了 0 和 1 组合所代表的比特数据，超越了静态、直观的数字符号的本意。[4]数字时代并不仅仅体现在数字电视、数字移动通信、数码照相机等生活工具上，数字化的影响远比这些更深远，它改变了人们的时空观念，使人们的生活节奏加快，网络把世界紧密地联系成一个整体，人们可以方便而迅捷地进行联系，甚至可以生活在一个数字化虚构的世界之中，以比特为单位的信息成为人类生活的重要资源。总之，随着数字时代的到来，人类的政治生活、经济生活和文化生活都发生了明显的变化。

二、对数字化成长的理解和分析

"数字化成长"是唐·泰普斯科特提出并作出初步解释的一个概念，《数字化成长（3.0版）》一书中，他把伴随数字与通信技术的发展而成长起来的一代青少年称为"N世代"，即网络一代。显然，所谓数字化成长，就是在数字与通信技术的环境下成长。唐·泰普斯科特早期出版的《数字化成长：网络世代的崛起》，调查和描述了数字时代第一代孩子的成长状态；之后，他又完成了《数字化成长（3.0版）》一书，此时，"这一代人大规模地涌进了世界就业市场、消费市场及社会各领域，

---

[1] 马克思,恩格斯. 马克思恩格斯全集(第23卷). 中共中央马克思恩格斯列宁斯大林著作编译局译. 北京：人民出版社，1972：204.
[2] 尼古拉·尼葛洛庞帝. 数字化生存. 胡泳，范海燕译. 海口：海南出版社，1997：21.
[3] 尼古拉·尼葛洛庞帝. 数字化生存. 胡泳，范海燕译. 海口：海南出版社，1997：269.
[4] 鲍宗豪. 论数字化时代的人文精神. 社会科学，2003（6）：65-72.

给世界人口、媒体、购买力、协作、教子方式、企业管理、政治影响等方面都注入了新的影响力"[1]。两书恰好构成了一个整体，前者描述的是未成年的"N世代"，后者则从已经成年的"N世代"来反思他们的成长之路，构成了数字化成长的动态图像。《数字化成长（3.0版）》一书对6000多个年轻人进行研究后，作者对数字化成长持比较乐观的态度，"研究的结果令人鼓舞，给我们带来莫大的希望"[2]，他认为，与数字化社会同时成长的一代具备八个特点：自由、个性、监督、正直、协作、娱乐、速度和创新。

在《数字化成长（3.0版）》最后一章"N世代：我的未来我做主"中，作者回应了一些专家学者对"N世代"的批评，对人们质疑的智力下降、缺乏社会技能、放弃隐私、缺乏独立性、引发剽窃行为、引发欺负人的行为、激发暴力倾向、道德素质下降、自恋、注重物质等10个方面通过相关数据和资料进行了回应。作者强调，"其中最重要的一点就是这代孩子不仅没有问题，而且还准备好了要让社会上所有体制都变得更好"[3]。唐·泰普斯科特认为，人们对"N世代"的质疑是出于恐惧，只要人们愿意让这代人重塑世界，那么"我觉得这个世界会更美好的"[4]。在该书的最后，作者通过"给新一代的7条指南"（"上大学""工作中要耐心""别买不好的产品""恢复家庭晚餐""别低估经验的价值""追求过有原则、有分量的生活""不要放弃"）的形式，指出了"N世代"的若干不足，但认为这些都是无伤大雅的。

唐·泰普斯科特的研究过程比较严谨，但并未跳出环境造人的决定论思想的影响，更为重要的是这些结论是否能够套用在我国中学生的身上，这值得我们关注。信息化浸润着自由、民主、创新的精神，国民的民主精神、理性精神和主体精神也得到了提高，数字化与年轻一代的相遇到底会产生什么样的结果，是救赎还是沦陷，这值得研究者进行深入的探索。

三、人的自我完善视野下数字化成长的相关探讨

唐·泰普斯科特的研究更多地关注数字化成长的结果，缺乏对单个个体成长过程的研究；更多关注数字化环境对人产生的影响，而较少关注人在数字化环境中的

---

[1] 唐·泰普斯科特. 数字化成长（3.0版）. 云帆译. 北京：中国人民大学出版社，2009：4.
[2] 唐·泰普斯科特. 数字化成长（3.0版）. 云帆译. 北京：中国人民大学出版社，2009：8.
[3] 唐·泰普斯科特. 数字化成长（3.0版）. 云帆译. 北京：中国人民大学出版社，2009：202.
[4] 唐·泰普斯科特. 数字化成长（3.0版）. 云帆译. 北京：中国人民大学出版社，2009：217.

选择和创造。事实上，人具有主观能动性，人在数字化环境中的表现和自我努力更值得关注。学界对这方面已有所关注，但是研究成果较为零散。这方面的研究成果可归纳为以下几个方面。

（一）数字化成长中人的自我完善的积极因素

1. 数字化为人的自我完善提供了闲暇时间

有学者提出，按照马克思关于"时间实际是人的积极存在"和"时间是人的发展的空间"的观点，生产效率的提高实际上节约了大量的劳动时间，使人们获得了更多的自由时间，从而为人的全面发展创造了条件。[1]由此可见，人的自我完善往往发生在工作之外的自由时间（闲暇时间）中。但随着时代的发展，现代人在工作中也能实现自我完善，即工作本身就是自我完善的重要途径，但不可否认，闲暇时间作为一个客观条件，确实会对人的自我完善产生影响。

2. 数字化为人的自我培育提供了自由空间

许多人把数字时代理解为一个个性化的时代，工业时代的人们接受模式化的教育，数字时代为人们提供了更多的"私人定制教育"。技术的发展的确打破了工业时代强调规模和程序的文化倾向，甚至"本质思维"和"确定性思维"也被数字化瓦解。"我看到同样的分权心态正逐渐弥漫于整个社会之中，这是由于数字化世界的年轻公民的影响所致。"[2]在一个强调个人权利以及个性化的文化氛围中，人的自我设计的自由度更大，个人所受的工业时代的集体限制越来越少，这无疑为人的自我完善创造了空间。从学习者的角度来看，数字化为自主学习提供了必要的支持。数字化世界中学习者个性化的展现及个性化需求的满足避免了以共性代替个性的千篇一律的教育方式，学习者能根据自己的思想、兴趣、爱好以及能力等去获取知识、展现自我，学习者个体的学习将由被动型转向主动型。[3]

3. 数字化为自我完善提供了充分的资源

随着人类改造自然能力的不断提升，获得物质资源的途径和方式也更为容易。数字技术所创造的产品越来越多地被用到人们的学习中，人们不仅可以利用这些资

---

[1] 易启洪，李文，黄维柳. "数字化生存"与人的全面发展. 黑河学刊，2006（5）：9-11.
[2] 尼古拉·尼葛洛庞帝. 数字化生存. 胡泳，范海燕译. 海口：海南出版社，1997：270.
[3] 陈媛，张芊. 数字化时代追问人文教育的地位. 现代大学教育，2003（1）：24-27.

源获得信息，还可以进行人机互动，这在以前的时代是不可想象的。点击互联网，你可以在琳琅满目的电子资料中任意比较、挑选，可以发表看法、与远在万里之遥的陌生人聊天或与你喜爱的网络主播彼此问候，你同样可以收听来自数字化世界的高保真的美妙音乐，聆听酷似来自现实环境的各种声音，穿戴上数据装、电子手套等电子装置捕捉现场感，此外人们甚至还能够体验到真实的嗅觉、味觉、触觉。[①]人总是通过某些活动实现自我完善，资源的丰富程度和获得的难易程度对人的自我完善有着直接影响。

4. 数字时代是属于年轻人的时代

数字时代很好地诠释了"后喻文化"，年轻一代比年长一代更适应这个时代。"因为网络时代的孩子根本就是与（数字）科技一起诞生的，他们与（数字）科技一起成长，而成人却必须经历截然不同且较为艰难的学习过程，才能适应电脑。"[②]数字技术被更多的年轻人掌握。年轻一代的地位进一步提高，家庭和社会中年龄因素造成的不平等正在逐渐消失，这极大地消解了传统观念对人的自我完善造成的负面影响。

（二）数字化成长中人的自我完善的困境

1. 数字技术对人的自我完善的控制

一些学者受后现代思想的启发，认为随着数字技术的不断发展，人们将越来越多地面临被科学技术控制的风险，而且这种风险的隐蔽性越来越强，"在一个科技发达的时代里，造成精神毁灭的敌人更可能是一个满面笑容的人，而不是那种一眼看上去就让人心生怀疑和仇恨的人"[③]。数字技术正好迎合了人们的某些需求，使其越来越无法摆脱对数字化世界的依赖，这种对数字化的依赖成为数字技术对人们控制的基础，从而使一些人逐渐失去自我而不自知，"个体不知不觉地陷入技术产品对人自身的控制之中，而不是人控制技术产品"[④]。恰如马尔库塞所言："社会控制的现行形式在新的意义上是技术的形式。"[⑤]而麦克卢汉则表达得更为直白："对

---

① 鲍宗豪. 论数字化时代的人文精神. 社会科学, 2003（6）: 65-72.
② 尼古拉·尼葛洛庞帝. 数字化生存. 胡泳, 范海燕译. 海口: 海南出版社, 1997: 272.
③ 尼尔·波兹曼. 娱乐至死·童年的消逝. 章艳, 吴燕莛译. 桂林: 广西师范大学出版社, 2009: 132.
④ 李广武. 数字化生存与个体存在困境. 知识经济, 2012（5）: 63-64, 72.
⑤ 马尔库塞. 单向度的人. 刘继译. 上海: 上海译文出版社, 2006: 9.

媒介影响潜意识的温顺的接受，使媒介成为囚禁其使用者的无墙的监狱。"[1]人们自以为数字时代可选择的空间更大，可以决定购买任何品牌的产品、自主选择阅读任何类型的作品，但互联网所代表的商业文化通过其强大的信息影响力重塑着人们的观念，人们的"自我"在不知不觉中处于一种受控状态。在数字时代，潮流和时尚更加受到人们推崇，这意味着"多数个体对这种常人状态缺乏明显的觉解与认知，继续以被同化的方式，以常人的姿态生活下去"[2]。失去自我的人就如同失去水分的植物，这实际上是一个与自我完善相背离的过程。此外，数字化在生活中的普及也意味着人们对技术精英的依赖性加强，技术精英成为全社会的偶像，他们所推崇的文化和价值观念成为人们遵循的唯一标准。[3]

2. 信息过量构成选择上的压力

数字技术的飞速发展，信息的编辑、组合、排列、压缩、还原、传输和接收在很大程度上都得到升级，传统的"先过滤后发表"的工业化生产模式转变成"先发表后淘汰"的信息化生产模式，人类已经被卷入信息的洪流。正如阿尔温·托夫勒所说："谁掌握了信息，控制了网络，谁就拥有了整个世界。"[4]正是由于信息在当代社会中的重要地位，人们无法承受信息爆炸带来的巨大压力。"在网络信息爆炸的嘈杂声中，人类在作为行为主体所应享有的自由选择信息的权利和实际中欲选不能的矛盾之间茫然失措。"[5]信息量的增加意味着鉴别信息真伪的难度加大，尤其是假信息对人的行为会产生不利影响。尤其值得警惕的是，信息成为一种商品，成为一种可以灌输的意识形态，导致一些人迷失自我，这对人的自我完善所造成的影响几乎是致命的。

3. 虚拟生存引发自我的分裂

虚拟的东西越来越真实，而真实的生活越来越虚拟，电脑与网络给我们的生活带来的这些变化让人无法辨识我们追求的是现实的还是虚拟的，也许这样的结果并非出于我们的自愿。[4]网络社会的"去身体""多重身份""匿名性"等特征，使得网民拥有了自由选择和决定自己身份、角色的绝对权利。[6]一个现实生活中文质彬

---

[1] 麦克卢汉. 理解媒介：论人的延伸（修订评注本）. 何道宽译. 北京：商务印书馆，2011：49.
[2] 李广武. 数字化生存与个体存在困境. 知识经济，2012（5）：63-64，72.
[3] 倪志娟. 人文视野中的数字化生存. 科学技术与辩证，2003，20（4）：43-46.
[4] 阿尔温·托夫勒. 未来的冲击. 孟广均，等译. 北京：新华出版社，1996：27.
[5] 葛秋萍，殷正坤. 信息时代数字化生存的思考. 科技进步与对策，2001（5）：127-129.
[6] 何保081. 数字化生存与生存的数字化. 商丘师范学院学报，2008，24（10）：5-8.

彬的人在虚拟世界可能表现得无比粗鲁甚至带有明显的攻击性，人性中缺陷的一面在数字化世界中暴露，这种现象的出现是由于"许多人以为虚拟空间是一个无人之境，自己的行为处于真空之中"①。一些人在数字化世界中自我控制力往往受到虚拟氛围的影响而被弱化，这无疑将对人的自我完善造成消极影响。

4. 数字化强化自我异化

人可以表征为一串数字甚至一组符号，这是前所未有的事情。"由于人们沉溺于数字化的环境，脱离'在场'的社会关系太久，将自己视为纯粹意义上的'符号'步入纯粹的数字化过程，从而使自己成为片面的人。"①尤其是随着科学技术的飞速发展，人机对话、人机合一成为科学家追求的目标，或许计算机的机器思维和人的思维之间的鸿沟会越来越小，人类被机器化的危险会越发加剧。凯瑟林·海斯早就指出，在数字时代，人是会使用工具的动物已经成为过时的哲学观念，人和工具之间的界限已被模糊或不复存在，数字时代是一个人机共融的时代。②

5. 数字化引起精神生活的巨变

一些研究者认为，在数字化世界中，一些人满足于物质的丰裕，崇拜工具理性，忽视价值理性，丧失了对崇高理想与高尚道德的追求，缺乏对人类的终极关怀，由此导致人文精神危机。③诚然，在数字化成长中，人们在精神生活方面获得资源的途径更为方便，但是这些资源良莠不齐，不良的资源导致一些人的精神生活品位下降，短视频社交软件及娱乐节目受到越来越多人的追捧。

6. 数字化导致自我意义的消解

"个人的无意义感，即那种觉得生活没有提供任何有价值的东西的感受，成为根本性的心理问题。"④在数字化成长中，个性是人们常常提到的概念，然而个性很容易被时尚与网络话语权引导，尤其是数字技术强化了精英的话语权。一些人所坚持的自我往往是已经被数字文化完全渗透后的自我。这在一定程度上使数字时代中人的自我完善面临挑战，一些人甚至无法获得个人存在感。

---

① 姜奇平. 体验经济. 北京：社会科学文献出版社，2002：222.
② 王友. 数字化时代的"异化"与"消解". 经济研究导刊，2011（34）：221-223.
③ 闫娜. 数字化时代的人文精神危机与构建. 兰州交通大学学报（社会科学版），2006，25（5）：65-67.
④ 安东尼·吉登斯. 现代性与自我认同：现代晚期的自我与社会. 赵旭东，方文译. 北京：生活·读书·新知三联书店，1998：9.

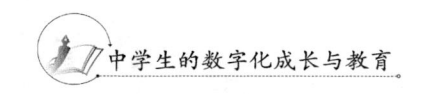

四、对数字化成长已有研究成果的反思

关于数字化成长中人的自我完善问题，学界已经取得大量的理论和实践研究成果，但这些成果往往较为分散，在很多问题上仍存在分歧，如数字时代人的主体性问题。这些成果对研究者进一步认识数字时代人的自我完善有很重要的价值，但整体来看这些成果存在三类比较危险的倾向。

1. 立场决定论

很多数字化成长的研究者本身就是互联网技术精英，这些人对自己的研究领域及研究成果的信仰导致这些人对数字化成长持非常乐观的态度，他们大力鼓吹数字时代。比如，《数字化生存》一书的作者就是数字时代最初的倡导者，而《数字化生存》一书所坚持的立场是，数字时代会优于以往的时代，因此数字化环境下成长的一代会优于前面的一代。这些观点能够鼓舞人们参与数字化浪潮的热情，但在热情的背后，我们不能忽视对身处其中的人们的处境的人文关怀。

2. 科学技术决定论

一些研究者相信技术革新可以消除现代性问题所带来的负面影响，尽管他们不能确定数字化成长的最终景象，但是相信那一定是一种比现在更好的景象。这种观念背后是把科技当作一个"空降的外来者"，似乎科技不受社会、文化、经济、政治的制约，就能够独立地决定世界的未来。科学技术决定论从科学技术决定一切的观点出发，认为科学技术是社会进步的决定因素和动力，但把科学技术的作用绝对化了。

3. 社会决定论

有研究者通过未来学的一些方法来推断未来社会是什么样的，然后预想未来世界的人应该是怎么样的，由此得出数字时代的人需要的素质，如信息素养、创新能力等。但事实上，人在社会中并不是完全被动的。

总体来说，要想更合理地研究数字化成长中人的自我完善问题，一方面需要对人性给予充分的尊重，另一方面必须把人放回到生动的数字化成长情境中，在人与环境互动的过程中去发现人和研究人。

第三节 中学生数字化成长的研究方法

笔者坚持将中学生作为具有真实生命的个体来关怀,认为应该充分尊重人性,支持把人放回到生动的数字化成长的情境中的立场,所以本书主要采用了文献分析法、问卷调查法、案例研究法及现象学方法开展相关研究。

一、文献分析法

文献分析法是通过搜集、鉴别、分类、整理各种文字材料,并通过对这些文字材料的研究形成科学认识的一种研究方法。本书中文献分析法主要用于建立数字化成长研究的理论基础,即人的自我完善理论的构建。学界已经出现了大量有关人的自我完善的文献,这些文献广泛分布于哲学、人类学、社会学、心理学、教育学、历史学等论著之中。为了在历史的基础上建立当前人类对人的自我完善的基本理解,笔者做了大量的文献搜集与梳理工作。20 世纪的哲学,从某种角度讲就是一门思考人的存在价值及寻找人的自我完善的途径的学问。在心理学领域,以马斯洛为代表的人本主义心理学家对人的自我完善也有深入研究。总之,人的自我完善是人类视野中亘古不变的话题,但至今仍旧谬误多于真理,那些真知灼见都是零散的、不成体系的思想碎片,需要整理和鉴别。尤其是在数字时代,人的自我完善出现了新的情况,大量新成果涌现,许多旧思想也在一定情境下复活,许多问题需要纳入一个整体性的框架。具体而言,本书所参考的文献包括以下几个方面的内容:一是人类文化史上,尤其是心理学领域,有关"自我"及"自我完善"方面的文献,这部分文献主要作为对"人的自我完善"概念界定的历史基础,以及对自我完善的人的特征提出的相关理论;二是能反映当今教育影响人的自我完善方面的材料,这部分主要是为下文的阐释提供支撑材料。第一个方面的文献,其主要来源是以马斯洛、罗杰斯、罗洛·梅为代表的人本主义心理学家的著作,因为人本主义心理学主要是在工业社会的弊端被充分暴露的情况下产生和发展起来的,而当今社会的社会现实是工业化繁盛至极且数字化时代已经来临,人们在自我完善过程中所面临的问题和人本主义心理学所要解决的问题非常相似;三是人们研究数字化成长的教育类文献。这部分文献比较零散,笔者试图从中找出学界在数字化成长研究中所取得的成果、研究中的不足及对我们的启发。第二和第三方面文献既有纸质材料又有数字化材料。研究数字化成长最丰富的材料就是数字化材料，但因为数字化材料的质量参差不齐，而且数量庞大、观点繁杂，需要研究者谨慎地鉴别和分析。

二、问卷调查法

问卷调查法是一种向调查对象发放统一设计的问卷以了解情况和征询意见的研究方法，今天的问卷调查法常常被作为定量研究的标志。中学生数字化成长过程中的自我完善既是一个理论问题，又是一个实践问题。但需要说明的是，自我完善的过程并不是一个技术化和模式化的过程，它涉及许多非理性因素，人本主义心理学在研究中常选用的实证研究方法也不是定量研究，马斯洛因为同样的原因也常常被人批评。在本书的研究中，为了避免对人的自我完善的技术化解读，笔者对问卷调查法采取了审慎的态度，采取了马克思调查工人生活时的一种处理方式，即不强调对数据的量化分析，而着重关注数据所反映出来的总体面貌，并以此作出定性判断。由此，问卷调查并未按人们通常理解的由样本推及总体的方式展开，而仅仅把它作为案例群体，来验证和调整笔者的理论思路。本书的第四章采用了问卷调查法，由于时间及其他客观条件的限制，本书不宜采用跟踪研究法去了解中学生数字化成长的动态过程，只能采用让大学一年级学生回忆高中生活的方式进行问卷调查。在调查中，笔者针对东部、中部、西部不同省份、不同类型、不同层次的 12 所大学的一年级学生共发出 1200 份问卷，由此来探索当今中学生数字化成长的自我完善中存在的主要问题。

三、案例研究法

案例研究法是以典型案例为素材，通过科学的分析和解剖来揭示问题实质的一种定性的研究方法。笔者选择的案例有两种：一种案例是在进行问卷调查的同时，笔者还选择了一些个体进行访谈、观察以便了解他们的数字化成长状况，这种案例是对问卷调查的一种补充。问卷调查的优势在于高效地掌握大量样本，但不利于深入分析问题的原因和本质，而选择少量的案例进行深入了解可以弥补问卷调查的不足。另一种案例是源于报纸和数字媒体的大量有关中学生数字化生活的报道，新闻中的案例往往是极端的案例，并不能代表整体，但如果同样的案例频繁发生而且不同案例之间存在关联，那么这样的案例就能够反映出一定的问题，笔者认为这样的案例在发现问题上是有一定价值的。问卷调查法所调查的对象主要为大学一年级学生，但是另外一部分高中生毕业后并没有进入大学，对于这一类情况本书采用案例收集的方式，通过采集新闻报道、其他研究者的案例资料来进行研究，以确保整个研究的客观性和全面性。

四、现象学方法

现象学方法是当前教育研究中被较多提及的，但使用得却不太成熟。本书中的教育现象学方法是指范梅南的《教学机智》《生活体验研究》《儿童的秘密》等书中所涉及的研究教育和生活体验的一种方法，"教育现象学就是想让我们摆脱理论和预设的概念，将我们的成见和已有看法、观点先搁置起来。按胡塞尔的说法，就是将它们先括弧起来、悬置起来。让我们直接面对中学生的生活世界和生活体验，并对它们作有益的反思，从而形成一种对教育具体情况的敏感性和果断性"[①]。人们对于生活体验往往容易钝化，教育现象学所采取的一些方式可以帮助人们激活认知，重新恢复敏感性并进行反思，从而获得现象背后的言外之意、弦外之音以及对中学生数字化成长有更深入的认识。现象学方法的使用能够避免人文研究中的主观随意倾向，有利于保证研究的科学性。在第四章、第五章的探讨中，笔者对在数字化成长环境中中学生的生存状况、生活方式、自我完善等相关情况进行了整理、归纳和分析，其中包含了不少典型案例。为了避免肤浅和片面的思考，笔者采用了胡塞尔"世界的信仰和悬搁""现象学的还原""通向还原之路"的相关思路和方法进行探讨。

---

① 李树英. 教育现象学：一门新型的教育学——访教育现象学国际大师马克斯·范梅南教授. 开放教育研究，2005，11（3）：4-7.

第二章

中学生数字化成长中自我完善的理论基础

数字化生存已经成为当今我国中学生的一种典型生活方式。在教育学的视野下，人是发展的主体，数字化成长本质上是一个人的自我完善的过程，因此，笔者认为，从教育学的角度去研究中学生的数字化成长应该将人的自我完善理论作为该项研究的理论基础。

第一节 数字化成长的方式选择：人的自我完善理论的提出

人类历史就是一部人的自我完善的历史，人的自我完善已被人们广泛提及。但熟知未必真知，人类历史上和日常生活中有太多对于人的自我完善的解读，但是谬误远远多于真知。"人的自我完善"这个概念较少被纳入教育学学术研究的视野。在旧有认知中，教育（尤其是学校教育）与人的自我完善之间不存在密切联系，就如同在传统的教育学中不包含"自我教育"一样，人的自我完善被排除在教育乃至教育学外。终身学习时代的来临让人们意识到人的自我完善不仅不能与学校教育分割开，还应该成为学校教育的重要内容。"人的自我完善"是本书的核心概念，深刻把握这一概念的含义是进一步思考和探讨的基础。

人的自我完善，简而言之就是自我完善，虽然很少有人专门探讨这个概念，但是对人的自我完善问题的论述却很多。比较有代表性的是，联合国教科文组织出版的教育名著《学会生存：教育世界的今天和明天》郑重提出："教育的目的在于使人成为自己，变成他自己。而这个教育的目的，就是如同就业和经济发展的关系而言，不应培养成年人和成人从事一种特定的、终身不变的职业，而应培养他们有能力在各种专业中尽可能多地流动并永远刺激他们自我学习和培训自己的欲望。"①不少学者的思考也涉及自我完善的问题，研究者可以通过分析这些语言背后所包含的思想以及思考这些思想所存在的时代背景来把握"人的自我完善"这一概念的丰富性，以下笔者将对什么是自我完善的问题作较为深入的探讨。

一、人的自我完善在日常生活中的含义

人们在日常生活中比较频繁地使用"自我完善"一词，但往往不会去辨析它的含义。笔者通过归纳和总结，发现人们对人的自我完善有几种不同的看法。具体分析人们对人的自我完善的各种理解，笔者发现这些理解或多或少都包含着某些偏见。

1. 自我完善就是弥补自己的不足

人们在口语中更习惯用"完善自己"，而不是"自我完善"这种表达方式。《辞海》将作为动词的"完善"解释为"使趋于完美"，将自我完善理解为弥补自己的不足，使自己趋于完美，该释义也正符合了"完善"一词的基本含义。这种理解实际上作出了这样的一种假设，从理论上存在一个"标准的人"或者"完美的人"的模板，每一个人与模板的差距正是我们需要去完善的地方。在真实的生活实践中，人们很少会去构想所谓模板，那么人们是基于什么样的标准判断自己是否需要完善和向什么方向完善呢？这个时候，通常起作用的因素有如下几种：①自己生活中的处境；②一些传统观念中约定俗成的标准；③人们与周围人的比较。无论是哪一种情况，其特点都是人们的不足是完善的前提，自我完善往往是人对自己存在的不足之处进行的一种弥补。值得一提的是，这些所谓的"不足"在不同的文化中，不同的人对此的理解并不一致，这就使得对基于人的不足基础上的自我完善的理解具有不确定性。例如，某一名儿童认为自己因为诚实往往被欺骗和受到伤害，这是不是一种"不足"，是否需要"自我完善"？恐怕不同文化、不同社会背景下的人们对

---

① 联合国教科文组织国际教育发展委员会. 学会生存：教育世界的今天和明天. 华东师范大学比较教育研究所译. 北京：教育科学出版社，1996：14.

这个问题的看法也是不一致的。

2. 自我完善是单个方面的提高

这里的单个方面更多的是指人的某种功能。当人们认识到自己某个方面的功能不能满足需要的时候，就想对该方面功能加以注意、加以改进，从而获得完善。例如，人们觉得自己交际能力不够好，那么就认为应该"自我完善"。这种观点在潜意识中将人看成一种多功能的机器，当某一方面出现问题或者功能不够良好时，就需要进行改进。

3. 自我完善是一种取得成功或者实现人生价值的手段

一个最普遍的观点是，因为我在世界的整体结构中处于较低的层次，生活条件不够好、物质财富不够多、社会地位不够高、受人尊重的程度低等，所以我需要去"自我完善"，从而让各方面变得更好，以获得成功或者说实现人生的价值。所以，自我完善本身就被视为一种工具，大家不会太在乎这种工具如何被操作、如何被使用，只在乎这种工具是否可以帮助自己实现目标——取得成功或者实现人生价值。这种思维容易导致过分功利性的产生，一个人陷入过分功利的思维中时就会破坏个人存在的整体性，从而导致人的异化。

4. 自我完善就是自己完善或者完善自己

人们在日常生活中往往不对"自我完善"和"完善自己"进行区分，这意味着两者具备某种同义性，换言之，把"自我"当作自己来理解。自我完善的主体是自己，客体也是自己。如果从这个角度来讲，那么自我完善、自我提高、发展自己这些表达方式几乎不存在差异。

总而言之，人们对自我完善存在种种偏见，而这种偏见往往与人们原有的"前理解"有关。如果继续去分析这些"前理解"的话，那么人们可能存在以下几种假设，而且一直确信这些假设是不必且不能置疑的"当然"：为了更好地立足世界需要"自我完善"；"自我完善"的目的是更好地立足世界；当某个人的某个方面与立足世界发生矛盾的时候就需要去"自我完善"。这里提出几个值得人们深刻思考的问题：把立足世界作为自我完善的目标将把人类引向何处？这种自我完善是否能保证自我完善的手段和目的不相背离？人们如何保证这种自我完善的手段和目的不相背离？

二、人的自我完善的概念界定

"人的自我完善"是一个随着人类历史发展而变化的概念。在不同的时代，人的自我完善的方向、内容、动力、途径和结果都是不同的，任何一个关于人的自我完善的定义都是一个时代所特有的版本。

对于自我完善的理解应该建立在对"自我"概念理解的基础之上，所以理解"自我"这个概念的含义显得尤其重要。"自我"是思考个体独特性的一个重要概念，且已经成为心理学领域一个具有丰富内涵的特殊概念。在不同文献中"自我"的许多用法是以"人的完整"为中心的，有时也被用作"灵魂"的同义词。[1]精神分析学派非常重视对"自我"这个概念的解析，弗洛伊德理论中的"自我"指，自己可意识到的，执行思考、感觉、判断或记忆的部分，遵循的是现实原则，为本我服务。荣格把"自我"理解成一个近似经验的实体而非一个说明性概念。此后以马斯洛为代表的人本主义心理学提出"自我实现"的概念，戈尔德施泰因（K. Goldstein）介绍"自我实现"时，认为它的含义是人们的潜能发展到了尽可能的高度。[2]因此学术意义上的"自我"往往关乎一个人的内在心理结构，代表着学者在了解人的内在心理世界上的探求。不同学科的学者在了解人的内在心理的过程中提出了性格、气质、人格、价值观、态度等概念，但"自我"却是一个有着独特意义的概念。笔者通过对以往学者对"自我"一词的使用进行探索时发现：一方面"自我"指，自己可意识到的，执行思考、感觉、判断或记忆的部分，与一般人性有着本质上的联系，这就为科学探讨"自我"提供了学理依据；另一方面，自我与经验有关，即一个人的"自我"的发展与他的经验有着极其密切的联系，而每个人的经验是各不相同的，这种差异性为揭示每个人的自我的独特性提供了条件，也为单个人的自我完善提供了可能。总之，自我是整个人格的核心，人的心理活动是由自我构建的，自我以对自身及自身有关事件的解释构建起自己的心理世界。[3]

在当前的背景下，笔者试图对本书的核心概念"人的自我完善"作出如下界定：现实而具体的人通过创造性的社会实践，在处理"我"与现实世界和数字化世界的关系中不断确认自己存在的独立意义并不断获得超越性意义的一种持续、动态的生命状态。简单地说，它包含两个方面：一方面是"成为人"；另一方面是"成为自

---

[1] 中央教育科学研究所比较教育研究室.人的发展.北京：教育科学出版社，1989：276.
[2] 肖凯.人的自我完善与学校教育改革.武汉：华中师范大学硕士学位论文，2011：10.
[3] 李晓文.学生自我发展之心理学探究.北京：教育科学出版社，2001：1.

己"。"成为人"意味着通过自己的努力从动物中独立出来，完整拥有人的属性，这是自我完善的第一层含义；"成为自己"意味着通过自己的努力使自己从人群中独立出来，完整拥有自己的一些属性，这是自我完善的第二层含义。真正认识人的自我完善，应该把握以下五个关键问题。

（一）人的自我完善以人的自我觉醒为前提

人的自我完善不同于日常生活中人们经常提到的"人的发展"。"人的发展"一般有两种释义：一种是把它与物种发展史联系起来，将它看成人类在地球上出现及其进化的过程，即人类的发展和进化；另一种更为常见的解释是，把它与个体发展联系起来，将它看成人类个体的成长变化过程。[①]从已有的概念来看，"发展"是一个包容性极广的概念，影响人发展的因素至少有遗传、环境、教育、个体的能动性等，显然在此概念之下，机体发育、体质增强都能够归为发展之列。"人的自我完善"是一个比"发展"更专门化的概念，其专门化在于人的自我完善必须是以"自我的觉醒"为前提的。没有自我就谈不上自我完善，人们对自我完善的误解常常是由于对"自我"一词理解的不够充分，从而在理解自我完善的时候常常强调带有强化和训练意义上的完善，极端情况下可能是一种"愚化"或"洗脑"行为。没有自我的人，就意味着这个人还没有完全从自然环境和社会环境中独立出来，依然是某个人或事物的附属品（哪怕这个事物是上帝或者科学），更谈不上人的自我完善。

（二）自我完善中的人必须是"现实的人""具体的人""单个的人"

从古希腊时代一直到漫长的中世纪，西方哲学家都在试图去发现人的本质、人类共相甚至去寻求"理想的人"的模板，但是马克思和恩格斯发现了这条道路是行不通的，并天才地提出了"现实的人""活生生的人"等概念，如果人们继续抽象地、理论地看待自我完善中的人，只会让人更深地陷入意义迷失、空虚、疏离和被边缘化的境地。"现实的人""具体的人""单个的人"的出现意味着人向生活世界的回归，人的自我完善必须是在真实的生活世界中完成的。人的自我完善并非寻求某种终极目标，而是一个通过日常生活中一系列活动生成新意义的过程。人的自我完善无法寻找到一个统一的目标，而是依靠各自的修行去进行内在的发掘和个性化的创造。

---

① 王道俊，郭文安. 教育学（6 版）. 北京：人民教育出版社，2009：28.

（三）人的自我完善所关注的是一个持续、动态的过程

《学会生存：教育世界的今天和明天》指出："我们可以说，人永远不会变成一个成人，他的生存是一个无止境的完善过程和学习过程。人和其他动物的不同点主要就是由于他的未完成性。"[①]首先，人的自我完善并不是一蹴而就的，因为其本身不会存在一个最终的结果。其次，当自我完善意识渗透到一个人每天的工作和生活等各类社会实践中时，他会通过生活激活兴趣、情感、潜力、理想、信仰，从而提高其生命的价值，获得内在的自我完善。从这个意义上来讲，对于自我完善的人来说，生活和自我完善都是持续和动态的。当然，对于没有启动自我完善的人来说，他们不可能产生这样一个持续、动态的过程。

（四）人的自我完善是一个整体性的成长过程

《新华字典》对"完善"的解释有三种。①完备美好。②完好；无缺损。③使趋于完美。显然，"完善"意味着整体上趋向于完美。所谓"整体上"，一方面意味着从整体上来看待人，追求人的整体状态的提升；另一方面，人的各种构成要素（包括生理方面、心理方面、社会方面）互相影响、互相依存，而这种依存则是由一种自我意识来贯穿的。笔者强调，这种整体性并不是说各个成分必须齐头并进，而是认为各个成分不能割裂来看，重视各个成分的协调和整合也是人的自我完善的一个重要方面。

（五）人的自我完善是一个人对自身意义的探索的过程

人的自我完善是以自我的价值觉醒为前提的，它本身就是一种价值活动。为了获得自身的完善，个体总是在追求人生的意义、完善的意义，并受这种追求的指引。[②]在讨论发展的时候，极少有人将发展和世界观、人生观和价值观联系起来，这恰好印证了人们对待"发展"的去价值化和一元化的倾向。追求自我完善的人必须有着清晰的自我意识，能够认识到自己存在的意义，或者说他很清楚自己"为什么活"，这样他才有可能自觉启动自我完善的行动，并知道如何去完善。人的自我完善是依靠内部动力驱动的，对外部的力量也有足够的抵抗力。一旦一个人被外在力量压服，自身的价值感就会被压抑，在生活环境和他人压力的驱使下去生活和发

---

① 联合国教科文组织国际教育发展委员会. 学会生存：教育世界的今天和明天. 华东师范大学比较教育研究所译. 北京：教育科学出版社，1996：196.

② 冯增俊. 教育人类学. 南京：江苏教育出版社，2000：117.

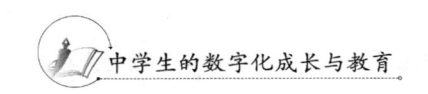

展，即使能够获得了一定生活条件的改善，也将面临沦为工具的危机。

三、人的自我完善的历史考察

在不同时期，人们对于自我完善的理解往往是不尽相同的，对不同时期和不同背景下人们对"自我完善"这个语词在用法上的考察，有助于我们更好地把握人的自我完善的当代含义。人类历史上不同的时期，自我完善有着不同的特点。丹尼尔·贝尔在《后工业社会的来临》一书中将人类历史进行划分，把人类社会的发展进程分为农业社会、工业社会和后工业社会三大阶段。[①]以下笔者分别考察三大阶段中自我完善的含义。

（一）农业社会：以获取物质为目的的自我完善

农业社会，以家庭为基本生产单位、以手工为主要生产方式的自给自足的小农经济为其主要特征。生产工具不够先进，社会分工不发达，主要依靠人力来开展生产，而且生产的产品以满足家庭生活需要为主。"生活主要是对自然的挑战"[②]，人与自然的关系联系得非常紧密，人往往处于弱势地位，正是人类所处的弱势地位迫使人类身体结构获得改观。这一时期，人类的生活空间极其狭窄，阶级与阶级之间壁垒森严，无论是人的水平流动还是垂直流动都是极其困难的。在这一时期，人的生命的可能性是有限的，所以研究者对这一时期的自我完善也比较容易把握。农业社会早期，人的自我完善往往是一种"阶级复制"，即让个体具备该阶级成员应该具有的特点，成为该阶级中一名正常的成员。农业社会后期，在中国出现了科举制度这种少有的垂直流动通道，这个意义上的自我完善无非是让接受以科举制为标志的封建教育制度的人符合统治阶级的人才标准。在西方国家，漫长的中世纪存在势力庞大的教会，人们通过接受教会教育寻求心灵上的安慰。

从普遍意义上讲，这一时期的人的自我完善有如下一些特征：这个时期的自我完善是由人们的生存需要推动的，因此带有很强烈的现实性和功利性。无论是奴隶社会学习生产和生活常识，还是封建社会就读私学或者官学甚至进入寺庙等宗教机构修行，都是出于个体的需要，是一种个人选择。大体上讲，这一时期的自我完善有自我修行的性质，以自学为主要方式，自我完善或者是为了物质生活，或者是为了在残酷的现实中寻求心灵的超脱。德行在这一时期具有非常重要的地位，在农业

---

① 丹尼尔·贝尔. 后工业社会的来临. 高铦，王宏周，魏章玲译. 南昌：江西人民出版社，2018：126-127.
② 丹尼尔·贝尔. 后工业社会的来临. 高铦，王宏周，魏章玲译. 南昌：江西人民出版社，2018：126.

社会大多数时期内，道德是维持人与人和谐的主要因素，道德也是个人立足农业社会的重要资源。

（二）工业社会：以提高能力为目的的自我完善

工业社会，隆隆的机器声改变了整个社会面貌，以大机器的使用和能源的消耗为核心的专业化社会大生产占据了社会经济的主导地位，大机器生产取代了个体手工生产。"工业革命以后，Horance Mann 的一个重要观点是教育能让每一个人达到共同的、高层次的成功。"[1]工业社会中，社会分化剧烈，社会分工精细，阶级之间的流动机会越来越多，而且人们的竞争往往围绕着物质和能源。这个时期，社会逐渐呈现出科层制和规模化的特点，人的自我完善也变得越来越模式化。文艺复兴以来，人们充分认识到人的潜力，正如莎士比亚在《哈姆雷特》中借主人公之口对人进行的赞美那样："人是多么了不起的一件作品！理想是多么高贵，力量是多么无穷，仪表和举止是多么端庄、多么出色。论行动，多么像天使；论了解，多么像天神！宇宙的精华，万物的灵长。"人的力量取决于对自然的征服，人们研究自然、改造自然，向自然索取资源，同时人也在这个过程中获得了自我完善。

由此看来，工业化社会里的自我完善离不开人的能力的发展，尤其是一般能力——智力的发展。一个人需要自我完善，是因为他的能力需要提高，因为只有能力的提高才能在当时的世界中更好地立足。在一个以能源和物质的占有量为财富标准的时代，人的能力是极其宝贵的"能源"，所以自我完善成了提高能力的代名词。在这个时期，学校尤其是公立学校在人的自我完善过程中起了很大的作用，人们相信学校可以像生产流水线一样能够培养出能力更强的人。

（三）后工业社会：以获得意义为目的的自我完善

正如后现代主义所描述的那样，后工业时代科技理性所主导的标准化、统一性、整体性塑造了当时的人，所创造出的科学技术反过来控制了人的思想行为与文化生活，人们不得不以内在的精神沉沦去换取丰厚的外在物质利益，人被异化了。无论是马尔库塞所倡导的彻底破坏还是福柯的范式转换都只是彻底地揭露了在工业社会中人在发展中可能面临的各种危险，但他们都没有为后工业社会的人指明道路。因为在后工业社会，一切企图寻求唯一道路或者既定出路的思维都是行不通的。后

---

[1] 阿兰·柯林斯，理查德·哈尔弗森. 技术时代重新思考教育. 陈家刚，程佳铭译. 上海：华东师范大学出版社，2013：95.

工业社会提供给人们的是一个逐渐被敞开的开放社会，原来固有的阶级、族群等强调人起点不平等的限制条件逐渐减少。人们处于这样一个社会中，可以自由选择任何一种生活方式（不做选择也是一种选择），世界已经变得无比开放。

在这样一个社会中，给人的自我完善设计任何先天的标准都是徒劳的。正如狄更斯在《双城记》中概括的"这是最好的时代，这是最坏的时代"。这个时代每个人都是不幸的，因为谁也无法告诉大家应该如何走下去；但是这个时代的人又都是幸福的，因为人类在很大限度上拥有为自己设计道路的权利，并且具备实现自我规划的目标的充分条件。

如果说人们在农业社会自我完善的动力是对生存的渴望，在工业社会自我完善的动力是对能力的渴望，那么后工业化社会人的自我完善的动力已经转向了人们对意义的渴望。在一个宏大叙事都已经濒临解体、人们已经不再轻信的年代，真正能触动人的只能是内在的力量。

第二节　数字化成长的理想图景：自我完善的人的基本特征

探讨人的自我完善的根本目的是探究如何成为自我完善的人，即人们只有发现自我完善的人所具备的特征才能更透彻地理解人的自我完善。这里提出"自我完善的人"并不是试图构造"标准的人"或者"完美的人"的模板，而是勾勒出自我完善的人的基本特征，而且这些特征具有一定的开放性。一部分学者认为，任何勾勒理想的人的模板的努力都是徒劳的，他们认为人不是完全一样的印刷品，每个人都是独一无二的。本书认同每个人都是独一无二的观点，但是本书延续人本主义心理学研究健康人格的思路，认为在某些发展良好的人身上存在着一些共同的特点。正如皮尔斯所认为的那样，世界上一切存活的有机体——植物、动物、人都有一个固有的目标：按照自我本身的本性，实现真实的自我。[1]显然，玫瑰花必须像玫瑰花一样实现自我，而不是和一只孔雀一样实现自我，老虎应该和老虎一样实现自我，而不是和一头大象一样实现自我。[2]当然，人和动植物有很大的不同，这个问题对

---

[1] 舒尔兹. 成长心理学. 李文湉译. 北京：生活·读书·新知三联书店，1988：253.
[2] 舒尔兹. 成长心理学. 李文湉译. 北京：生活·读书·新知三联书店，1988：281.

人来说则更为复杂。什么才是人本真的天性？从第一层含义上讲，人从其他物种中独立出来肯定是有一些因素在起作用的，换言之，这些起作用的因素构成了人的第一层本真，没有这些东西人就不存在了或者变成了像动物、植物的存在。在本书中，笔者认为那些维持人之为人的因素，如"自我意识"就是人必需具有的，如果不具有自我意识（或者出现残缺），那么就会导向自我异化甚至会导向人的自我否定；相反，自我完善的人必须具备这一特征。从第二个层次上讲，个体之间都存在差异性，同样的自我意识在不同性格、性别、文化背景的人身上所表现出来的形式可能也会有所不同，甚至会是千奇百怪的。本书主要从两个角度去探讨这一问题：使人成为人，使人成为他自己。

由于每个人都是以一种"未完成"的状态而存在的，笔者并不想提出一种貌似已经完成了的十全十美的人的标准，本书所认为的"自我完善的人"，是指具备了自我完善的性质，能够靠自我驱动，避免自我异化、自我毁灭，并不断完善自身的人。显然，笔者所指的自我完善的人本身就是一种动态中的人，本书研究的自我完善的人不是某一类已经实现了自我完善的人，而是处于自我完善状态的人。

美国当代著名心理学史家杜·舒尔兹1977年提出了成长心理学理论，"成长心理学的目的不是去医治神经病和精神病患者，而是要打开并且释放人的巨大潜能，以便实现和完善我们的能力，并发现人生更深刻的意义"[1]。人的"潜能"和人生"意义"虽然不能完整地概括本书所研究的"人的自我完善"，但舒尔兹所提出的成长心理学所研究的基本问题和本书的研究内容有较高程度的重合，本书借用"成长心理学"的概念，对比较有建树并且产生了广泛影响的理论进行综合研究。舒尔兹在《成长心理学》中，列举了奥尔波特"成熟的人"理论、弗洛姆"创造性的人"理论、荣格"个体化的人"理论、弗兰克"超越自我的人"理论、皮尔斯"此时此地的人"理论、马斯洛"自我实现的人"理论、罗杰斯"充分起作用的人"理论，这七种理论分别描述了一个健康的人的模板，也就是分别归纳出一套人健康成长的指标。不过，这些学者的指标存在许多共同和交叉的部分，有些指标是互为因果的，但是也有一些是相互冲突的。显然，这些学者虽然属于不同的心理学流派，但他们关注的研究主题是一致的，即他们以"心理健康"为研究目的，研究实现心理健康的成长过程。这一系列的研究为自我完善的人的研究提供了充分的素材，但他们的研究也存在共同的局限性，即这里的心理更多地停留在意识层面，如意识和潜意识的关系，而缺乏对从身体自我到心理自我再到精神自我的整合。

---

[1] 舒尔兹. 成长心理学. 李文湉译. 北京：生活·读书·新知三联书店，1988：7.

特征，从一般意义上讲是某一事物所具有的特殊属性。这里的自我完善的人的主要特征，指的是这些特征标志着一个人是能够自我完善的人。显然，提炼出这些特征最大的困难是如何区分一般表现和特征。本书力图以人本主义心理学发展史（其实也是一部浓缩了的人的成长问题的研究史）为纵线，以杜·舒尔兹列举的七种理论中所有关于健康心理的标准为横线，并补充其他研究了这一问题但没有如此系统的一些心理学家和教育家的观点，来系统勾勒出自我完善的人的形象。其中，笔者对自我完善的人的主要特征的提炼来自对这些学者提出的标准的重新分析与综合考量。

一、稳定的自我意识

1890年，詹姆斯在其著作《心理学原理》中首次提出了"自我意识"这个概念，此后引起学界的广泛关注。尽管不同流派的心理学家在自我意识的概念、结构、功能和发展机制方面存在着分歧，但人们已经越来越认识到"自我意识"在个体发展中的重要价值，从自我完善的角度讲，自我意识既是自我完善的本质内容，同时也是自我完善的推动力。正是因为有了自我意识，自我完善的概念才能成立。显然，一个人只有具备了稳定的自我意识才可以谈自我完善。

中国心理学界一般把自我意识看作一个多层次的心理现象，将自我意识分为自我认识、自我体验和自我控制（调节）三种心理成分。自我认识一般指的是个体的自我感觉、自我概念、自我观察、自我分析和自我评价；自我体验是自我意识在情感上的表现，如自信心和自尊心；自我控制（调节）则是自我认识和自我体验所推动的内部行为和外部行为的改变。这种区分能让人们更深入地了解到自我意识的细微结构，但是无论是自我认识、自我体验还是自我控制（调节）都更多地关注客体我，而忽视主体我，也就是缺乏对"自我意识"的"意识"。这样的自我意识在现实中所引发的问题是明显的：通过自我认识，个体意识到自己的缺点（通过和他人及社会的要求的比较），于是个体产生了愧疚和不满足于现状的心态，因此个体按照他人的模式或者社会的要求来改造自己。这里面就存在巨大的风险，很大程度上可能把自己变成了别人，或者把"我"变成了"非我"。所以，人们需要成长心理学的启发，以重新认识"自我意识"。

稳定的自我意识首先表现为意识到自我的存在。自我是生命成长的重要动力，自我的存在需要去寻找价值、意义及存在感，因此个体启动了自我改造和实践的机制。奥尔波特提出了"自我统一体"这个概念来代替自我，"自我统一体是由那些对于个体是重要的而且是个人的事态和过程组成的,是由规定一个人是独特的那些方面组成的"[1]。换言之,意识到自我统一体的存在就意味着意识到自己是一个独立而且特殊的个体,这个特殊的个体为自身拥有,由自身去规定和创造。现实生活中,一些人处于"无我"状态,似乎自己就是一块橡皮泥,需要借助外力成型。这种现象已经向传统认知心理学提出了挑战:根据皮亚杰的认知发展阶段理论,前运算阶段的儿童是自我中心主义的,具体运算阶段的儿童是去自我中心主义的,似乎"自我"是一个很自然的现象。实际上,认知心理学揭示出儿童能够学会将自我与外在世界区分开的奥秘,这个自我更多的是指身体意义上的自我,而人格意义上的自我则并不是那么容易阐述的。

稳定的自我意识还表现为意识到本真的存在。传统心理学中,所谓自我认识往往不仅包括外貌、举止、谈吐、学识、心理、道德、能力等方面的认识,而且包括自己的长处和短处,但需要质疑的是,人们所谓的长处和短处的标准是什么。如果这些标准是纯粹来自个体之外的,那么是否意味着人们在用外在的某种不知名的标准来改变自我呢?在这个问题上,布根塔尔的"本真"概念提出得恰如其分,本真是与适应相对应的,是一种自我的自然展开的存在。具有稳定的、健康的自我意识的人总是用自己本来的样子去接纳自己,没有任何羞怯和愧疚。但是,对于一些人来说,他们的自我意识总是被干扰,他们可能会把想象中的我和真实的我混淆,或者以想象中的我否定真实的我,以他人和外在世界要求的我压制本来的我。例如,不能坦然接受自身的正当欲望或者个人的懒惰而产生严重的内疚感,形成扭曲性的自我和固化的人格结构,进而丧失正常的活动能力。因此,从这个意义上讲,许多人本主义心理学家和存在主义哲学家强调,"内在的真诚"是非常有价值的,因为这样有助于建立一个开放而和谐的人格结构。

稳定的自我意识还表现为自我意识同一性的建立。埃里克森的"八阶段"理论中提出,青春期(12~18岁)的主要矛盾是自我同一性和角色混乱的冲突,这个阶段的主要任务是自我同一性的建立。"这种同一性的感觉也是一种不断增强的自信心,一种在过去的经历中形成的内在持续性和同一感(一个人心理上的自我)。如果这种自我感觉与一个人在他人心目中的感觉相称,很明显这将为一个人的生涯增添绚丽的色彩。"[2]埃里克森已经初步提出了这个问题,而且他很坚定地认为,没有获得这种同一性的感觉,就没有自身的存在。大量的事实经验表明,人们正是因为

---

[1] 舒尔兹. 成长心理学. 李文湉译. 北京: 生活·读书·新知三联书店, 1988: 33.
[2] 埃里克森. 同一性: 青少年与危机. 孙名之译. 杭州: 浙江教育出版社, 1998: 101.

自我认识的混乱，各种内在属性及外在角色的冲突和矛盾才会导致人无法真正地接纳和认同自我。弗洛姆认为，形成同一感的不健康方式，依靠的是对于民族、种族、宗教和职业特点的适应。①

稳定的自我意识还表现为意识到自我的动态感。稳定并不代表封闭和一成不变，而是一种动态中的稳定。一个自我完善的人认为，自我是可以改变和发展的，是一种类似于"生命体"的东西，可以通过自己的努力去优化它。正如前文所说的，当一个人无法自然、本真地接纳自我时，其自我结构中黑暗、阴郁的部分就会如同病毒一样蔓延，导致整体自我枯竭。一个人自我同一性一直无法建立时，就无法获得自我成长的意向，也可能导致自我的萎缩。一个意识到自我动态感的人能够敞开自己，让新的经验进入使其不断地扩大自己的活动范围和增加体验深度，从而推动自我完善。

因此，一个自我完善的人应是一个有着稳定的自我意识的人，能意识到存在一个独立的、本真的、自然的自我，这个自我是可以变化和成长的，而自己是这个自我的唯一责任人。这样的人才是一个自动自发的人，其本身的动力能够触发自我完善。正如罗洛·梅所认为的，一个人越有自我意识就越能够变得既有自发性又有创造性。②

二、有效的现实知觉

马斯洛把有效的现实知觉命名为"存在认知"，简单地说就是按照世界本来的样貌去看待周围的世界。不能够有效知觉现实的人往往是按照自己的主观想象去认识现实世界，也就是人们常说的戴着有色眼镜去看待人和事，这样必然导致对世界认识的失真。在这一个问题上罗杰斯有不同的观点，罗杰斯阐述这个问题时所使用的词语是"信任自己的机体"，在罗杰斯的描述中，拥有健康人格的人达到了一种高超的境界，他们能够做到依据自己的知觉和经验来认识现实，因为他们自我中的良知系统、判断能力已经达到炉火纯青的地步。③但是，对于良知系统和判断能力不能够充分起作用的人来说，他们内在的自我是不够成熟的，他们的内在防御性很强，不能够独立、自由、自然地去知觉当下的情境，他们总是需要考虑别人的看法、

---

① 舒尔兹. 成长心理学. 李文湉译. 北京：生活·读书·新知三联书店，1988：95.

② 转引自岳欣云. "迷失"与"回归"——试论教师自我意识对教师生命发展的作用. 当代教育科学，2006（8）：11-14.

③ 舒尔兹. 成长心理学. 李文湉译. 北京：生活·读书·新知三联书店，1988：71-72.

社会的舆论，不能够坚持自己的立场和态度。

在上述两种观点中，马斯洛强调有效的现实知觉应该是客观的，而罗杰斯似乎在暗示有效的现实知觉是以自我为出发点的，带有强烈的主观性。那么对于自我完善的人来说，在现实知觉上到底表现为主观性还是客观性？其实，从主客观的角度是无法描述自我完善的人在有效的现实知觉方面的特点的。因为人们在知觉周围人、事、情境、活动的时候，自我肯定是要参与其中的，知觉既无法离开自我，又不能不受到不良自我的干扰，这组矛盾关系使人类在现实知觉上陷入了困境。这个问题的解决必须依赖稳定的自我意识，只有当一个人能够本真地意识到自我，让自我以一种自我澄明的状态出现时，他认识现实时才能将现实置于一种清晰的澄明的视野中。尤其是，人们的自我认知和现实知觉常常是相互联系的（这里的现实知觉就是对自我之外世界的一种知觉），只有拥有了稳定的自我意识，人们才能清楚地意识到，自我认知是如何影响到外部知觉的，影响的程度有多大，影响的结果是什么。沿着这一思路，人们可以知道自我完善的人所具备的有效的现实知觉应该表现在下列几个方面。

有效的现实知觉意味着能够灵活对待先入之见。原有的生活经验和知识系统都已经内化为内在心智结构，这些生活经验和知识系统的存在必然就意味着存在某种先入之见。先入之见主要影响到人们认识事物的效率，且会给人们在认识事物的准确性上带来较多干扰。自我完善度低的人往往习惯于套用概念、固定模式及类似的经验去认识事物，通常表现出很明显的思维定式、功能固着、刻板印象等。例如，许多人听到大学生就业就产生了"就业难"的直觉反应，一听到考上公务员就形成"好前途"的习惯思维。这种思维的本质是抽空了独立的情境，抹去每个人的自我，用"先见"去判断外部世界的各种变化多端的情境。所以，从结果上来看，这类人往往对外部世界存在抵制、曲解和遮掩。皮尔斯用"投射"这样一个词来解释这样一种现象。例如，胆怯的人指责别人的创新是对传统的不敬，毛躁的人指责别人的仔细为斤斤计较，粗野的人指责文明的人是虚伪的。而自我完善的人往往在考虑普遍性的同时，充分考虑个别性、差别性及多种可能性，他们有自己的视角，而这个视角是客观的还是主观的已经很难界定了，因为它对于情境来说有很强的客观性，但是对于自我来说则有很强的主观性，它是一种自我和情境的流畅沟通、和谐统一。他们在悦纳自己的同时，也悦纳他人甚至整个世界。

有效的现实知觉意味着他们的知觉是情境性的。马斯洛用"鉴赏的不断更新"来描述这一现象，皮尔斯干脆用"此时此地"的人来总结这种经验。自我完善的人总是如初生的婴孩一样打量他所看到的周围世界，从而感到一切都是新的，都有存在的价值，从而能够很好地接纳它们并且正视它们。其实，自我完善的人之所以能感受到这种新鲜感主要在于其在自我与情境的相互联系中会认真地感受周围世界，正如下文要讨论的经验的开放性所描述的那样，自我是不断更新的，即使有类似的情境在外部世界出现，其对于自我的意义也可能是不一样的，所以自我完善的人的鉴赏能力是动态的，知觉到的客观世界也是情境性的。自我完善度低的人往往习惯以内在的图式和以往的经验去解读当前遇到的情境，所以观察和感受到的周围的人与事通常是过去的一个翻版，这种状态下的人处于一种拒绝更新的状态。

有效的现实知觉意味着人的知觉是整体性的。世界的本来面貌是互相联系而构成的一个整体，人因为自身思维和行为的需要总是试图去切分和肢解所看到的世界，如果内在的自我过于坚固和结构化，那么这种切割思维会迁移到对外部世界的感知中去。对于自我结构灵活的人来说，自我本身就是一种整体、灵活、贯通的结构，所以这种整体性的自我所观照到的外部世界就是它本来的样子，他们观察到的现实与其他相关问题紧密联系，且能敏锐地发现现实背后的隐含的内蕴。

有效的现实知觉意味着人的知觉是反思性的。即使对于自我完善的人来说，他们在觉察外部世界的时候也不可能不犯错，毕竟人的能力是有限的，不可能全知全能，但是一种自我监控、反思的机制可以减少犯错的可能性。换句话说，自我完善的人并没有期望一次性完成对现实的知觉，其过程可能是多次的、反复的甚至是不断调整的。自我完善的人在认识外部世界的时候同样具有活跃的自我意识，这种自我意识的表现就是监控和反思自己认识事物的行为，调控和反馈认识事物的质量与限度。

三、开放的经验结构

正如舒尔兹所说，我们永远不停顿地生长，这最理想不过的了。[1]除了心理方面的变化，"生长"还突出表现为经验的改组和改造。自我完善的人，从字面意义上讲，就是不断地更新自己的人，而且这种更新是自发的，是有某种方向性的。显然，这里的经验的开放性从某种意义上意味着对经验的不断改造，这是一种内部经验和外部世界良性协调运动的结果。

经验的开放性意味着经验的不断更新和增加。即使是经历了同样一件事，自我完善的人通常比自我完善度低的人能获得更多的经验。因为对于自我完善的人来

---

[1] 舒尔兹. 成长心理学. 李文湉译. 北京：生活·读书·新知三联书店，1988：47.

说，他们较少感觉到来自外部世界的威胁，他们在情感和态度上较少设防，任何情感体验进入他们的神经系统都较少受到阻拦。他们对待每天的经历就和吃饭一样自然，并不断地从中得到补给。由于自我完善的人存在"创造"的需要，他们需要不断地参与活动，这种参与活动的过程本身就是对内部经验改组、改造的过程，这些特点使得自我完善的人见多识广。

经验的开放性意味着依据自我的结构来整合经验。自我完善度低的人往往试图在经验与经验之间建立联系，奥苏贝尔就是在这个意义上阐述知识（间接经验）的结构的。仅仅依据外部经验的性质和内容来整合经验，必然会导致自我和经验之间的分离，这种经验没有经过内在自我的验证，可靠性和稳定性比较差。自我完善的人总是根据自我的结构来建构经验，这也是罗杰斯所讨论的有意义的学习。一个人的自我完善度越高，他的内在自我就越开放，所以他们吸纳经验的能力也就越强。他们可能对某些经验有偏好，但是绝对不会轻易地排斥和否定一些经验。

经验的开放性意味着对文化保持某种张力。人类获得经验一定是在某种文化系统中发生的，但是文化系统往往会影响人们对经验的态度，对于不同的人来说这种影响可大可小。例如，在中国文化中，枪打出头鸟的文化氛围依旧没有散去，受这种文化影响的人往往对那些反传统或者具有创造性的行为抱有偏见，或者把那些人理解为爱出风头甚至别有用心，把他们的成功理解为一种侥幸。但是自我完善的人，他不会完全屈服于外在的文化系统，因为他的自我意识强大到能够和外在的文化氛围形成某种"对话"，所以他是否服从文化系统的影响，取决于内在的自我。总体而言，一般自我完善的人往往受他所处文化氛围的负面影响较小，因为文化对他吸纳经验的影响是比较小的。

四、充分的自由感

罗杰斯认为，一个人（的心理）越是健康，他在选择和行动中体会到的自由感就越大。[1]实际上，生活中许多人因为各种各样的原因缺乏效能感，总是不相信自己有能力去改变现状或者解决自己当下遇到的问题，他们总感觉有这样或者那样的因素在限制着他们的行为，而且寄希望于外在的力量去改变这些限制因素。缺乏自由感的人，总是不愿意去尝试新事物，而更愿意依据常规去行事，对世界的无限可能性持怀疑态度。

---

① 舒尔兹. 成长心理学. 李文湉译. 北京：生活·读书·新知三联书店，1988：73-74.

这种自由感来自对自身的认识和对周围世界的认识。自我完善的人清楚地知道自己是什么样的人，也对周围的世界有足够清晰的认识，所以他们在处理主观我与客观我、自我与他人、自我与周围世界的关系时有充分的把握；相反，缺乏自由感的人，在他们的自我之中封锁了许多的东西，他们的自我意识并不稳定，对自己是缺乏把握的，不能够充分地预见自己的思想和行为的后果，对监督和调节自己的行为是缺乏信心的。无论是处理自我关系、人我关系还是人事关系，他们都会有一种身不由己的感觉，这种感觉往往会带来焦虑情绪，限制了人的活动，本质上也限制了人的自我完善的进程。

自由感首先是一种摆脱了不安全感的结果。奥尔波特认为，安全感主要来自两大重要品质。一种是"自承"，即能够接受自身的缺点和不足，把人性中的弱点视为一种"常态"，并在这种常态中去改善自我。另一种是"挫折的耐受性"，一部分人能够接受挫折和失败，不会在任何挫折面前丧失积极的行动能力，任何挫折都在他们接受范围之内。一个不对自身的不足感到恐惧和不对任何失败感到恐惧的人，是有足够的安全感面对人生的变故而不至于产生自我的异化的。总体上来讲，人的自由感往往与幼年时期的养护和教育有很强的相关性，同时也与后天的自我调节有很大的关系。充分的自由感的形成，往往和人的自我意识是相伴而生的，但同时也应该认识到在自我意识发育完全之前，人的自由感在父母教育、生活环境等多方面因素的共同作用下就已经被打上了底色。

有充分自由感的人意识到自身是不应被外来之物决定的。自由感通常表现为一种"主体"的健康成长。随着主体性的萌发，人们相信"我"作为自身的主体能够主宰自己的命运。但现实生活中，一些人往往在客观条件和限制因素的作用下，产生无力感。美国心理学家塞利格曼1967年提出了"习得性无助"，这个概念很好地描述了这种现象，即人在最初时有着"初生牛犊不怕虎"的自由感，但是通常人们在经历了一些失败的情境之后，"挫折的耐受性"不能够抵抗构成合力的挫败力量，于是原有的观念发生扭曲，认为其他的力量在控制着自己的命运，如上帝、社会、他人甚至是其他神秘的力量。一旦人们相信这些外来因素决定着自己的命运，人们参与各种活动的动力就会减少，自我完善的进程将会逐渐趋于停滞，甚至产生自我异化。

有充分自由感的人意识到他们的选择是自由的。人们每天都会面对各种选择，当然这些选择和行动会受到各种各样的限制，对于有充分自由感的人来说，这些限制就是选择和行动的基础、需要努力去超越的现状。但是对于缺乏自由感的人来说，这些限制就是他选择和行动的制约因素，是自我完善进程中的障碍。中国学生随着年龄的增加，上课举手发言和作出创新性回答的比例逐渐下降。[1]一个很重要的原因是教育中存在削弱自由感的因素。显然，有充分自由感的人内心完整而且自由，不容易受到外在因素的干扰，在选择和行动中不太会去考虑问题之外的问题，不会因为一些面子问题、效果问题、影响问题而受到太大的影响，他们能够专注于问题本身而获得自由感，因此这类人的选择和行为往往能够打破惯常的模式而走出一条新路。相反，缺乏自由感的人在面对各种选择的时候是恐惧的，因为他们认为有太多限制性因素在起作用，而且这些限制性因素表现得都是异常强烈的，从而表现出某种选择恐惧症和行动拖延症。

有充分自由感的人能够有意识地去控制生活。人们在谈论有意识地去控制生活的时候往往将之理解为计划性，其实有充分自由感的人并不一定会一板一眼地去完成计划，因为"自我"本身就具有意向性，这种意向性会推动他们去选择与自我相匹配的生活。如果这种意向足够强大的话，外在的环境及时尚的潮流对他们就难以形成影响，于是他们不会随波逐流，而是按照自己的需要去控制生活。有充分自由感的人所选择的生活能够保护好内在的自我，从而形成内在自我和外在生活在形态上的完美统一。相反，缺乏自由感的人总是认为受生活逼迫，判断和选择的依据不是发自"自我"，他们的生活本质上是服从于潮流和外部要求的，这样就包含某种自我异化的可能性。

五、强烈的创造需要

这里的创造并非指创新的，而是一种广义的创造，主要是指有意识地对世界进行探索的劳动。所以这里的创造指的是自我完善的人总想去做一些事情去探索这个世界的规律，甚至希望作出一些前人未曾取得的成绩。讨论创造的需要，必须引入一个重要的概念——活动，其实创造的需要就是一种活动的需要。奥尔波特将其称为"自我感的扩展"，他认为一个人只有让自己卷入某种活动并专注于该项活动才会健康。[2]弗兰克、马斯洛、奥尔波特都认为，积极、主动地投入一份工作是获得健康人格的重要途径；荣格和皮尔斯并不强调工作的作用，但他们都不否定当下的活动对形成健康人格的价值。如果说一种事业性的工作是一系列高品质活动的话，那么其实所有成长心理学的研学者都不否认活动对形成健康人格的价值。对于自我

---

[1] 佚名. 为什么学生年级越高 上课越不愿举手发言. https://baijiahao.baidu.com/s?id=1601949207932154983&wfr=spider&for=pc[2018-05-31].

[2] 舒尔兹. 成长心理学. 李文湉译. 北京：生活·读书·新知三联书店，1988：35-36.

完善的人来说，自我完善的过程总是通过活动来实现的，自我完善的程度和方向可以通过人参与活动的类型、质量、深度和效果来观测。

初生的婴儿本身就有一种挣脱襁褓的需要，他们总是希望去探索，去挣脱束缚。婴儿这种为争取活动自由的挣扎和得到活动自由的欢乐，充分说明了他们对活动的需求和渴望，充分说明了一个根本道理——生命在于运动。这种本性贯穿人的一生，不过在不同时期有不同的特点和表现罢了。[①]对于自我完善的人来说，这种活动需要（或者说创造需要）若要持续，就要通过活动不断增强自己的能力，扩大活动的范围，从而增加参与更高层次活动的动力，并在这一过程中不断提高自我完善的水平。自我完善度低的人可能因为各种原因导致活动受挫，这种活动的需要被抑制或者扭曲，因此活动能力就得不到充分的发展。学校教育中通常出现的所谓"两极分化"（优秀的更优秀，落后的更落后），从某种程度上就是这种活动需要和活动能力上的差异在马太效应的作用下产生的结果。

创造需要的满足通常是通过活动来实现的，深入地参与和自我相统一的活动可以增加人的自由感和价值统一感。马斯洛在研究高峰体验的时候发现，一个人在某些活动中（如创作、爱情、交友、工作、欣赏）能够获得一种神秘的体验，这种体验通常能够促进人格的健康发展，包括感觉到自由、统一、和谐等。即使不是高峰体验这样的极端状态，人们在非常专注甚至是入迷的工作时也同样能获得自由感和价值感。从这一点上来看，自我完善的人的各项心理特征构成一个整体，并且通过相互促进的方式获得协调发展。

首先，创造的需要表现为对无所事事的不适。尽管某些人渴望能够悠闲一点，甚至希望无事可干，但是对大多数人来说，无事可干也许是一种更大的烦恼，他们需要一些活动，而这一点在自我完善的人身上表现得更为明显，他们是不愿意让自己彻底闲下来的（这里的"闲"指的是无所事事的状态，而生活中的休闲往往也是一种活动，只不过常常是一种非功利性的活动，如旅游、欣赏、娱乐）。无论如何，这都说明了一点，即自我完善度低的人只是创造需要被压抑或者被扭曲，他们的创造性受到压抑的表现并非人的本真状态。

其次，创造的需要表现为对自己兴趣的满足。一个健康的自我结构中，尽管兴趣可能是多方面的，但也会表现出某种意向性，也就是说，个体会对某些事物表现出特别的兴趣和偏好。尽管心理学家不太愿意介入对兴趣的研究，但兴趣确实存在，而且兴趣在人的自我完善中起着重要的作用，这是毋庸置疑的。将兴趣抽象成一种

---

① 涂艳国. 试论活动的教育学意义. 华中师范大学学报（哲社版），1995（4）：43-47.

自我的意向性似乎更清晰，对于自我完善的人来说，他能够自觉观察自己的意向，根据自己的意向去行动，而且是自然、自动、自发的。相反，自我完善度低的人可能无法察觉到自己的兴趣，因为他们的"自我"发育不完善，自我意识并不稳定，这种意向性很难表现出来，所以这类人可能没有明确的兴趣，或者对所有事情都缺乏兴趣。正是这样一种意向性保证了具有兴趣取向的活动能够促进自我的成长以及自由感和价值感的获得；而意向性的缺乏导致人和工具没有两样，所有的工作都是与自我无关的活动，需要外在力量的刺激才能提高工作的动机，否则工作倦怠感就会很快出现。

最后，创造的需要表现为对任务本身的关注。在自我完善的人身上，一个很重要的特点就是"专注"。这是因为自我完善的人的活动是以自我驱动为主、主体和客体统一的活动，自我完善的人能够更深入地投入活动之中。奥尔波特认为，活动对于自我来说必须是有关的、重要的，它对于个体来说必须是有意义的。所以自我完善的人并不强求某种结果（尽管活动的结果经常都会比较好）。对任务本身的关注可能会使人摆脱常规思维的束缚，从而产生创新性的成果。马斯洛把这创造性比喻成儿童身上的那种天真的想象，即一种无偏见的、直接考虑事物本身的方法。而有些人却因为受学校教育、社会的影响或多或少地丢失了这种能力。

六、开放的价值感

研究成长心理学的学者在健康人格是否与世界观、人生观、价值观有关系上产生了严重分歧。有些学者认为，健康人格与主观的观念没有必然的关系，但马斯洛和其他一些学者从来不把价值观问题排斥在心理学的研究范围之外。自我完善的人一个很大的特点是，其自我完善肯定是有方向的，若偏离方向则会出现自我异化。如何保证不偏离方向则是一个值得深思的问题。人的自我完善有两个突出意义：一是人类价值的彰显；二是个人价值的彰显。这就意味着自我完善的人必然会在有意无意中作出某种价值选择。

马斯洛和皮尔斯都强调一种"当下感"，这容易让人产生一种不考虑过去也不考虑未来的错觉。从表面上看，自我完善的人只注重处理手头的事情，只关注当下的情境，但事实上他们的这种态度恰恰是有利于未来的。这也充分反映了自我完善的人在价值观上的开放性。

自我完善的人的价值体系具有统一性。自我完善的人的生活是充满动力感的，因为他们的价值体系体现了他们的内在需要，这种价值体系本身是具有动力性的，各类价值观念构成一个完整的具有动力性的整体来赋予他们生活的意义。而自我完善度低的人,或者是因为他们的价值体系和内在需要发生了脱节,或者他们的内在价值追求是冲突的,各种价值追求是互相压制的,既想这样又想那样,这也想要那也想要,这种破碎的或者短暂的价值观从总体上会削弱人的生命动力。

自我完善的人的价值体系具有渗透性。尽管他们并不总是将自己的价值体系或者目的(甚至他们可能通常没有明确的外显目的或者目标)表达出来,但是由于他们具备清晰的自我意识,这种强烈的"自我"通过稳定的自我意识影响了其所有行动,并渗透到一言一行中。而且这种渗透已经非常自然。相反,自我完善度低的人,他们的价值世界往往比较杂乱,当他们参与各种活动的时候,通常需要很费力地将这些价值体系显性化,并经过权衡比较,最后才得出结论。

道德感在价值体系中起着非常重要的作用。奥尔波特认为,道德心有助于人生观的统一。[1]他认为,道德心不成熟的人是驯服和盲从的,其世界充满禁忌和限制,他们总是认为自己必须这样行动;相反,道德心成熟的人则总是认为,自己应该这样行动,他们在外在道德律令中多了一种自主选择,他们的道德心和外在的道德律令是内在统一的。这不是一种巧合,因为在自我完善的人那里,"德"与"福"表现出很强的一致性。德,从本质上看是对"人类存有价值"的一种保护,而自我完善的人本质上就是为了彰显"人类存有价值"和个人价值,两者之间在本原上是协调一致的。正是因为人的异化的出现,作为类的人的价值和作为个体的人的价值之间出现了断裂,一些人存在这样一种心理,即只要个人的价值实现了,其是否体现了人类的价值,是否有悖作为人类中的一个个体应该遵循的道德规范,或者说即使是成为被动物化、植物化、机器化的"人",都不重要,那么这些人往往与道德律令之间是冲突的,总是感觉到道德是一种限制。

自我完善度低的人很难拥有明晰的价值体系,他们的价值机构是不成体系的或者是封闭的,表现出某种机械性。苏格拉底的质疑问难的高明之处不在于他帮助青年人形成了具有体系性的价值观,而在于他的产婆术激活了青年的价值观,使之具备一定的开放性。如果一个人的价值体系是封闭的,那么他将很难理解和包容其他不同的观点,对待人与事上显得很固执。自我完善的人的许多行为和思想通常会与日常生活中成文的或者约定的"常理"(包括习俗、观念等)不一致,这是因为他们在价值观上更具灵活性和超越性。

其实,这种开放的价值体系还包含一个根本性的内核,这个内核就是对人类价

---

[1] 舒尔兹. 成长心理学. 李文湉译. 北京:生活·读书·新知三联书店,1988:47.

值的尊重和对自我价值的尊重，此外一切都是不应超越于此的。对于一个自我完善的人来说，如果在他的存在中，出现了否定人类价值、否定自我价值的现象或曲解人类价值、曲解自我价值的现象，那么他的躯体、心理或者精神上就会产生不适感。在坚持价值观的前提下，自我完善的人不会轻易去否定一种观点或者否定他人的选择，他们有更多的移情性的理解去包容其他的存在。

七、深刻的精神需要

人们对于过分强调"自我"的行为通常存在误解，认为这会导致一种个人主义的倾向，甚至会直接导致社会的混乱。诚然，人们需要寻求一种超越个人主义的自我完善。其实在很多高度个性化的人身上，人们发现其往往能够走出个人主义的局限甚至表现出令人钦佩的道德行为，其中起作用的正是一种精神需要。精神需要打破了封闭的自我，让自我与外在世界融合为一体，这一点在超个人心理学中得到了深入的研究。

精神的需要到底是怎样的一种需要？所谓对"意义"与"价值"的追求，就是在精神世界不断构建理想的人的形态，就是不断解放和释放人的潜能，使人的生存和发展更像人应该像或能够像的样子。用马克思的话来讲，就是使"非人"的世界变成"人性化"的世界，使"异己化"了的世界向"人的本质复归"[①]。实际上，这种精神需要和前文所讲的自我意识、自由感、价值感有很多关联，这里的精神需要是在这些因素之上发展起来的一种高层次的需要。这种精神需要恰好是对"人类中心"和"个人中心"的超越。对自然资源无限制的开采、对生态平衡的破坏、对地球环境的破坏等，恰恰是人类对自己的生存状态不负责的表现。换句话来讲，人们的上述作为恰恰忘记"人类中心"，最终承担责任的是人自己，也只有人自己才能纠正这些错误。[①]同样的道理，那些只顾自己不关心他人的人，甚至无端损害他人利益的人恰好忘记"个人中心"，最终只会自食其果。精神的需要实际上是一种精神生活的需要。所谓精神生活，是人在处理自我、他人与人类关系过程中的思想倾向、情感态度和价值意识。[①]无论这种精神需要以何种形式表现出来，都体现了一种超个人、超人类的追求，这种追求恰好将人从局限的"自我"和"人类"中解放出来，从一个更高的角度回望人本身。从这个意义上来讲，优秀的文学艺术作品总是能给人类一个机会去反观自己。

---

① 王坤庆. 精神与教育——一种教育哲学视角的当代教育反思与建构. 武汉：华中师范大学出版社，2008：23.

自我完善的人天然有这种精神需要，因为稳定的自我意识和有效的现实知觉促使他们能够以更宽阔的视野去看待自身与整个人类，他们的许多行为因此具有了精神性。缺乏精神性的人无非受到三重局限（物质的局限、自我的局限和现实的局限）的人。弗兰克在奥斯维辛集中营里领悟到，人在压倒一切的痛苦中，哪怕是面对死亡的时候，依旧可以发现生活的意义和价值。超越物质的局限、自我的局限和现实的局限，在任何生活条件下都是有可能实现的。自我完善的人因为具有一系列特质而能够突破这些局限，看到更美丽的人生，作出更有远见的行为，人们可以从其行动中看到闪烁的精神之光。其精神需要不仅表现在精神创造和精神消费上，而且其许多行为本身就带有一定的精神性。

第三节　数字化成长的思想资源：三种自我完善理论述评

中外学术史上很少有学者把"自我完善"作为专题进行研究，但从事相关问题研究的学者则比较多。比如，精神分析学派的弗洛伊德在有关人格结构的研究中提出了"自我"的概念并作了深入研究；此后的荣格更加重视"自我"这一概念，荣格的意识概念总是和明晰的自我相联系的，并把自我明晰的程度作为意识和无意识的区分标准；新精神分析的代表人物埃里克森对"自我同一性"进行了详细的论述。马斯洛就自我实现进行了深入研究，提出了自我实现的人的理论；罗杰斯也提出了充分起作用的人的理论。罗洛·梅、布根塔尔等强调心理学家的首要任务应当是研究现代社会中人们普遍存在的空虚、孤独、焦虑、自我陌生和自我疏离等心理。这些论述在研究数字化成长中很有价值，这些学者所批判的人的生存的不良现状在数字化成长中甚至表现得更为突出。但是这些思想或多或少地存在失误和偏差，以下笔者将对几种相对完整且有影响力的理论进行述评。

一、自我实现的人

马斯洛是人本主义心理学的创始人，以需要层次理论和自我完善理论奠定了其在人类文化史上的地位。马斯洛最初接触的是行为主义心理学的原理，并在哈洛的指导下以恒河猴为研究对象完成了博士论文，他的小孩的出生改变了他的学术道路。"我要说,任何一个有了小孩的人,都不可能是行为主义者。"[1]他对行为主义心理学把动物作为研究对象表示不满,与此同时,他也极其反对弗洛伊德把病人作为研究对象的研究方式。他认为,如果你想知道一个人一英里[2]能跑多快,你不会去研究一般的跑步者,你研究的应该是更出色的跑步者,因为只有这样的人才能使你了解到人在更快地跑完一英里的路程时所具有的潜力。[3]他提出,一个更普遍的心理科学应该建立在对自我实现的人的研究的基础上。[4]

(一)自我实现的人的界定

马斯洛所采取的研究方法被他称为"前科学"的方法,他选择了三类人作为研究对象:案例、不完全的案例、潜在的或可能的案例。第一类有亚伯拉罕·林肯、托马斯·杰斐逊、阿尔伯特·爱因斯坦、西奥多·罗斯福、斯宾诺莎等著名人物;第二类选择了五位杰出的当代人;第三类他选择了 20 位趋向自我完善的年轻人,以及歌德、约翰·济慈等一批名人。虽然他没有公布这些人入选的确切标准,也没有对自我实现给出一个特别明确的定义,但从马斯洛的大量论述中我们可以找到他对于自我实现和自我实现的人的碎片化的理解。

关于"自我实现",马斯洛指出该词是库尔特·哥尔德斯坦首创的,但他本人作了一些限定。"说到自我实现的需要,就是指促使他的潜在能力得以实现的趋势。这种趋势可以说成是希望自己越来越成为所期望的人物,完成与自己的能力相称的一切事情。"[5]另外,他使用了一个形象的方式来表述:一位作曲家必须作曲,一位画家必须绘画,一位诗人必须写诗,否则他们始终都难以安静下来。一个人能够成为什么,他就必须成为什么,他必须忠于自己的本性。这一需要我们称为"自我实现的需要"[6]。总之,马斯洛把自我实现大致描述为,"潜在力、才能、才干可不断地继续实现,指使命或召唤、命运或职务的达成,指自我对个人内在本性的充分认识和接纳,并指不断迈向人格的统一、整合和凝聚的倾向"[7]。

---

[1] Hall M H. A conversation with the president of the American Psychological Association: The psychology of universality: Abraham H. Maslow. Psychology Today, 1968, 2: 55.
[2] 1 英里 ≈ 1609.34 米。
[3] 弗兰克·戈布尔. 第三思潮——马斯洛心理学. 吕明,陈红雯译. 上海:上海译文出版社,1987:3.
[4] 弗兰克·戈布尔. 第三思潮——马斯洛心理学. 吕明,陈红雯译. 上海:上海译文出版社,1987:14.
[5] 马斯洛. 马斯洛谈自我超越. 石磊编译. 天津:天津社会科学院出版社,2011:26.
[6] 马斯洛. 人性能达到的境界. 方士华编译. 北京:北京燕山出版社,2013:25.
[7] 马斯洛. 马斯洛谈自我超越. 石磊编译. 天津:天津社会科学院出版社,2011:64.

在此基础上，马斯洛认为自我实现的人是人类最好的典范，后来马斯洛将其称为"不断发展的一小部分人"[1]的代表。值得说明的是，马斯洛认为自我实现的人应该是中年人和老年人，"年轻人还没有形成牢固的同一感和自主性，他们尚未获得持久的爱的关系，尚未找到他们自己要为之献身的职业，或者说尚未形成他们自己的价值观、耐心、勇气和才智"[2]。马斯洛认为，"每一个人的内部本性部分地是他自己所独有的，部分地是人类普遍具有的"[3]。于是，他勾画出人的自我实现的两个层面。一个层面是"这个术语强调'完美人性'，强调发展人的生物学上的基础本性，因而这个术语对于整个人类是标准的（在经验上），而不只是对于特定的时间和地点的人是标准的，也就是说，它与文化的相关是较小的"[4]。可以更直白地解释为："它们全部都意味着极少出现健康、神经症（或神经官能症）、精神病、人类和个人基本能力的缩减和丧失。"[5]另一个层面是，"这种倾向可以说成是一个人越来越成为独特的那个人，成为他所能够成为的一切"[6]。更具体地说就是，"更真实地成为他自己，更完善地实现了他的潜能，更接近于他的存在核心，成为更完善的人"[7]。

（二）自我实现的人的特征

马斯洛根据他的临床观察及对历史资料的分析，对自我实现的人的特征进行了描述，另外他自己也认识到研究过程中，取样及资料的可用性方面的一些不足，他的这种描述有其局限性。他认为，自我实现的人具有以下13种特征。[8]

（1）对现实具有高度的觉察力。这种所谓的觉察力主要表现在他们能够根据事物的本来面目去认识事物，因为他们的匮乏性的动机比较少，能够排除掉一些主观性的干扰，所以他们很少受到个体倾向性和成见的影响。相反，那些非自我实现的人往往因为自己的恐惧和偏见，希望让世界能够适应他自己的主观愿望。这种有效的现实知觉能力还可以充分扩展到智力、政治、科学、艺术等领域。

---

[1] 弗兰克·戈布尔. 第三思潮——马斯洛心理学. 吕明，陈红雯译. 上海：上海译文出版社，1987：24.
[2] 转引自舒尔兹. 成长心理学. 李文湉译. 北京：生活·读书·新知三联书店，1988：138.
[3] 马斯洛. 存在心理学探索. 李文湉译. 昆明：云南出版社，1987：9.
[4] 马斯洛. 存在心理学探索. 李文湉译. 昆明：云南出版社，1987：3.
[5] 马斯洛. 存在心理学探索. 李文湉译. 昆明：云南出版社，1987：178.
[6] 马斯洛. 动机与人格（3版）. 许金声译. 北京：中国人民大学出版社，2007：53.
[7] 马斯洛. 存在心理学探索. 李文湉译. 昆明：云南出版社，1987：98.
[8] 马斯洛. 马斯洛谈自我超越. 石磊编译. 天津：天津社会科学院出版社，2011：64.

（2）不断接受自我、接受别人、接受自然。自我实现的人能够正确地看待自己的长处和短处，根据它本来的面貌去接受它。他们能够坦然地承认肉体上的欲望，也坦然地接受爱与归宿的现状。而且，他们还能够把这种态度推及他人的身上，对别人也能够保持一种宽容的态度。当然，他们并不是毫无内疚、悔恨和烦恼等情绪，而是当懒惰、猜忌、成见、嫉妒这些负面情绪出现的时候，他们对这些阻挠完美人性的实现的心理和行为极其敏感，但是他们也会对此保持适当的克制。相较而言，神经病患者甚至某些自我完善度低的正常人，他们会因为一些不可改变的事情而痛苦、羞愧，甚至因此而耗费大量时间以致无法进行其他活动。

（3）自发性不断增强。自我实现的人是一种单纯、自然的人，他们不会因为"爱面子"或者受到其他压力而矫揉造作，他们有足够的安全感和信心坚持自己的本性。但是非自我实现的人可能不能真实地做自己，因为羞愧和内疚等情绪影响到他们，使其不能自拔，于是他们的自发性特别弱。

（4）以解决问题为中心。对于自我实现的人来说，他们都是热衷于自己的事业的，他们可以从中获得"超越性需要"的满足。于是，很多科学家、艺术家能够在解决问题时达到一种忘我境界。非自我实现的人是以自我为中心的，而这主要体现在匮乏性的需要上，所以大部分人为了生活而工作，为了满足自身生理、安全、社交、尊重的需要而进行学习和参加工作。对于非自我实现的人来说，他们往往很难跳出自我的圈子，而局限于僵化的自我之中。

（5）隔离感和独处的渴望不断增强。这一条多半是针对社会需要而提出的，具体来说包括友谊、爱情、归属及尊重等方面的需要。对于自我实现的人来说，其社会需要得到了较多的满足，所以他们不会对别人过分依赖，能够做到一定程度的独处。相反，非自我实现的人的思想、价值和行为常常受到他人较大影响，容易产生从众行为，否则他们会失去安全感。

（6）自律性及对约束的抗拒力不断增强。舒尔兹将其概括为自主性。因为自我实现的人主要依靠他们的潜能和内在的资源，受环境和文化因素的影响比较小，所以他们常常不受外在力量的约束，能够做到变被动为主动。相反，非自我实现的人会对环境高度依赖，这种依赖关系一旦破裂，他们就会受到极其严重的打击。

（7）欣赏力日渐新颖，情感日益丰富。自我实现的人能够如同初生的婴儿一样打量周围的世界，引起他们快乐体验的往往是生活中的小事情。他们对生活中遇到的一切人、一切风景、一切事件都怀有一种敬畏和悦纳心理。相反，那些非自我实现的人往往很难获得经验的增值和具有更新的能力，容易过早地产生麻木心理。

（8）更能经常濒临高峰体验。马斯洛对高峰体验的界定不是很明晰，这种体验可能是瞬间产生的压倒一切的敬畏情绪，也可能是转眼即逝的极度强烈的幸福感，甚至可能是欣喜若狂、如醉如痴、欢乐至极的感觉……最重要的一点也许是，有过这种体验的人都声称在这类体验中感到自己窥见了终极真理、事物的本质和生活的奥秘。①非自我实现的人往往重实际、重效率，但是常常缺乏诗意、超脱精神和审美精神。

（9）渐渐能认同人类的本性。自我实现的人都热爱人类，他们的爱不仅仅局限于身边的亲人和周围的朋友，他们有一种强烈的认同感和慈爱之心。非自我实现的人则缺乏普遍性的认同感，从而对自己无法理解的人持有偏见。

（10）人际关系的改变（临床医生更愿意称为"改善"）。自我实现的人和非自我实现的人相比，他们的朋友更少，但是他们和朋友的感情会更深厚。他们往往认为，付出爱和获得爱一样重要，他们会像关心自己一样关心对方。非自我实现的人则关注人际关系的功利价值，将关系的功利价值放在更加重要的位置。

（11）更具有民主性格。他们能够接受不同人的意见，能够平等待人，而且不会因为宗教、种族、出身、文化程度、肤色等因素来区别对待他人，因为他们觉得这些都是次要的，甚至不会注意这些方面。非自我实现的人则往往根据某些外在因素对他人加以区别对待。

（12）创造力大大增强。马斯洛所理解的"创造力"指的是一种儿童般的自由的想象能力和创造能力，他认为这种特性会推动创造性才能的充分发挥。他区分了自我实现型的创造力和特殊天才型的创造力，并且认为自我实现型的创造力首先体现为一种创造性人格，其次才体现为创造性成就，"第一流的汤比第二流的画更有创造性"②。非自我实现的人往往缺乏创造的动力和勇气。

（13）价值系统的某些改变。舒尔兹将这一条总结为抵制盲目顺应文化。自我实现的人不是盲目地去顺应文化，他们能够摆脱束缚和限制，因此他们受所处的文化环境的局限性更小。非自我实现的人往往更多受到自己所处的文化环境的制约而不自知。

此外，舒尔兹在《成长心理学》一书中对马斯洛的思想进行了研究，对马斯洛总结的自我实现的人的特点补充了两个方面：一个是对手段和目的、善与恶的辨别力；另一个是非敌意的幽默感。

---

① 马斯洛. 存在心理学探索. 李文湉译. 昆明：云南出版社，1987：82.
② 林方. 人的潜能和价值——人本主义心理学译文集. 北京：华夏出版社，1987：244.

（三）人的自我实现的途径

马斯洛在《人性能达的境界》（1971年）中，大致提出了达成自我实现的人格的八条途径：无我地体验生活，全身心地献身事业；作出趋向成长的选择，而不是退缩和自我压抑的选择；承认自我存在，并让自我显露出来；要诚实，不要隐瞒；能从小处做起，要倾听自己内心志趣和爱好发出的信号，有勇气进行选择；要经历辛苦努力、付出精力的准备阶段；高峰体验是自我实现的短暂时刻；关心自己的先天本性，使之不断成长。[①]

值得一提的是，马斯洛尤其关注防御机制的识别和消除，他提出了两套新的防御机制，一个是"去圣化"，或者说是"去极化"和"低俗化"，这种破除迷信、破除极端性的思想可以把人解放出来，形成一种自由成长的氛围。另一个是"再圣化"，即愿意再次看到对方神圣、永恒的一面并体会到其象征意义，即对对方抱有一种愉悦和欣赏的态度。这个过程能够创造一种合适的条件，为人的自我实现创造更大的空间。

（四）自我实现理论的反思

马斯洛对自我实现的研究揭示了人性可能达到的最完美的境界，而且对自我完善的人的特征的描述是完备的，对自我完善实现的途径的表述是具有独创性的，尤其是尽管他研究的是最健康的人，但是他并没有完全否定普通人在自我实现上的可能性。马斯洛本人在研究中并没有很明确地区分自我完善的人的外在表现和生成条件，在其提出的13条特征（舒尔兹归纳为15条）中，有以下分类方式：一部分确实可以归结为一种表现，如能更经常濒临高峰体验，创造力大大增强；一部分既是一种表现也可以作为一种条件，如更富有民主的性格结构，对现实具有高度的觉察力；一部分内容更加倾向一种条件或者一个原因，如自律性及对约束的抗拒力不断增强，不断接受自我、接受别人、接受周围环境。显然，如果后续研究者对这一问题进行深入研究，仔细区分哪些是生成条件、哪些是其后果、哪些既是原因又是后果是非常重要的。

另外，马斯洛更多采用的是对临床表现进行描述的办法，通过分析和比较试图找到这些描述中所体现出来的相同的本质。例如，不断接受自我、接受别人、接受周围环境，是不是因为自我实现的人能够正确地看待自己、接受别人及接受周围环境（对现实具有高度的觉察力）呢？自我实现的人渐渐能认同人类共相，是不是因

[①] 转引自车文博. 中国理论心理学. 北京：首都师范大学出版社，2010：180-183.

为自我实现的人更能够接受别人呢？创造力大大增强、价值系统的某些改变、对现实具有高度的觉察力似乎有一个共同的作用因素，那就是一种对周围环境的非依赖性。这些问题在马斯洛的研究中是未尽之事，也是后续研究者需要进一步思考的问题。

马斯洛在探讨"自我实现什么"和"怎么进行自我实现"两个核心问题过程中，思考的内容存在着明显的不足。对于自我实现什么，马斯洛存在自然主义的倾向，认为自我实现是一种内在本性的充分体现，"人的内部存在这一种向一定方向成长的趋势和需要"[①]。尤其是马斯洛提出的一个很难说清楚的"似本能"的概念，似本能和本能很难找到实质上的区别。如果没有实质性的界定，研究者就很难对一个人自我实现的状况进行准确考量，而且马斯洛在挑选一些自我实现的人的时候并没有公布其选择标准，这就让自我实现变成了一种具有某种"宗教性质"的修道行为。正如柯斯密所评论的，"他可能在本质上是一个宗教改革者，而不是一个客观的研究者"[②]。这种宗教性质的修道行为不仅表现在自我实现的目的不清晰上，而且表现在如何达到自我实现上。马斯洛的自我实现更多的是一个个人世界的封闭过程，而这恰好不是人的自我完善的良好状态。对于"现实的人""具体的人"来说，自我完善是一个社会性的实践过程，它必须是一个自己与他们、自己与自然、自己与社会、主体我与客体我相磨合的过程。这样就必然导致马斯洛的理论能够描述和解释比较杰出的个体在自我完善方面的状态及其影响因素，但在阐释和推动普通个体自我实现的过程时却相对乏力，这是因为这种理解没有关注一般个体在自我实现过程中的具体性和艰苦性，所以自我实现的途径中表现出来的更多的只是对自然本性的一种维持。

二、充分起作用的人

罗杰斯同样是人本主义心理学的发起者、理论家和心理治疗家。1956年，罗杰斯和斯金纳共同发表了一篇题为《有关人类行为控制的若干问题——一篇专题讨论文章》的论文，该论文对人本主义和行为主义在若干理论问题上的分歧进行了系统阐述，这篇文章还系统阐明了人类自我实现的潜能等人本主义心理学的重要观点，对人本主义的发展产生了重要影响。

罗杰斯的自我理论和马斯洛的自我实现理论有许多相通的地方。他们都认为，

---

① 林方. 人的潜能和价值——人本主义心理学译文集.北京：华夏出版社，1987：75.
② 赫根汉. 人格心理学导论. 何瑾，冯增俊译. 海口：海南人民出版社，1986：470.

人有自我实现的趋向。不过，罗杰斯更关注的是人的自我指导能力，他以此为基础建立了他的心理治疗的理论体系。他的来访者中心疗法反对采用强制和生硬的办法去改变患者，他提倡对患者给予真诚关怀，要通过认真倾听达到对患者的真正理解，在真诚和谐的关系中启发患者运用自我指导能力来解决自身的问题，从而获得成长。显然，这种自我指导能力在正常人身上也是同样有效的，所以罗杰斯的理论对普通教育同样具有重要的启发意义。

（一）充分起作用的人的提出

罗杰斯不同意精神分析学派过于强调无意识的作用的观点，他认为，"人们是被他们关于自己和周围世界的有意识的思想引导的，而不是被他们不能控制的无意识的力量指引的"[①]。所以，罗杰斯相信人在成长过程中"有意识的经验"是一个非常核心的要素，因为它提供了个体理智和情绪的框架，人格在这个框架中持续不断地成长。人格是人本主义心理学家普遍使用的术语。罗杰斯认为，人格中有一个单纯的动机（一个基本需要），即一种个体想要在各个方面保持、实现和提高的动机。"人有先天的创造冲动，而且这个最重要的创造物就是一个人自己的自我。"[②]

从上面论述来看，罗杰斯和马斯洛一样都承认人有这样一种天然的自我实现的冲动，不过罗杰斯更多地看到了这种倾向在真实生活中某些人身上表现得并不突出，"由于自我的某些方面必须强制阻止，所以自我并没有被容许完全地实现"[③]。另外，罗杰斯对这种现象产生的原因也作了一些探索。例如，他认为"自我"没有完全实现与儿童期的教养有关，"做了被禁止的事，婴幼儿会感到内疚和可耻，这就决定着他们以后必须防备那些行为。这样防御就变成了儿童行为的一部分……作为这种防御的后果，个体的自由就变成有局限性的了，他或她真实的本性或自我，不可能完全表现出来"[③]。

根据这样的划分标准，人类可以划分为具有健康人格的人和人格不健全的人，充分起作用的人就是具有健康人格的人。"这种人在自我实现上，在发展他或她的所有的潜能上，是无拘无束的。而且，自我实现的过程一旦上了路。这人就能够指向最终的目标，变成充分起作用的人。"[④]

---

① 转引自舒尔兹. 成长心理学. 李文湉译. 北京：生活·读书·新知三联书店，1988：57.
② 舒尔兹. 成长心理学. 李文湉译. 北京：生活·读书·新知三联书店，1988：61.
③ 舒尔兹. 成长心理学. 李文湉译. 北京：生活·读书·新知三联书店，1988：65.
④ 舒尔兹. 成长心理学. 李文湉译. 北京：生活·读书·新知三联书店，1988：67.

（二）充分起作用的人的特征

舒尔兹在《成长心理学》中把充分起作用的人的特征归纳成五点：经验的开放性、存在主义的生活、信任自己的机体、自由感和创造力。

经验的开放性是指充分起作用的人能够以更为包容的心态对待生活中的经验，并且能够把正确的经验编织到自己的意识系统，从而使人更加宽容、丰满和灵活。相反，非充分起作用的人具备比较强的防御机制，抗拒某些原本应该客观对待的经验，从而歪曲和排斥某些经验，结果人格变得更加封闭。

存在主义的生活，是罗杰斯认为的健康人格的主要内容。存在主义的生活是一种流逝在时间上的生活，持这种生活态度的人会感觉到生活是常新的，总是感到现在的经历不同于以往的经历。持这种生活态度的人有明显的关注过程的倾向，它打破了那种"宿命论"的思想的局限，用一种审美的而非功利的眼光看待生活和经验。显然，这是因为充分起作用的人的自我并不是预设的和封闭的，他们的自我不断地在与环境进行交流，因此具有很强的适应性。这与帕尔斯所提倡的"生活在此时此地"有一定的相通之处。

信任自己的机体，指充分利用自身的经验、感觉和知觉来作决定，这和日常所理解的冲动和武断有很明显的区别。人格不健全的人往往缺乏自由感，防御性比较强，过于关心周围的舆论，因封闭性而缺乏对周围环境的客观、充分的理解，所以他们在一定的情境中容易摆脱外部习得的思维定式的约束，从而导致其教条地行事。充分起作用的人服从内心的声音、服从自己，能够从容而自由地接受外来的信息并且充分调动自己的全部潜能，必要的时候可以简化推理过程直接作出最恰当的选择。

自由感是一种意识到自己选择自由和行动自由的感觉。充分起作用的人存在这种感觉，所以他们相信自己能够把握自己的命运、操控自己的行为，能够充分发挥自己的能力去实现自己所想完成的事情。防御性强的人很难感受到这种自由感，不相信世界有如此多的可能性，所以选择的自由是有限的，自我也是被压抑的。

创造力是充分起作用的人的突出标志。罗杰斯认为，充分起作用的人因为具备上面提到的经验的开放性、存在主义的生活方式、对机体的信任及充分的自由感，他们似乎相信没有什么是不可以去做的。[1]这样的人在各个领域几乎都能够通过创造性的生活方式及成果来表现自己。他们不拘泥于社会传统和文化，也不关心他们

---

[1] 舒尔兹. 成长心理学. 李文湉译. 北京：生活·读书·新知三联书店，1988：74-75.

的行为在别人心中的看法,所以更能够突破限制,用符合该事情规律的特有的方法去处理这些事情,能更好地适应特殊情境及特殊要求。

(三) 自我发展的机制

罗杰斯关注到影响儿童自我发展的因素比较多,其中他认为最重要的因素是条件性积极关注和无条件积极关注。

条件性积极关注是自我发展的方式之一,它是一种具有外在价值的关注体验,如赞许、喜欢、认可、尊重、温暖、同情、关怀等。成年人通过对儿童行为的赞许或者认可,可以让一些外在价值观念内化到儿童的人格结构中去。同时,罗杰斯特别提到,这种条件性积极关注除了他人对儿童的关注之外,儿童自己对自己的关注也很重要。[1]罗杰斯还区分了条件性积极关注经常出现的两种情形:一种是自我概念和机体经验的一致,即个人的价值观念和个人的行为是统一的,这是一种维持心理健康的途径;另一种是自我概念和经验的不一致,出现这样问题的人或者否认自己存在这样的问题,或者以曲解和粉饰的方式接受这一问题,这样会强化其防御机制,使其焦虑不安,甚至陷入自我混乱的状态。

无条件积极关注也是自我发展的方式之一,在这种关注下,儿童即使在做错事情的时候也能感受到成年人对他的尊重、理解和关心。"对于健康人格的形成来说,最基本的必需品是在婴幼儿时期得到无条件的积极关注。"[2]当然,这并不意味着儿童可以任意地胡作非为。罗杰斯认为成人应该把这样的思想传达给儿童,即"我像你一样深深地爱你,但是你的所作所为是令人不安的,所以假如你不这样的话,我们双方都会更加愉快"[3]。

(四) 对充分起作用的人理论的反思

罗杰斯认为,自我是人格形成、发展和改变的基础,是人格能否健康发展的重要标志。[4]与弗洛伊德提出的自我有明显的区别,罗杰斯定义的自我更强调的是一种客体自我,是自己心理现象的全部经验,而弗洛伊德提出的是一种主体上的自我和一种含有动力性的东西。这意味着罗杰斯和马斯洛的理论具有相同的乐观主义精

---

[1] 陈素虹. 罗杰斯人格理论中的人际关系动力学思想. 河北师范大学学报(社会科学版), 1991 (4): 50-55.
[2] 舒尔兹. 成长心理学. 李文湉译. 北京: 生活·读书·新知三联书店, 1988: 66.
[3] 转引自赫根汉. 人格心理学导论. 何谨, 冯增俊译. 海口: 海南人民出版社, 1986: 411.
[4] 车文博. 人本主义心理学. 杭州: 浙江教育出版社, 2003: 175.

神，不过罗杰斯不再像马斯洛一样强调内在本性的展开，而是更强调自我选择和自我设计。这样的一种理论可能对于有明确道德感和约束力的人来说比较有效，否则坚持这种理论就会诱发自我放纵的行为。尤其是罗杰斯的这种自我选择所依据的不是理性，而是自己的体验和感受。

罗杰斯提出一种和斯金纳截然相反的观点。他认为，人的自我完善是一个不断走向自由、不断趋向自主的过程。如果说自我实现意味着摆脱某种不自由、不自主的状态的话，那么必然会存在着大量无法摆脱这种不自由、不自主状态的人。尽管随着人类历史的发展，作为整体的人和作为个体的人在摆脱人的奴役、物的奴役方面取得了很大的进步，但彻底的摆脱似乎并不是一件很现实的事情，而且是否存在"彻底的摆脱"和"绝对的趋近"还是一个值得怀疑的问题。

总体来说，罗杰斯相比于马斯洛，在付诸行动方面迈出了一大步。无论是在教育领域还是心理治疗领域，他都提出了一系列具有创见性的观点。但是这种重情轻智、过分强调个人本位的思维方式使其在操作方程中总是处于可控和不可控之间。出现这种现象并不能简单地归咎于罗杰斯的失误，罗杰斯理论上的不足恰好反映了自我完善这一问题在现实中的复杂性，语言表达存在某种局限性，应该让研究者意识到人的自我完善的问题从理论向实践转化的过程中并不能强行地追求可操作性，这样带来的单一化可能背离自我完善应该具有的丰富性的特点。

三、有自我意识的人

罗洛·梅的存在心理学理论中，"自我意识"是一个核心概念，他甚至认为自我意识是人的独特标志、是人的本质，人的自我意识是人最高品质的本源。由此，他认为一个缺乏自我意识的人是不能够算一个完整意义上的人的。人的自我意识让自己和他人一样去审视自己、回顾过去、计划未来，有意识地推动自己的成长，使"我们体验到自己是个能思想，能感知，有感觉，有行动的统一体"[①]。罗洛·梅还详细讨论了自由和自我意识的关系，他认为自由是一种能力，是一种推动自己成长和塑造自己的能力，所以，自由是不断积累而成的，当一个人获得了更多的自我意识，他的选择范围和自由范围就会像圆周一样扩大。

（一）有自我意识的人的提出

针对 20 世纪中期西方社会存在的问题，罗洛·梅进行了深刻的批判，他认为

---

① 罗洛·梅. 人寻找自己. 冯川，陈刚译. 贵阳：贵州人民出版社，1991：70.

经济的发展及生活条件的改善并没有让人们获得更多的自由，反而陷入了更加孤立无援的境地，这就是一种自我意识缺乏的表现。而这种自我意识的丧失往往与人的焦虑有关，人们在 20 世纪中叶进入了备感焦虑的时代。这种焦虑主要来自几个方面：一是核心价值的丧失。尤其是基督教传统价值观和个人的理性与竞争之间不断发生冲突，人与人之间的关系越来越紧张，"普遍理性"失去了往日的光泽。二是自我感的丧失。在社会经济变革中，机器的入侵使个人价值受到冲击，人的价值和尊严受到了严重挑战。三是个人交流的语言的丧失。尽管人们的语言技巧不断翻新，但是语言中的真情实感性日渐丧失，于是语言成为可怕的陷阱，语言变得非常模糊，这加深了人们的焦虑。四是人与自然关联感的丧失。现代化进程使人越来越疏离自然，对动物、植物甚至整个自然世界那种天然的感情被人为切断，人不再热爱自然，而将自然作为自己掠夺的对象。五是悲剧感的丧失。悲剧感的丧失意味着对"深刻崇敬""个人终极命运"这类问题关切的丧失，人不再去寻找价值感。

如果说焦虑是对人存在的内在价值的否定的话，那么冷漠则是人们对人存在的外在价值的否定。罗洛·梅将冷漠状态描述为"感觉贫乏；缺少热情、情感与激情；漠不关心"[①]，人们对外在的事情不关心、不参与。爱与意志是实现个人外在价值的重要影响因素，但已经越来越被冷漠所腐蚀。

（二）自我意识复归的道路

罗洛·梅针对这样的现实，提出了一条个人自我发展的道路，即寻求自我意识的复归，"从最深刻的意义上讲，我们所处的是什么时代这个问题其实是毫不相干的，根本的问题是，对他自身及他所处的时代有着自我意识的个人，要能够通过他的决定获得内心的自由，并依照他自己的内在完整性而生活"[②]。在罗洛·梅看来，一个具备良好自我意识的人应具备责任感、良心、勇气、爱和固定时间的能力等基本素质。

责任感——责任感与自由是相辅相成的，当一个人有了自由，他必须拥有更强烈的责任感才能保证他的自由；相反，如果缺乏责任感，那么必然会导致他的自由受到威胁。

良心——罗洛·梅将其看作个人价值的核心。他认为，人绝对不可能在外在世界中找到自己的重心，人们只有在对自己有了深刻的认识并对自己所处环境有了把

---

① 罗洛·梅. 爱与意志. 冯川, 陈维正译. 北京：国际文化出版公司，1987：20.
② 罗洛·梅. 人寻找自己. 冯川, 陈刚译. 贵阳：贵州人民出版社，1991：218.

握后才能寻找并找到自己的道德重心。良心的获得需要在文化传统与个人的直接经验中建立联系，并在个体内在价值的深层次的整合中求助于超越道德的良心。

勇气——自我成长的内在方面，是人格不断生成的过程。人必须选择适合个人条件的生存方式，接受自己的"有限性"，只有这样才能获得更大的生存勇气。

爱——罗洛·梅后来又将其扩展为一种关切。他认为，有必要把情感合理地肯定为，它是与现实关联的一种重要形式，但这种情感的道德标准却并非奠定于瞬间的直观感受，而是来自一种延伸了的自我意识。[1]

固定时间的能力——可以让人免去对时间流逝的伤感，从而减轻焦虑情绪。当一个人有很强的自我意识时，他能够建设性地利用时间，人和时间之间保持着一种柔顺而灵活的关系。于是，他学会了在现实生活中做时间的建设者和主导者。

（三）有自我意识的人的理论反思

罗洛·梅的心理治疗理论对人的成长具有启示意义。他认为，现代人的心理疾病不是由本能压抑的，而是因为自己失去了存在感，所以心理治疗的过程就是"帮助病人认识和体验他自己的存在"[2]。"存在感"是一个非常重要的概念，是个体对自身存在的意识和体验。具有健康人格的人对自身的存在有着真实而强烈的体验，但是不具有健康人格的人对自己的存在感并没有那么清晰的感受，所以很容易受到外界事物的影响，从而丧失对自我的控制感。罗洛·梅早年提出的心理治疗的原则是理解性原则、体验性原则、在场性原则及付诸行动原则。[3]晚年，他进一步深化提出了下列原则："引导来访者建立生活和行动的责任；在治疗中应该帮助来访者发现他本真的自我，帮助他们获得成为真实自我的勇气；帮助来访者接受社会责任，鼓励来访者从强迫的自卑感中解脱出来，帮助来访者向建设性、社会性的方向奋斗；帮助来访者从病态的愧疚感中解脱出来，勇敢地肯定和接受人类本性中的精神张力。"[4]与马斯洛和罗杰斯"自我实现论"相比，罗洛·梅的"自我选择论"更强调人自身在关乎自我完善问题上具有"决定权"，因此他着重阐述了人的自我意识和自由选择，强调自我意识在推动人格发展中的作用。

罗洛·梅的学说受存在主义的影响比较大，他坚持"存在先于本质"的学说，

---

[1] 邢占军. 自我意识的丧失与复归——罗洛·梅人学思想探微. 理论学刊，1998（6）：76-80.

[2] 转引自叶浩生. 从精神分析到存在分析——析罗洛·梅的人格图像理论. 南京师大学报（社会科学版），1989（2）：59-63.

[3] Rogers C R. On Becoming a Person: A Therapist's View of Psychotherapy. London: Constable, 2004: 31.

[4] Rogers C R. On Becoming a Person: A Therapist's View of Psychotherapy. London: Constable, 2004: 32.

认为个人先有存在然后才能去选择和规定自己的本质，这意味着他在思考人的问题的时候彻底摆脱了客观环境的限制，他甚至认为社会关系中的普通人并非真正的存在。实际上，人们不通过对人所在环境和人的附属关系的考察是很难认识到具体的人的，也很难积累到一些自我完善的经验。当然，罗洛·梅的"自我选择论"似乎并没有考虑"选择经验"的问题，因为他理解的"自我"是一种表层的欲望和意志下的东西，个体需要通过个人的领悟和体验才能获得自我成长。最终，罗洛·梅的学说具备了比较多的神秘主义色彩，人们难以在他的学说中寻找到他对人的自我实现的决定权的来源和自我实现的运作机制的论述。

第三章

中学生数字化成长中自我完善的分析框架

心理学和教育学对人的自我完善理论都进行了不间断的研究，在此研究基础上自我完善的人的特征逐渐清晰起来，"人的自我完善"的概念开始形成。数字化成长背景下的人的自我完善具有一定的特殊性，本章主要分析这种特殊性并建立起开展调查研究的基本分析框架。

第一节　数字化成长中自我完善的内涵

数字化成长中的自我完善具有特殊性，尤其是当前我国所处的数字化阶段的相关特征为人的自我完善带来了许多新问题。数字化成长中人的自我完善在我国当前语境下也具有了特定的含义。

一、数字化成长中的自我完善的概念

数字化成长是人在数字化环境中逐渐走向成熟的过程。由于"成长"这个词包容性比较强，包含身体、心理、品德、精神等方面的成长，数字化成长相应地也应该是人在数字化环境中获得的多方面的成长。数字化成长的方式主要是通过数字化活动来实现的，这种活动方式决定了数字技术和信息成为成长的重要资源，人的成长受到数字文化的广泛影响。笔者提出数字化成长并非试图将数字化成长从日常生

活的成长中独立出来；相反，笔者认为，数字化成长只是个体成长中一个有机组成部分，只是今天的中学生的成长越来越离不开数字化世界，因此以此来命名今天青少年的成长方式。

从成长的影响因素来看，一个人的成长受遗传、环境（既包括自然环境，也包括学校、家庭、社会等社会环境）和个体主观能动性的影响。同样的，数字化成长过程也会受到遗传、环境、个体主观能动性的综合影响。由于遗传因素的影响，人们在驾驭数字化技术和产品的能力方面确实存在差异。数字化成长的环境主要就是数字化环境，既包括长期与数字化产品共存这样的物理环境，也包括赛博空间这样的数字化世界（如数字化世界中构建的人际环境），还包括数字文化环境。显然，遗传、环境这两种因素往往缺乏可控性，对于个体来说真正能够控制的就是自己的主观能动性。

人们更愿意把数字化成长中人的自我完善理解为，个体主观能动性在数字化世界中得到合理发挥的特殊过程，是对个人潜力的充分发掘。从这个意义上讲，人的自我完善只是影响人的数字化成长的一个因素，而这个因素是最有可能加以人为干预的因素。如果将数字化成长比喻成一个实验活动，那么人的自我完善最有可能成为可操控的自变量，其他因素处于可控状态下，自变量（人的自我完善）将决定因变量（数字化成长的状况）。简而言之，一个人数字化成长的状况取决于他的自我完善状况。一个自我完善度低的人，他的数字化成长状况往往并不理想。因此，要想改进中学生的数字化成长状况，就必须提高他们的自我完善的能力，并引导他们在数字化成长过程中正确地表现出这种自我完善的状态。

相应地，数字化成长也会反作用于人的自我完善。一方面，数字化成长对人的自我完善提出了更高的要求，数字化世界是一个更加纷繁复杂的世界，人们需要具备更高的自我完善的水平才能适应数字化成长的需要。另一方面，数字化成长为人的自我完善提供了更多的可能性。例如，数字化成长意味着更多的自由、更丰富的资源、更多的活动形式，这些都成为人的自我完善的积极因素。

总之，数字化成长和人的自我完善是两个既有密切联系又互相区别的概念，数字化成长更多的是考察人发展、变化的状态，而人的自我完善更多地关注产生这种发展、变化的动因以及这种动因的引发机制。

二、数字化成长中的自我完善的特征

"数字化"大大超越了 0 和 1 组合的比特数据，超越了静态、直观的数字符号的本意。[1]数字时代并不仅仅体现在数字电视、数字移动通信、数码照相机等生活工具的使用上，其给人类发展带来的影响则更为深远。数字化改变了人们的时空观念，人们的生活节奏加快，全世界也联系成一个整体，我们能与千里之外的人方便而迅捷地联系，甚至人可以生活在一个虚构的数字化世界之中，用比特作为单位的信息成为人类生活的第一资源。总之，随着数字时代的到来，人类的政治生活、经济生活和文化生活都发生了明显的变化。数字化成长中自我完善被数字化，并被赋予了一些新特点，主要表现在以下几个方面。

（一）数字化成长推动了自我的解放，同时增加了自我迷失的风险

数字时代在某个意义上来讲是一个更加人性化的时代（用技术手段去满足人性），但是从另外一个角度讲，数字时代却是一个"非人"的时代（技术手段容易诱发自我的迷失），这是每个人都需要面对的问题。按照技术批判主义的观点，数字化技术是工业时代相关技术的延伸，而技术是导致人异化的重要因素，那么数字化技术将会强化人的异化，因此数字化世界是一个非人的世界。但从历史现状来看，这种观点受到了挑战。例如，工业革命时期，工厂中的工人对机器是怀有敌意的，多地出现的捣毁机器的著名事件就表现了工人对机器的仇视情绪。即使在工业时代，工人依旧厌恶机器。正如富士康工厂的工人所描述的那样，"除了上厕所的几分钟时间外，其他时间我就像机器人一样，只能一动不动地盯着喷枪"，"整天对着机器已经影响了她的沟通能力"，"只要把同一件事成千上万遍地去做就好够了"。[2]不可否认，这些技术确实是促使人产生异化的重要影响因素。在工业时代，一些工人到工厂工作只需要带着手和脚，而不需要动脑。数字时代的新技术，如信息技术、仿真技术却恰好需要人们开动大脑、拓展思维，带着情感参与其中的。正是因为这些技术所带来的多种选择、个性满足、情感参与、人际沟通、娱乐性让人在参与活动时更像人，所以人们越来越感觉到数字化技术拥有和工业时代技术不一样的功能——人化。东方思想家和后现代主义学者完全没有想到信息技术有可能与工业技术相反、与启蒙运动的物化价值观相悖这样一种可能性。[3]

传统工业技术所引导的文化是一种追求一元化、自动化、复杂性降低、压抑人的情感、消除人的差异性的文化，自我处于一种被压抑的状态，罗杰斯、罗洛·梅

---

[1] 鲍宗豪.论数字化时代的人文精神.社会科学，2003（6）：65-72.

[2] 周鹏，李欣欣，邢思悦.富士康机器之痛：招工难已成为富士康的巨大挑战. http://www.huaxia.com/tslj/qycf/2012/11/3064331_2.html[2012-11-01].

[3] 姜奇平.新文明论概略（上卷）.北京：商务印书馆，2012：109.

等批判的正是这种失去自我的工业社会中的现象，尽管一批人本主义心理学家和存在主义哲学家就是将自己的理论建构在这一背景之上的，但他们因为时代所限并没有真正解决人的困境问题。数字时代的信息技术和生命技术虽然都是从工业技术中萌发而来的，但在某种程度上已经走向了传统工业技术的反面。存在性、异质性、多元化、感性、复杂性、当下性、个性化、悖谬性这些用来描述数字化的词汇和人们描述人的生命、人之自我的词汇极为接近。由此可以看出，在数字化成长中谈自我是正当其时的，人的自我已经从工业时代的牢笼中释放出来，人只有有了自我才更像人，生命只有有了自我才更具生命力。在工业社会，人们追求自我完善，因为不承认自我，最终的完善似乎不能落到自我上，完善变成了一种尊重理性要求下的塑造。如果没有了自我，那么哪里还存在什么完善呢？即使有所谓的完善，也无非一种模仿或者生造。农业社会，自我的处境是非常艰难的，中世纪人们因为恐惧而将自我托付给了上帝，关注自我的人通常会被看作异类。中国的孔孟哲学也同样将人的自我融入"集体"之中，用"礼"来加以约束。庄子的"逍遥游"存在某种张扬自我的意味，但在历史的长河中只能是孤例，庄子的思想也在历史的长河中被人误解。数字时代，数字技术及其所代表的生产力已经冲破了历史的限制，对自我的承认和尊重已经成为一种不可阻挡的趋势。

中学生在数字化成长中，能够表现出充分的自我意识，因为缺乏清晰的自我意识的人往往难以处理好自己与计算机、与数字媒体等事物之间的关系。数字化成长中的活动是一种自发的活动，人们是根据自己的需要和想法去进行在线活动的，既可以自愿参与也可以自愿退出，还可以根据自己的需要去设计活动的时间、内容和方式。根据人类学家玛格丽特·米德的分类，人类经历了前喻文化、并喻文化和后喻文化三种不同的文化，显然数字文化是一种典型的后喻文化，"未来将不再是我们能为孩子们做点什么，而是孩子们能为我们做点什么"[1]。数字时代，中学生能够接触到更新的知识，而且他们在年龄较小时就接触了数字文化，所以他们能够更好地掌握数字技能，并乐于展示自己，这让年轻人掌控世界的时代越来越临近了。

这种年轻、充满活力的数字文化至少具有下列特点。①即时性。尽管数字化对信息的保存作出了重要的贡献，但数字化世界流行的是一种稍纵即逝和不愿等待的文化，即一个新的信息、人物、机遇出现之后很快就会消失，长此以往人们慢慢学

---

[1] 玛格丽特·米德. 文化与承诺：一项有关代沟问题的研究. 周晓红，周怡译. 石家庄：河北人民出版社，1987：47.

会了多任务处理等驾驭时间的方法。②开放性。相比于现实世界对人们的拘束，数字化世界是一个任何人都可以进入，没有权威、消除等级的世界，任何人都可以自由地发表观点，做自己愿意去做的事情。③交互性。数字时代的大量产品是为了增加交互性而产生的，几乎人人都可以参与其中，而且当人们接触数字化产品时间长了，就会融入其中，甚至有些人难以从中抽身。④个性化。尽管人们逐渐认识到在数字化空间中并不应该为所欲为，但也不能否认数字化世界比现实世界更加充满想象力，个体有了更多的选择、更广阔的展示舞台、更丰富的信息资源，在数字化世界中，个体能够更好地做自己。

从这个角度来理解某些中学生沉迷数字化世界的行为，我们认识到，中学生对于数字化产品的迷恋并不在于这些产品有多么神奇的魔力，而在于它能够让中学生寻回在日常生活和学校教育中无法寻回的自我（当然，寻回自我的过程是否存在饮鸩止渴的现象那是另一个层次的问题）。人都希望做真正的人，人都希望做自己，这是健康人的基本特征，也是自我完善的核心要素之一。在传统社会中成长起来的青少年还没有"发现自己"就已经被成年人用某种规范和限制约束住了，数字化成长不同于传统社会对青少年进行的"修剪""整枝""灌输""标准化""规训"等行为，它为青少年提供了更大的选择空间，一些成年人似乎越来越觉得搞不懂数字化成长中的青少年，因为他们非常自我。成年人看到他们在玩网络游戏、发微博、查信息、发表自己的观点、看电影……却没有看到这些行为背后是他们依据自己的意愿出发来寻找认同感和快乐的。

本书无意于相信某种技术决定论的观点，因为笔者相信"技术并不能帮你活出自我，充其量只是外在的自我"①。实际上，人们能不能活出自我，本质上还要靠自己，技术可以帮助人们形成自我意识，但最终自我意识的形成仍旧依赖于人们的主观能动性。技术不仅可以帮助人们形成某种社会认同，更关键的还在于它能帮助人们充分地参与社会实践，由此推动人的自我意识的形成。数字化成长过程中的自我迷失现象比较严重，人们找回了自我、获得了自我但并不知道如何进行进一步的自我完善和自我肯定。当人们去询问一些沉迷游戏的青少年为什么沉迷游戏时，他们很难说出一个所以然。有些学者认为，今天的网络游戏已经复杂到令人叹为观止的境地，不再像以前的游戏那样简单。现在的游戏已变成相当复杂的社会行为。②问题在于，参与游戏并不是一种完全的自我完善的活动，一些人在游戏中即使动了脑

---

① 姜奇平，胡泳. 没有两片云是一样的. 北京：商务印书馆，2011：79.
② 姜奇平，胡泳. 没有两片云是一样的. 北京：商务印书馆，2011：27.

筋，那也只意味着参与者在游戏中具有对于游戏的意识性，而仍然缺乏对于个人游戏过程中思想和行为的意识性和反思性。显然，一个具有稳定自我意识的人会去反思自己的游戏行为，从而调整自己参与游戏的状态。自我是一种主我和宾我的统一和谐的状态，自我迷失可能表现在不同的方面。比如，主我对宾我的压制，主我对宾我的失控，宾我对主我的压制，等等。放纵，就是主我对宾我的失控，数字化世界中的尊重自我，但并不意味着个体可以为所欲为。一些家长和教育者陷入了某种误区，认为中学生在数字化成长中出了问题就是数字化产品"天生之恶"带来的，人们对待计算机的态度的转变过程仍旧没有让人们醒悟过来。这就如同有些人把人们使用金钱所犯下的罪行归罪于金钱一样。其实，中学生在数字化成长中出现问题可能是由两种原因导致的：一种是成长的代价；另一种是教养出现了偏差。在实际生活中，在数字化世界中如鱼得水地进行自我完善的中学生不一定是学业成绩非常好的中学生，而更多的是那些综合素质比较好、受压抑较少、内在自我完善度比较高、心态平和的中学生。如果认同这种观点，教育者在某种程度上可以通过一个中学生在日常生活和学习生活中的表现预测到他在数字化成长中的状况，并给予适当的指导。

（二）数字化成长加速了意义的复归，同时放大了意义缺失的困境

一些成年人往往难以理解青少年在数字化成长中的一些行为：中学生那么积极地参与维基百科、百度提问、百度文库的创建和编辑，中学生那么乐于去担任某个论坛的斑竹（版主）或某个交流群的管理员，中学生那么热衷于去揭露"周老虎"，中学生那么乐意去响应数字化世界中有人发出的求助令……他们难以理解的是，中学生为什么会去做这些毫无回报的事情，并且乐此不疲。他们更难理解为什么中学生在网购一个茶杯时往往不关注茶杯的盛装功能（质量）而去关注茶杯的外在花色。显然，这些行为似乎用传统的理性经济人的理论无法解释。对物质实体的关注是人的天性，但是数字化世界中的许多行为尤其是虚拟行为根本无法满足青少年对物质实体的需要；对价值的关注是人的天性，但创建和编辑维基百科的词条并不会获得经济报酬，以至于某些家长认为这些是"没有用的事情"。

今天人们比以往任何时候都更加关注意义，这一点在数字化成长过程中表现得非常明显。对意义的关注并非今天才有的事情，也并非数字化成长中独有的事情。姜奇平在《新文明论概略》中举出了这样的例子：古人有"杯水车薪"和"精卫填海"两个词语，如果从价值的角度来看这两个成语，其含义是一样的；但如果从意义的角度来看，"精卫填海"比"杯水车薪"更有意义。在数字化成长中，人们对

意义的关注甚至超越了对价值的关注，家长和教育者在教育中学生时会直接告诉他们什么内容、什么事情更有价值，这种直接的劝告可能并不能引起中学生的注意。一些人通常把价值理解为客体对主体的满足，但是这种满足可能是抽象化、普遍化的。关注价值是工业时代的一种典型思维，关注意义则是信息时代的一种思维：如果工人关注"意义"，那么工人显然不会只为了报酬而安心工作；如果商人关注"意义"，那么考虑"意义"而给商品定价就存在许多困难。今天，解读中学生数字化成长中的行为的一个核心要点就是"意义"。以往，人们在成长过程中往往只做有价值的事情，而今天中学生在数字化成长中通常只做有意义的事情。他们做什么、不做什么往往与"意义"有关，但是意义不是他人可以从外部添加的，而是中学生主体创造的。微信就是一个典型的例子。中学生纷纷开通微信，并在微信上发表感慨、发照片、发评论、互加好友，这样做无非中学生觉得它有意义。对于一些教育者编制的寓学习于娱乐的游戏，中学生接触之初可能会产生一些新鲜感，一段时间后则可能因为这种游戏不具备数字化世界上盛行的那些游戏所具有的丰富意义而被束之高阁。数字化世界就是一个意义的世界，信息代表的是意义，失去了意义的信息是毫无价值的。青少年只有认识到这些行为背后的意义，才能够将数字化成长过程中的随波逐流的行为变成一种真正的自我完善。但是，数字化成长中的青少年尤其是中学生，具备认识到行为背后所蕴含意义的能力吗？显然，有些青少年表现得比较差，有些青少年表现得比较好，不能一概而论。总体而言，由于认识能力有限、社会经验不足等方面的原因，青少年从意义体验转化成意义认知的能力或多或少还存在一定的困难。

　　数字化世界就是一个意义的世界，是一个充满象征性的世界，但并不代表每一名中学生都能够在数字化世界中发现自己的意义。如果一名中学生在日常生活和学习生活中出现意义缺失的现象甚至出现厌世倾向，那么在数字化成长中他也未必能够获得意义感；他可能依旧觉得数字化世界很"虚假""无聊"或者只是通过虚拟活动起到一定的暂时"麻醉作用"，但是并不能借助数字化世界的支持发现自身的价值。人们已经进一步认识到意义的缺失是时代的普遍困境，很多后现代主义作家和哲学家已经详细地分析过这一问题。中学生数字化成长意味着他们可能通过数字化世界加速了意义的复归，同时放大了意义缺失的困境。"意义"是一个中性的概念，同一件事物对于不同的人来说意义是不一样的，不能像工业时代对待价值那样仍然让人们认同过去的价值体系，这就意味着人们对意义的认识确实存在鱼龙混杂的现象，但是也不能从自身的立场去否定他人的意义，因为在数字时代"每个草根都有自己的春天"。这种多元化的世界对人的自我完善有其积极的一面，但同时又意味着"没有参考",这对习惯于"参考"的人们来说意味着更多的痛苦。这就逼迫了每一个个体都必须去寻找自己的意义,建立自己的意义世界,否则就会成为网络上所说的"炮灰"或者"不明真相的群众"。

工业时代的教育价值观具有趋同性,教育者可以直接对中学生进行价值观教育,直接帮助中学生作价值观判断,但"意义世界"天生就是一种此在的、个性化的、多元化的甚至包含悖谬的世界,一旦被工业时代的教育方式系统化之后就不再具有"意义"。

(三)数字化成长促使自由度提升,同时增加了自我控制的成本

"文化上的每一个进步,都是迈向自由的一步。"[①]工业时代走向数字时代无疑意味着人类的进一步解放。数字化环境是一种以开放、自由、匿名为主要特征的环境,在这种环境下成长起来的中学生获得了充分的行为自由和思想自由。这种自由度首先表现为环境的开放性和更少的约束性。在现实生活中,人们很容易建立起对于生活世界的整体看法;数字化的世界存在碎片化的信息、不同的声音、多样化的表达、各种各样的立场,这种混杂状态是一种常态,深处其中的中学生难以形成一个整体看法。微信的流行也印证了数字化世界往往是越细碎的碎片化元素越容易流传的说法,在喧哗声中试图寻找某种确定性的事物变得越来越难。此外,数字化的环境是一种趋向"失控"的环境。在数字化高度发达的状态下,建立某种持续的外部控制是非常艰难的,每一个人都是一个中心,都是一个自由存在的个体,知识权威和中心节点的地位受到冲击,许多看似荒谬的现象时常发生。其次,它表现在人们可以自由地参与活动。人们往往通过匿名的方式进行数字化成长,匿名的方式让人的心理获得了更多的自由感,让人不再害怕别人的嘲笑和偏见,可以去完成一些现实生活中没有勇气去完成的事情,人们的活动自由得到充分体现。无论实际的表现如何,至少每一个人在数字化成长中都有可能做到根据自己的需要、信念、意愿去完成自己想要完成的事情。再次,这种自由还表现在自然条件限制的减少上。数字化已经开始改变了人们的时空观,摆脱了以前的空间观念的束缚。一个非常典型的例子是,许多人感觉到距离已经不再是问题,人们想要获得地球另一端的信息时,头脑中不会再有"山高路远"的感觉。最后,人们对自由有了更深层次的理解。古代人由于各种条件的限制,往往是想象可以自由驰骋而现实充满约束,以往那些"不

[①] 马克思,恩格斯. 马克思恩格斯选集(第三卷). 中共中央马克思恩格斯列宁斯大林著作编译局译. 北京:人民出版社,1972:154.

可想象"的自由今天已经能够实现,那些曾经渴望的自由已经变成了现实,而人们将会呼唤新的形式的自由。

笔者在第二章已经论述了自由感对于人的自我完善的价值,具备充分的自由感意味着建立了一种避免因外在因素导致异化的免疫机制。工业社会,人们常常受到外在因素的限制,要在这样艰苦的条件下获得自由感是极其困难的。今天的数字土著更好地接触了这样一种有自由感的氛围,从理论上讲他们会比数字移民有更少的恐惧心理,受到更少的拘束和压抑。从这个角度看,人们深刻领略到,人的自我完善在数字化成长中具有的得天独厚的条件,人们可以自由地表达自己的思想,并能够走进他人的内心世界,在生活中缺乏自信和没有机会展示自己的人在这里都可以做更好的自己,他们在数字化产品的帮助下可以更好地去完成自己的目标,成就自己的梦想。与此同时,人们不能沉浸在盲目的乐观之中,这种自由度的提升表现在数字化成长中不同的人身上可能会有不一样的结果,在乐观地迎接这种自由的同时,也要审慎地认识到自由背后的风险,这种风险和工业社会因缺乏自由所导致的风险是存在差异的。

如果数字化成长的主体缺乏良好的控制力,那么他可能面临失去控制自身行为的风险。数字活动是一种需要高度自控力的活动。在数字化世界中,他人很难对其施加控制力,这种外在控制力发生作用通常是间接的或者是不及时的,人们大多数情况下需要自己监控自己。尤其是数字化世界的丰富性和多样化让中学生面临大量的诱惑,中学生只有充分抵御这些诱惑才能够全身心地参与到想参与的活动中。如果审慎地利用数字活动高自由度、需要调动高度自制力的特点,那么中学生可以通过广泛的数字活动获得自我完善;如果放弃了自己在活动中的主体地位,中学生可能就深受数字活动之害。一个典型的例子就是,一些人接触了数字化产品之后无法合理的控制自己的活动时间,于是出现了一批零点之后依然游荡在数字化世界里的"网虫",每天都有大批网民在一些大型的游戏平台彻夜参与网络游戏,尤其是每当周末和节假日就会有大量的中学生参与其中。在这种自由的环境中,中学生接触暴力、色情、违法、低俗的信息和参与该类活动的概率会比较大,这对中学生的自控能力是一个极大的挑战。

尽管人们认为数字化环境是一个开放和自由的环境,但是也不能否认一些进入数字化世界中的主体在这种开放、自由氛围的隐藏下借助技术手段或者其他方式对他人施展了隐性的控制。数字化世界中的隐形控制是可能的。比如,网络推手通过一系列的手段可以将某些人瞬间"制造"成为"网络红人"。这种手段在数字化空间中广泛存在。比如,人们可以把一本书通过一些违规手段使之成为点击率很高的书甚至推送到中学生的手机上,人们可以选择性地传播一些他们希望传递的信息而屏蔽掉一些他们不愿意让大家看到的信息,网络游戏可以通过一些手段让人们不断地"点击"下去。随着人们在数字化世界活动频次的急剧增加和网络活动痕迹在数字化空间的保存技术的提高,一些人可以通过分析这些信息从而预测某个人的生活、消费和学习习惯。由此可见,数字化成长中包含一种被隐性控制的风险,与以往的明显的强制力控制相比,这种隐形控制更难防范。

值得一提的是,成年人对网络中的这种自由存在的恐惧心理可能会影响下一代,某些青少年可能对数字化世界中的自由会产生一种"原罪"的心理。一小部分成年人也对这种自由抱有偏见,长此以往就形成了标签效应——上网就是"乱来",这种心态限制了一部分中学生自由充分地利用数字化世界进行自我完善的机会,以至于不少中学生狭隘地认为使用数字化产品的目的只能是放松、发泄等。

由此可知,数字化成长意味着更大的自由度,这为中学生获得充分的自由感创造了非常充分的条件,但从现实上讲这种自由是利是弊还需要具体到每个中学生身上。

三、数字化成长丰富了个体的经验,同时增加了经验加工的难度

早期的数字化主要表现在信息技术方面,人们可以通过数字化产品了解千里之外的信息;今天的数字化增加了仿真和模拟等方面的功能,人们可以通过数字化产品拥有更多的体验。所谓数字化成长,最显而易见的特点就是人在数字化世界中存在,经常使用数字化的媒体并在赛博空间实现自我完善。数字化世界具有多媒体、超文本、虚拟仿真、远程共享等特性。数字化世界扩大了人们的视野,为人与人之间的快速交流提供了平台,增加了陌生人之间互动的机会,并且以前所未有的吸引力让人们投入其中。它的最大魅力在于,它能够以不同的形式去满足人们日常生活的需要。这样一种极具想象力的环境,为人们的自我完善提供了极其便利的条件。数字化环境极其广阔,数字化突破了人们自我完善的时空局限,无论是地域局限,还是心理、行为上的局限都被打破了。在现实的生活中,人们受周围环境的影响比较大,接触到与个人见识有较大差异的人或者陌生的生活方式、文化模式、宗教信仰、社会制度等方面的机会是极少的。但是在数字化世界中,人们可以接触到各种形式的自然因素和文化因素。

数字化世界的经验和日常生活中的经验存在差异,这可以从相关案例中找到证

据。有一个习过武的孩子陈某，练过功夫，但从来不相信利用暴力手段可以解决问题，也从不打架。有一天他在网吧打游戏，口渴了去对面小店买可乐。由于急着回去打游戏，与两个人正好撞了个满怀，陈某转身就把他们打倒了。回到电脑前，陈某回头发现刚才的两个人躺在地上还没起来。陈某这才意识到刚才不是在打游戏，而是真的打架了。①这是一个极端的案例，但反映出数字化世界的经验和现实世界中的经验存在差异，如果模糊了这种差异就会使青少年在成长过程中出现诸多问题。中学生在数字化成长过程中需要具备转换两种经验的能力。数字化世界和现实世界并非一一对应的关系，数字化世界常常简化或符号化现实世界中的一些背景，于是一些在数字化世界中合法或者不那么严重的行为在现实世界中却可能是不合适的，甚至是违法的。网络游戏中的暴力往往是合法的，死亡后还可以"复生"，这些经验对于青少年的社会化和情感、态度的发展存在不利影响。这种影响更多的是以潜在的方式发生的，青少年也许知道现实世界不是赛博空间，但某些具体的行为却受到了虚拟世界经验的影响。数字化世界和现实世界相对应，但不是与现实世界对立的。②中学生处于即将成熟而又未真正成熟的时期，对他们来说，清楚地区分两种经验及自主地消除不利经验的影响有着不小的难度。"我们可以借助于导航在数字化世界里游弋，虽然这给我们带来丰富的体验，但这种体验更多的却是一种假定性和虚拟性，并不完善，必须介入生活重建关于现实世界的经验才能获得完整的经验。"③

数字化成长过程中，中学生对虚拟经验和现实经验进行整合是一个难题。要彻底解决这个难题，就必须对虚拟经验的特点作进一步分析。至少从目前的情况来看，虚拟经验的出现增加了经验加工的难度，主要原因在于虚拟经验的碎片化、泛游戏性和人们缺乏反思。首先，人们在数字化成长过程中所积累的经验往往以碎片化的方式存在。数字化世界越来越盛行这样一种文化——小即是好，所以出现了微博、微电影、微小说等一系列片段性的产品，产生这些产品的原因是"微经验"。人们可能一会儿扮演这个角色，一会儿又扮演那个角色；人们一会儿发表这样的观点，然后换一个"马甲"又可以发表与之相反的观点；人们一会儿从与这个人的交往中学到了一些经验，但是可能又从与另一个人的交往中学到许多相反的经验。这种经

---

① 周宇. 山西方山关闭网吧引发激辩　县委称不是一刀切. http://futures.money.hexun.com/1865451.shtml[2006-10-15].

② 徐晓东. 信息技术教育的理论与方法. 北京：高等教育出版社，2004：11.

③ 单美贤，李艺. 论经验的完整性：现实与虚拟的结合. 南京师大学报（社会科学版），2003（2）：27-32.

验可能让人变得更具灵活性和适应性，但如果无法协调好这些经验，就会使人感到无所适从，甚至出现人格分裂。数字化技术为人们创造了一个复杂的系统，在这个系统中，人们可以完成各种各样的行为实验和思想实验。

人们在数字化世界中可以获得大量的间接经验，这些间接经验以各种信息的形式广泛存在。数字技术引发的最突出的一个改变是，人们需要处理的信息资源越来越多，信息成为人的自我完善过程中极其重要的资源。如何让信息促进人的自我完善变成研究者极其关注的问题，人们处理信息的能力也显得非常重要。数字化空间包含的信息量深不可测，但信息量大并不意味着获取有用信息变得更容易，在海量信息中获得有用的信息要求人们必须掌握恰当的方式，并形成某种对信息的直觉。与此同时，信息过载本身也是一个严重问题，尽管人们清晰地知道大量信息对于自己来说是低效或者无效的信息，但是由于人们生活在信息的环境中常常会被动地接受大量信息，这势必造成信息的过载。从人的自我完善的角度来看，提高利用信息资源的能力就显得尤为关键。

四、数字化成长优化了实践的条件，同时增加了实践形式化的可能

"一个种的全部特性、种的类的特性就在于生命活动的性质，而人的类的特性恰恰就是自由的有意识的活动。"[1]人的自我完善是在人的实践中完成的，数字化成长中出现了一种新的实践形式——虚拟实践。在此之前，人们参与实践的中介以实体为主，虚拟实践的出现让符号成为实践的重要中介，这不仅仅意味着人类实践方式的多样化、实践活动的频繁化及实践条件的易满足，更意味着人类整体实践能力的增强。所谓虚拟实践，就是指人们按照一定的目的，通过数字化中介系统在虚拟时空进行的主体与虚拟客体双向对象化的感性活动。[2]中学生借助数字化产品可以聊天、购物、交友、完成作品、收发邮件、玩游戏，甚至可以进行一些虚拟的操作，如驾驶汽车、飞机以及作一些物理、化学实验。人们非常看好数字化某些方面的优势。许多操作因为客观条件、物质条件、安全因素等方面的影响而使人们不能亲自进行实践，而数字化技术可以创建仿真环境帮助人们进行实践。在数字化成长过程中，中学生在数字化产品上会花费大量的时间。在学校他们可以使用网络、电

---

[1] 马克思，恩格斯. 马克思恩格斯选集（第一卷）. 中共中央马克思恩格斯列宁斯大林著作编译局译. 北京：人民出版社，1972：46.
[2] 孙伟平. 论虚拟实践的哲学意蕴. 教学与研究，2010（9）：31-36.

子书包、各种数字化教学设备；在家中他们常常通过手机、游戏机、数字电视等度过闲暇时光。

中学生的数字活动越来越多，这充分反映了虚拟实践的一些积极因素。首先，虚拟实践有一定的匿名性，所以他们常常不被置于监督之下，能够根据自己的意愿去独立完成任务，与此同时，他们又能够广泛地与他人进行交流和合作。其次，虚拟实践带有虚拟性。《纽约客》1993年7月5日刊登的一则由彼得·施泰纳（Peter Steiner）创作的漫画，其标题为《在互联网上，没有人知道你是一条狗》（*On the Internet, Nobody Knows You're a Dog*），这种虚拟性改变了人们用真和假来区分事物的思维习惯，人们逐渐接受了这种数字化世界已经重新塑造的生活现实。再次，虚拟实践具有互动性。即使是单个人实践也可以通过数字化世界与他人分享实践活动的过程、探讨实践的经验。这种互动性对提升实践的效率和质量具有很大的促进作用，能够消除传统实践过程中的孤独感和无助感。最后，虚拟实践具有娱乐性。数字化成长一个很重要的特点就是寓教育于娱乐，数字化世界中的逼真而生动的游戏环境能够大大提高中学生的参与度和注意力，教育在游戏中的运用越来越引起教育领域的关注。一些教育机构和商业机构正是借此进行大量的与中学生学习内容相关的游戏研发活动，这样的研发行动至少为中学生提供了一系列的参与虚拟实践的条件。

以往中学生参与实践活动面临的最大的问题是客观条件的限制，而数字技术创造了可实现的实践条件，但这种进步也隐藏着更多的问题。比如，这种虚拟实践活动是否能够真正成为某个个体自我完善的资源，能否有效建立虚拟实践和真实生命之间的联系，能否摆脱为了实践而实践的倾向。实际上，这种为了实践而实践的活动并不是完整意义上的实践，而是实践不断形式化的结果。

在人的自我完善过程中，人们需要长期地面对各种各样的数字设备，如手机、计算机、游戏机、数码照相机等，如何使用这些设备已经不再是一个难题，真正的难题是如何处理好人与这些设备的关系。而处理这一关系本身就是今天人的自我完善面临的重要问题。人们需要真正去掌控这类工具，在合适的时间、合适的地点通过合适的方式来使用这些技术。马克思说："人不仅仅是自然存在物，而且是人的自然存在物，就是说，是自为地存在着的存在物，因而是类存在物。"[1]人在生活中不断地去改造自然世界，人的发展也是实践活动的目的。如果中学生在家庭聚会、

---

[1] 马克思. 1844年经济学哲学手稿. 中共中央马克思恩格斯列宁斯大林著作编译局译. 北京：人民出版社，2014：107.

课堂教学、晚间休息时间也在从事这些数字设备操作活动，而且无法科学、合理地使用这些数字设备，那么他们的实践往往并不符合人们参与实践的本真意义。从这一点上来看，虚拟活动表现出一对矛盾关系，很多中学生往往觉得在虚拟实践中更像"主人"，而恰恰不少中学生在虚拟实践中不断地丢失自己的自主性和自为性。

由此引申出一个问题，即如果中学生无法在实践中处理好人与数字化产品（技术）的关系，那么虚拟实践和现实实践（这样的区分并不意味着虚拟实践不具备现实性，这里的现实实践指的是不依靠任何数字化中介就能够从事的传统实践形式）之间的关系则变得不协调。虚拟实践和现实实践虽然有着极大的关联性，但两者又有明显的不同。在虚拟实践中，主体接触到的多是图片、声音、文字、动画等感性材料，大量的感性思维容易使思维变得平面化、浅显化，从而养成思维惰性。这一点已经被当前的网络实践证明了，数字化世界中"标题党"的出现及一批人见标题就开始留言漫骂的现象就是这种"不思"现象的表征。这种遇到问题就逃避提问、思考、试验、推敲的习惯的养成和学校着力提高中学生认识自我、认识世界、改造世界的实践能力的教育初衷背道而驰。

数字化产品的出现至少通过两种形式危害到中学生实践能力的发展。首先，数字化产品的应用取代了人们在实践中的一些行为，人们觉得越来越"方便"，其实这意味着一种被"取代"。从日常生活来讲，这种"取代"可以为人们的生活提供极大的帮助，而对于中学生来讲，这种"取代"可能会剥夺其某些能力的发展空间。比如，用计算机能够代替人们大量的计算工作，如果中学生长期习惯用机器代劳，甚至想尽办法去借助计算机而减少了计算锻炼的机会，那么必然会失去一部分估算和对数的运算的直观感受能力，在日常生活中这种依据感受能力来判断和估算的技能短时间内还不会被数字化产品所代替。其次，数字化技术的"随时在线"状态让人们时常面临多任务操作的情况，在数字学习中，中学生可能随时会关注各种通信工具中的信息、网友的留言，还可能会收听音乐，学习过程中还有可能会被随时出现的网络新闻、网络广告打断。这种多任务处理的情况对人的专注力是一种极大的伤害，而人们参与实践的深度往往与"投入"程度有很大的关系，高水平的创新性想法的出现或者说顿悟总是发生在人们花费较长时间沉浸在实践中的时候。

至少从目前来看，虚拟实践存在形式化的倾向，这可能与虚拟实践本质上的缺陷有关，但更与当前虚拟实践的发展状况有关。这种形式化的倾向可以通过以下情况对比体现出来。20世纪80年代及以前的中学生的娱乐活动常常是自己到大自然中寻找材料、自己制作玩具，而90年代及以后的中学生的娱乐活动往往是数字化世界中的玩乐。两者的差别在于，前者是中学生自己不得不去发现和探索，而后者是在他人预设的游戏背景及游戏规则下完成可期待的任务。所以，笔者认为当前的虚拟实践比较容易导致实践的形式化，肢解了实践的完整过程，这在某种程度上造成了中学生实践能力的不足。但可以预想，如果中学生的兴趣从使用这些游戏转向设计游戏的时候、从使用数字化产品转向设计数字化产品的时候（3D 打印课程其实就是这种精神的体现），这种实践的形式化倾向将会得到根本改善，但这个转变的实现并不容易。

五、数字化成长中的自我完善的"中国境遇"

唐·泰普斯科特所作的研究比较严谨，但并未摆脱环境决定论的影响，更为重要的是，他的研究结论是否能够套用在中国这一代中学生的身上，这值得我们深思。如何让我国的中学生更好地发扬自由、民主、创新的精神，是值得研究者思考的问题。

研究中国语境下数字化成长过程中的自我完善应该从两个方面去把握：一是中国传统文化在中学生成长中的作用；二是当前中国数字化进程的滞后性。

（一）中国文化传统与数字化成长的相遇

中国文化传统是一个外延极大、内涵丰富的概念，要想把握这个概念的基本含义，必须从对中国传统文化的理解开始。一般而言，中国传统文化是指在中国土地上，在整个历史发展中，由各个民族创造、发展、传播的物质文化和精神文化的总称。中国文化传统往往是中国传统文化通过民族精神、意识形态、价值观念、生活方式、处世准则等形式传承下来的基本内核。本书着力考察人的自我完善的状态，因此本书中的"中国文化传统"主要探讨的是，千百年来的中国传统文化打在当代中国人身上的痕迹，亦即今天中国人身上整体带有的中国传统文化的基因，笔者试图从"国民精神"的角度去研究这一问题。

中国是一个以华夏文明为主体、以中华文化为基础的统一的多民族国家。把握这样一个复杂的文化系统并不容易，在这样一个复杂的系统中，内部的差异性和矛盾性非常明显。为了符合研究的需要，不少学者只粗略地把握其纲要而无法深究其细节，这样一种思维方式是以淡化其复杂性和矛盾性作为代价的。历史上许多学者思考或研究过"国民精神"这个问题，鲁迅先生在国民精神中看到了中国人的"劣根性"并将医治这种劣根性视为己任，林语堂先生则说中国人"不争气"，柏杨先生述说中国人的"丑陋"，这些人直接指出了中国"国民精神"中的缺点。清末民初学者辜鸿铭在英文著作《中国人的精神》中用"deep，bright，simple"来概括中国人的国民精神，译成中文是"深沉、聪明、淳朴"，这更多地描述了中国人美好善良的一面。此外，还有一些人从比较公允的立场既分析了国民精神中一些美德，也指出了其中的一些缺陷。

美国人明恩溥曾经写过一本名为《中国人的气质》的书，鲁迅先生曾经向国人郑重推荐此书。该书通过章节名称概括了中国人的"气质"：面子、节俭、勤劳、礼节、漠视时间、漠视精确、误解的才能、拐弯抹角的才能、灵活的固执、智力混沌、神经麻木、轻视外国人、缺乏公共精神、保守、漠视舒适和便利、生命力、忍耐和坚韧、知足常乐、孝顺、仁慈、缺乏同情心、社会台风、相互负责和遵纪守法、互相猜疑、缺乏诚信、多神论、泛神论和无神论。[1]尽管这种概括缺乏整体的逻辑性，而且"社会台风""轻视外国人"等特点是否能够上升到"气质"这样的层面仍有待商榷，但至少很多方面的描述比较恰当，从一个外国人的视角来看待中国人也有其独到之处。

林语堂曾经撰写了《吾国与吾民》，该书曾在美国引起强烈反响。该书对于人们研究中华文化及精神内涵具有重要的参考价值。在"中国人之德性"一章中，林语堂用圆熟、忍耐、无可无不可、俏皮、和平、知足、幽默、保守性等八个词对中国人的德性加以概括；在"中国人的心灵"一章中，林语堂用智慧、女性型、缺乏科学精神、逻辑、直觉、拟想等六个词对中国人的心灵加以概括。[2]这样一位颇具学术功底的中国学者得出这样的结论，得之于他对中国国民精神的长期体悟和中西文化比较，另外他对每一种特点的概括也十分精当。

国学大师梁漱溟的《中国文化要义》堪称中国文化研究和西方文化比较的经典作品，梁漱溟先生在书中提出了国人民族性的十大特征：勤俭、爱讲礼貌、和平文弱、知足自得、守旧、马虎或模糊、坚忍及残忍、韧性及弹性、圆熟老到、自私自利。[3]这是一部带有极强的问题意识的作品，而且哲学味浓厚，全书旁征博引、高屋建瓴，是一部说理充分的学术性著作。他的这些概括都能够找出清晰的来龙去脉，有一定的可信度。

梁启超在《中国学术思想变迁之大势》一文中对中国人的国民性格的概括得到人们的广泛认同：重经验、崇实际、主力行、贵人事、喜保守、畏天命、言排外、

---

[1] 明恩溥. 中国人的气质. 刘文飞，刘晓旸译. 上海：上海三联书店，2007：1.
[2] 林语堂. 吾国与吾民. 北京：群言出版社，2010：1.
[3] 梁漱溟. 梁漱溟全集（第3卷）（2版）. 济南：山东人民出版社，2005：30.

贵自强。这是一种凝练而又精妙的概括，把握了中国人国民性的一些本质特征，而且也言及国民性的方方面面。

这些学者总结了中国人生生不息的精神特质，也指出了传统文化中糟粕部分所带来的负面影响。我们可以梳理这些观点的共同之处。比如，他们总是提到保守、坚忍、和平、礼貌等特点，而且他们的某些概念还有许多表述上的关联性，如梁启超的"贵人事"可能和明恩溥"拐弯抹角的才能"（一译为"欺瞒的才能"）存在一定的联系。从整体上看，把这些特点都集合在一起能够粗略地看出传统文化打在中国人身上难以抹去的印记。正如梁启超先生《中国学术思想变迁之大势》中所认为的那样，汉族区域主要延续的还是孔孟的传统，民族性格在很大程度上可以从儒家文化的特征中找到根据。儒家文化的现实主义、崇尚权威、讲求人伦、重视名誉等特点在中国人的深层观念中继承下来。这些特征与以小农经济为主要特征的传统社会比较契合，这样一种态度、模式和精神就这样在中国保存了几千年，尽管国人自"五四"以来就不断努力突破这种稳固的结构，但打破之后的新因素的生长还需要更长的时间。2018年5月2日，习近平在北京大学师生座谈会上的讲话指出，"前不久，我在十三届全国人大第一次会议上向全体代表讲过：'中国人民的特质、禀赋不仅铸就了绵延几千年发展至今的中华文明，而且深刻影响着当代中国发展进步，深刻影响着当代中国人的精神世界。'我讲到中国人民的伟大创造精神、伟大奋斗精神、伟大团结精神、伟大梦想精神。这种伟大精神是一代一代中华儿女创造和积淀出来的，也需要一代一代传承下去"[①]。今天，中国文化传统与数字化成长相遇，意味着传统因素和时代因素产生了比较激烈的碰撞，这种碰撞与融合成为人的自我完善过程中必须面对的现实。

1. 现实主义和虚拟生存之间的矛盾

在小农经济占主导地位的社会中，人们习惯了那种日出而作、日落而息的生活方式和思维模式，在这种情境中人们起早贪黑、不畏艰辛地劳作都是因为他们似乎看到了那种近在眼前的回报。正是有这种现实的幸福，那些能亲眼看到的事物在召唤着人们，人们可以为实现这一目标而不惜一切代价。所以，现实主义者往往包含了坚忍及残忍、韧性及弹性、圆熟老到、重经验、崇实际、主力行等性格，这些性格特点成为人们在现实社会中实现自己目标的重要因素，因为只有这样做，一个人

---

① 习近平. 习近平在北京大学师生座谈会上的讲话. https://www.ccps.gov.cn/xxsxk/zyls/201812/t20181216_125673.shtml [2018-05-02].

在现实生活中才能够有更大可能性去满足自己的需要。这样一套模式在一代又一代人的手中屡试不爽，而今天数字化成长对此提出了挑战。数字化本质上就是一种模拟，用"0"和"1"这样的符号去模拟世界上的一切，然后通过操作模拟化之后的"样本"操控世界。因此，数字化成长中那些看得见摸得着的东西越来越少，中学生进入数字化世界可能会有一种明显的虚幻感，现实生活中的一些东西开始失效。现实生活中的付出与回报之间的关系在数字化世界往往加入了更多的意外因素。现实生活中你是否能做到礼貌待人，别人很容易看得出来并会很快反馈到你的熟人圈中，这种"反馈"在数字化世界里并不那么直接：一个人在人群中作了坏事可能立即会受到惩罚，在数字化世界中却可能没那么及时；现实中的财富多是有形的，而在数字化环境中，财富多是看不见摸不到的……这种现实主义的文化和数字化世界中的虚拟性相遇，如一个长期一文不名的人突然获得大笔意外之财的"网红致富神话"较为常见，如果过分宣传这种现象，引发中学生失控和堕落的可能性则会增大。国民精神中的理想主义和超脱性的缺乏，导致及时行乐的心态在数字化世界中被放大，而兢兢业业的工作态度则受到冲击，这组矛盾只有被克服才能有利于人的自我完善。

2. 整体思维和碎片生存之间的矛盾

中国历史、文化和民族生活方式造就了中国人强烈的"大一统"的思想，同时，擅长综合、弱于分析的思维在历史中和日常生活中随处可见。中医提倡整体治疗，反对"头痛医头、脚痛医脚"，一些中国人尤其喜欢评判自己在人群整体中的地位（用整体和普遍的要求来要求自己），喜欢描述总体情况，办事情更喜欢条理清晰、不喜欢参差不齐，等等。总之，在国民性格中总有一种将所有的物品、观点、思想、结构纳为一体，实现"大一统"的愿望。但是，这种愿望在数字化世界可能很难实现。

一个中学生试图在数字化的世界把他接触到的所有观点归纳成一种统一观点的时候，恐怕不仅很难实现还会产生更大的困惑。比如，他会发现"好人"的标准可能是多种多样的，以至自己很难找到一个统一的标准，他会发现不同专家对同一个问题的观点互相冲突而难以统一，他会发现对同一件事情大家的观点分歧是如此之大，他会发现一个自我变成了多个自我（真实的、符号的、数码的）。在所有事物的碎片化中，主体的碎片化显得最为关键。主体碎片化在这个意义上就是自我的分裂。一种实体可能会被多次编码、重复编码、混合编码，任何实体都不可避免地遭遇被编码的命运，"但同时又是不完全的编码，总有一些未进入系统的内容"①。学者一直都相信"整合"在人的发展和生活中起着很重要的作用,但"整合"在数字化成长过程中发生了许多新的变化。整合的意义发生了改变,大一统意义上的整合很难实现,每一个版本都不是最终的版本。中学生数字化成长必须接受这种碎片化的乱象,而在碎片化的现实中,如何获得自我完善可能是一个更为复杂的问题,因为其本身就没有统一的答案,而每个人都有各自的答案。

3. 熟人思维和人人关系之间的矛盾

熟人思维是一种在熟人社会中形成的思维模式。20 世纪,社会学家费孝通先生在《乡土中国》中提出了"熟人社会"的概念,他认为中国传统社会有一张复杂、庞大的关系网,人熟好办事。梁启超所提出的"贵人事"可能和这种熟人社会有很大的关系。在熟人社会中"人事"问题的处理显得非常重要。这种"贵人事"所代表的一些经验和方法逐渐形成了一套熟人思维:强调人治而非法治,相信礼而非法,人们因为生熟程度、关系的远近而构成一层一层的关系网络。有学者提出,重视亲戚关系和血缘关系的熟人社会即将终结,代之以陌生社会。但笔者认为,随着人的流动性增加,熟人社会并没有走向终结而是以一些新的形式存在,如老乡、同学、同事等关系受到人们的重视。显然,熟人社会可能被打破,但熟人思维至今仍稳固地存在。在数字化成长中,中学生所面临的不再是传统意义上的熟人社会——一个人人时代到来了。"互联网革命最伟大的思考者"克莱·舍基在《人人时代:无组织的组织力量》中提出了"人人时代"的说法。我国学者姜奇平对之作出解释:人人是一个个具体的、感性的、当下的、多元化的人;他们之间的组织是一种基于话语的、临时的、短期的、当下的组合,而不是一种长期的契约。②传统社会在熟人之中展示、发展自己的条件改变了,人与人的关系常常是一种暂时的关系,更强调共享、合作、公德心。在熟人社会中,人们的付出常常是因为期待着有可能的回报,而数字化世界中大量存在建设"维基百科"这种需要众筹的事业,而完成这样的工作往往出于利益之外因素的考量。当一个具有熟人思维的人进入数字化世界时,如何获得安全感、如何规范自己的行为、如何与人相处都是一些很真实而紧急的问题。如果人与人的交往是人的自我完善的重要途径的话,在数字化成长中人与人的交往对于自我完善来说则是一道坎。

---

① 段永朝. 互联网:碎片化生存. 北京:中信出版社,2009:165.
② 克莱·舍基. 人人时代:无组织的组织力量. 胡泳,沈满琳译. 北京:中国人民大学出版社,2012:5.

4. 确定思维和探索思维之间的矛盾

这里的确定思维指的是一些人传统上总是持有"一定要给个说法""到底要怎么样"的思维方式。这一点和西方人不同，西方人的确定思维是一种追求本质的思维，而中国人的确定思维往往是一种追求现实性的确定思维，而且常常表现出绝对性，如是好人还是坏人，是黑还是白，是真还是假。这种思维方式在学校教学中表现得特别明显。一些教师常常认为，中学生要么对、要么错而从来没有中间状态。在这种情况下，一些中学过于追求标准，强调内容的标准化、过程的标准化、结果的标准化，等等。同样，人们在生活中往往习惯于寻求标准答案、统一模式，似乎只有如此才能获得安全感。当然，这一点与上述许多学者所提到的"保守"或"守旧"也不无关系。可是，数字化世界是一个由一元向多元转化、一维向多维转变的纷繁复杂的世界。如果说中学生在日常教学生活中面对的是几位老师、几个权威人士，那么数字化成长中则可能同时遇到数不胜数的老师和专家；如果说生活中常常只能看到事物的一个侧面的话，那么数字化通过编码、压缩、仿真的技术及各种声音的呈现会让人们同时看到事物不同的侧面。哪怕是"什么样的铅笔更好"这样的问题，人们在数字化世界中也可能获得多种答案，而且从不同的角度回答这个问题，每一种答案似乎也都是正确的。中学生在数字化成长中随时随地都可能产生困惑，如果他们再试图去考虑哪一个最好（或者正确）已经变得不太可能。他们必须接受多个真相并存、多个答案并存的现实，而真正认可这些往往需要自身的探索和努力去获得，他们往往需要线上线下同时进行探索，以获得更广阔的发展空间。那个唯一的结果已经不再那么重要了，重要的是探索的过程和探索过程中的体验。确定思维和探索思维之间有明显差别，两种思维之间的冲突将影响到中学生数字化成长中的自我完善。

5. 马虎心理和认真决策之间的矛盾

一些中国人性格中存在着一种关注结果的确定思维，但又存在漠视精确的思维，胡适先生曾创作一篇传记题材的寓言《差不多先生传》来揭露了一种对待事情敷衍苟且的态度。这样一种态度是一种"无可无不可"的态度，这一点和德国人的"较真"正好相对。数字化成长的一个优势就是数字化为中学生创造了一个非常自由、宽阔、方便的空间，人们可以去选择各种各样的资源，如图片、声音、视频、商品、人员、方式、思维、观点、思想等都变得非常的丰富且类型多样，而且在多样化的世界中可选择的对象之间的差别也越来越小。比如，当需要了解某个人的某种思想的时候，人们能借助数字化工具找到大量与之相关的思想，而且由于相关材料的种类、数量急剧增加而使材料之间的差异性减小，造成借助不同材料来分析某个人的思想也变得更加复杂，这样必然给人们的选择和鉴别带来极大的麻烦。同时，数字化的世界越来越成为一个个性化的世界，这种自我意识高度觉醒的状态让人们对自身有了更多的了解，个人的需求也更加明晰。于是，他们每天都需要面临选择，而这一点对于习惯于马虎的人来说，选择困难和选择恐惧症成为其进行自我完善的一个新障碍。

尽管笔者主要分析了中国文化传统在与数字化成长相遇时面临的一些危机，但实际上中国传统文化中同时也包含着许多有价值的资源。比如，整体主义在某些情况下刚好是对碎片化生存的一种保护；如果人们对直觉给予适当的重视，那么对于避免在数字化成长中出现唯科学主义的弊端将有很大的好处。当然，从教育研究的角度，我们也应该看到分析其中所包含的危机比陈述其中的优势要急切得多。综合利弊两方面，人们应该用一种理性和宽容的心态对待数字化成长中的不同声音，通过不断提高自我素质并用审美主义的态度去对抗数字化世界中的"真相"碎片，用直接而深刻的生命体验来弥合生活世界和数字化世界之间的疏离，只有通过此种方式，年轻一代才会在数字化成长中获得真正的自我完善。

（二）中国数字化进程对自我完善的影响

迄今为止，美国在数字化的进程中处于领先地位。宾夕法尼亚大学的埃尼阿克的诞生，预示着20世纪第三次科技革命的到来，它是信息技术的雏形。1981年8月，IBM5150个人电脑投放市场是一个重要的标志性事件，它为个人电脑创立了基准，同时也宣告着美国数字化第一代的诞生。1982年春美国各学校已经拥有十多万台电脑，而到了1985年，"92%的中学生至少拥有1台用于教学的计算机"[①]。美国前副总统戈尔（Al Gore）1998年在美国加利福尼亚科学中心发表了题为《数字地球：二十一世纪认识地球的方式》的演讲，最先提出"数字地球"的概念，之后全世界开始普遍接受数字化概念，后来又产生了"数字城市""数字家园""数字校园"等概念。

显然，我国数字化的进程与欧美国家相比要滞后一些。1995年，中国电信开通了技术层面的互联网接通，1996年1月，国务院信息化工作领导小组正式成立。1998

[①] Cuban L. Teachers and Machines: The Classroom Use of Technology Since 1920. New York: Teachers College Press, 1986: 78.

年以后，新浪、网易、搜狐等中文门户网站才开始出现。如果说互联网意味着数字化的一种质变——数字化可以大规模进行而且开始充分流通和共享，那么我国接触数字化的时间是比较短暂的，而且除少数技术领先外整体上仍旧落后于西方国家。正如在首届数字中国建设峰会开幕式上，习近平总书记致贺信中指出的，"加快数字中国建设，就是要适应我国发展新的历史方位，全面贯彻新发展理念，以信息化培育新动能，用新动能推动新发展，以新发展创造新辉煌"[1]。数字化进程的滞后性对人的自我完善并不是一件好事情，我们应该加快数字中国的建设进度，避免一些新的风险的出现。

1. 中国数字化发展迅速，但数字秩序尚未真正建立起来

2015 年 9 月 23 日，习近平出席中美互联网论坛时强调，"一个安全、稳定、繁荣的网络空间，对一国乃至世界和平与发展越来越具有重大意义。如何治理互联网、用好互联网是各国都关注、研究、投入的大问题。没有人能置身事外"[2]。数字化创造了一个虚拟的世界，在数字化初期，数字化世界数字秩序还没有真正建立起来，混乱和冲突将会长期存在。在这样一个数字化世界中，中学生接触黄色、暴力等恶俗文化的可能性较大，人们在网上常常因为缺乏监督而做出一些不道德的行为，甚至有人认为在数字化世界里的不道德行为并不是什么大问题。这种数字秩序混乱的现象经常被媒体报道，如网络诈骗行为、网络交友中遇到不法分子、网络谣言的传播等，这些行为都会给社会和个人造成不良影响。这些现象也都体现了当前的数字化秩序尚未真正建立。混乱的数字化秩序对于人们的自我完善非常不利，一部分人可能因为这些现象而惧怕或者远离数字化世界，一部分人放松自我要求迷失在数字化世界中，还有一些人因为这种混乱的秩序而受到伤害。对于中学生来说，这种环境给他们带来了极大的挑战，自我异化和自我迷失的风险增加。

2. 数字文化开始出现，数字精神发育不充分

数字化是一个长期的过程，数字化所代表的一些精神特质，如创意、自由、公益等精神的发育往往需要一个过程。只有 3 台计算机连接的时候，其中一人对他人的控制是十分可能的，30 台、300 台依然具有控制的可能性，而一旦 3 亿台甚至更多的计算机连接在一起，并且每一台都在运转时，控制会变得越来越困难甚至会崩

---

[1] 数字中国建设迈向新征程. http://www.cac.gov.cn/2019-12/12/c_1577686242698356.htm [2019-12-12].
[2] 刘晓朋. 习近平：中国倡导建设和平、安全、开放、合作的网络空间. http://www.xinhuanet.com/world/2015-09/24/c_1116663156.htm[2015-09-24].

溃。对于当前的中国来说，虽然我国最近几年的数字化进程不断加快，但显然还没有发生根本的质变。增强互动、清除边界、去中心化、个性化、鼓励创造……这些作为数字化文化精髓的东西，因为我国数字化进程的滞后并没有被充分地展示出来。因此我国的中学生数字化成长没有出现唐·泰普斯科特在《数字化成长（3.0版）》中所描述的，数字化塑造了崭新一代的情形。

3. 数字时代让世界变平，但数字鸿沟的负面影响依然存在

数字鸿沟又称为信息鸿沟，指当代信息技术领域中存在的各种差距，既存在于信息技术的开发领域，也存在于信息技术的应用领域，特别是指网络技术的差距。有条件者可以上网且能从网上得到更多的信息资源，而无条件者则只能徘徊在数字化世界的大门之外，从而造成信息化水平的差异。数字鸿沟即信息富有者和信息贫困者之间的鸿沟。当前我国数字化进程中，城乡之间、地区之间的差距较大，不同的人获取信息的效率也是不同的。在数字时代，数字鸿沟往往直接造成知识获得和接受教育的不平等，处于不利地位的人较少有在数字化世界里参与教育、培训、娱乐、购物和交流的机会，自我完善的资源明显少于其他人。

尽管在数字化成长的过程我们面临着困难和挑战，但数字化并不是洪水猛兽。2016年10月9日，习近平在中共中央政治局第三十六次集体学习时强调，"要正确处理安全和发展、开放和自主、管理和服务的关系，不断提高对互联网规律的把握能力、对网络舆论的引导能力、对信息化发展的驾驭能力、对网络安全的保障能力，把网络强国建设不断推向前进"[①]。数字化成长不是问题所在，如何应对数字化成长才是需要我们解决的问题。只要认清所处的形势并找到合适的方式，人们就可以与数字化一同健康成长，重建对数字化世界的感知力和想象力。

第二节　数字化成长中自我完善的发生过程

本书第三章根据人本主义心理学已有的研究，提炼出自我完善的人的基本特征，勾勒出自我完善的人的整体样貌，在此基础上，本书已经解析了我国中学生数字化成长的历史境遇，接下来有必要尝试在数字化成长的过程中探寻自我完善的人

---

① 闫妍,秦华. 习近平在中共中央政治局第三十六次集体学习时强调:加快推进网络信息技术自主创新　朝着建设网络强国目标不懈努力. http://dangjian.people.com.cn/n1/2016/1011/c117092-28768107.html [2016-10-11].

的形成过程。从过程的角度来思考人的自我完善，必须遵循实践的逻辑。实践逻辑的逻辑性只可能提炼到特定的程度，一旦超出这种程度，其逻辑便将失去实践意义。[①]值得说明的是，数字化成长中的自我完善并不是在单纯的数字化环境中发生的，它更多地需要在数字化环境和广阔的日常生活环境中交替完成，而且在人的自我完善的某些方面和某些阶段更容易受到真实环境的影响。以下的分析，需要将数字化成长作为完整个体成长的一部分加以讨论，在教育研究和实践中必须努力打通中学生的整个生活世界（包含虚拟世界和非虚拟的世界）。

一、内在自我的涵养

人的自我完善的发生必须要有一个健康的内在自我作为基础，马斯洛从基本需要获得满足的角度去思考这个问题，这就启发人们：一个人基本需要的满足在形成一个健康的自我中起着关键性作用，当然人的基本需要获得满足并不是一个简单的问题，如何去满足、通过什么方式满足、通过什么途径去满足等，都是值得我们关心的问题。生理、安全、爱和归属感、尊重、自我实现五类基本需要中，生理需要的满足从实际操作上比较容易获取，安全需要、爱和归属感、尊重需要及自我实现的需要则比较复杂，笔者主要讨论后面四种需要。人的自我完善的发生总是在一定的环境下发生的，笔者并不否认环境在人的自我完善中的作用，但同时也认识到环境必须通过影响人的主观能动性才能发生作用。这里所指的安全感绝不是某种玄乎的感觉，而是人们对于环境的态度及人与环境在交互之中所形成的一种和谐关系。安全感是自我完善的基础，自我完善状态良好的人往往表现出亲世界、相信自己、心态平稳、不容易发生心理扭曲、容易抛开成见、真实地表露自己等诸多特点，这些都是一种持续的安全感的表现。"安全感"这个概念最早出现在精神分析学派创始人弗洛伊德的著作中，此后逐渐成为心理学的重要概念。人本主义心理学的代表人物马斯洛在需要层次理论中，把安全需求作为人的一种基本需要，而且他认为这是人类对以下事物的需求：人身安全、健康保障、资源所有性、财产所有性、道德保障、工作职位保障、家庭安全。另外，马斯洛认为安全感甚至可以作为心理健康的代名词。精神分析学家凯伦·霍尼在《我们内心的冲突》中认为，儿童在早期有两种重要的需要，即安全的需要和满足的需要，这两种需要的满足主要依赖于孩子的父母。学者对于安全感的研究都集中在婴幼儿阶段，主要从父母性格和

---

① 皮埃尔·布迪厄，华康德. 实践与反思：反思社会学导引. 李猛，李康译. 北京：中央编译出版社，2004：24.

情绪、家庭氛围、教养方式、早期经历等角度研究安全感的缺失和形成。安全感问题在中学教育领域并没有引起学界足够的重视。[①]爱和归属感的满足也极其重要，它将影响到一个人看待自己、他人及周围世界的态度，不当的满足将增加自我异化发生的可能性。尊重的需要可使人体验到自己的力量和价值，滋养内在自我的形成。自我实现的需要往往与一个人的胜任感和效能感有关。比如，一个缺乏自我效能感的人可能在面对需要冒险的情境时会产生过分紧张的心理，从而低估自己的能力，降低自己行动的可能性，最终容易产生一种自我的否定的心理。这种生活中效能感的缺失严重影响着中学生的数字化成长，严重者将会把数字化空间作为一个避风港，从而导致自己无法在生活世界中建立良好的关系系统。数字化空间对中学生获得安全感和自由感方面的帮助是有限的，在数字时代人们依然强调线下生活的意义，日常生活中的直观感受对安全感的建立有极其重要的意义。

一些人认为，内在自我是儿童早期特有的心理现象，到了中学，其内在自我就已经定型。还有一些人只有在中学生出现明显行为问题后，才意识到中学生的内在自我出现了问题。人们更应该认识到，早年的成长状况固然在人的内在自我的形成中起着很大的作用，但中学阶段人的内在自我仍旧可以通过适当的方式加以改善。改善的过程是人与环境相互作用的过程，这也是为人的自我完善所作的一项基础性工作。人的安全感的形成和自身所面临的环境息息相关，这就意味着现实生活环境、虚拟环境和中学生安全感的获得是紧密联系的。内在自我的涵养至少包括以下几个方面。

（一）在融洽的人际关系中获得爱的满足

人是社会性的动物，和他人建立良好的互动是人的一种基本需要。人是处于关系之中的，而人与人的关系则是影响人的安全感的最重要的因素。当中学生长期处于紧张的环境中，如周围人出现语言暴力甚至发生肢体冲突时，这将会使中学生感到不安，对人与人的关系产生不信任感，甚至会让他们对人性产生怀疑。长此以往，他们在与他人交往时会产生畏惧心理，这必然会影响他们参与活动的积极性。美国学者卡罗尔·西蒙·温斯坦在《中学课堂管理》[②]中提出，对于太多的学生来说，学校是一个让他们感到羞辱、恐惧，受到嘲笑，让他们觉得无能为力的地方。学校

[①] 一些心理学家比较关注大中小学生的安全感问题，而且不断制定和修改相关量表，但很少人放在教育的视域中思考这个问题并将这种思考落实到教育实践中。

[②] 卡罗尔·西蒙·温斯坦. 中学课堂管理. 田庆轩译. 上海：华东师范大学出版社，2005：2.

教育应该创造一个能够让学生获得安全感的人际环境，让同伴之间形成互相鼓励、支持、帮助、合作的氛围，而不是讽刺、攻击和打压。学校内的竞争有时会成为一种影响人际关系的因素，如果中学生对竞争有着不合适的态度，那么必然会导致与竞争对手关系的恶化。

数字化世界中的人际关系是真实社会人际关系的重要补充，如果现实中人际关系已经出现问题，那么借用数字化世界的人际关系对现实人际关系进行异化弥补，这就容易形成一种畸形的人际关系。比如，某些人在现实中出现人际交往障碍后，就容易沉迷于网络交往中。现实生活中健康的人际关系是数字化空间中良好人际关系的基础。在现实生活中建立良好的人际关系，有利于数字化空间中良好人际关系的形成，在数字化空间中形成的良好的人际关系也对现实中的人际关系有所助益。

（二）在无条件的积极关注中获得尊重的满足

"无条件的积极关注"是罗杰斯提出来的，它是一种在心理治疗中用来消除咨询者紧张情绪的方式，在学校教育中同样适用。在中学生成长的过程中，许多因素都会打破中学生心态的平衡，如地震、事故等灾难，与他人发生肢体冲突、未完成任务等都会使中学生在成长过程中遭受打击和挫折。在这种情况下，消除无助感是极其重要的，老师的无条件的积极关注对于中学生来说是一种心理上的保护。教育心理学中的"期待效应"（即罗森塔尔效应）是指教师的积极关注及期待可能产生激励作用，而学生在教师的积极关注和期待中也能够产生一种特殊的保护作用，从而为缺乏安全感的中学生提供一种支撑力量。长期处于无条件的积极关注之中的学生能够增加自信，同样也能获得安全感。尊重的需要是人们的一种基本需要，而且这种需要与罗杰斯提出的"无条件的需要"内涵相同。在数字化空间和现实生活中，中学生都有获得尊重的需要，数字化空间中的尊重往往可以表现出某种无条件性，但是这种被满足的状况又是不稳定的；相反，现实生活中对学生无条件的积极关注需要教育者的长期投入，但这种关注是比较稳定的。

（三）从数字化的理性认知中获得安全感

不得不承认，数字化已经改造了生活世界，数字化世界成为当前中学生生活环境的一部分。人们要想获得安全感就必须消除自身的无知状态。只有真正认识到数字化技术的起源、特点和它所带给人们的深刻影响，才能从无知的恐惧中解放出来。笔者一直避免把安全感理解成一种单纯的情感，是因为想要强调认知因素在其中所起的作用。情绪上的不安全感有些时候能够通过理智的分析来进行调节，而缺乏这种调节能力的人也往往很难增加自己的安全感。"杞人忧天"就是一种理智无法调节情绪从而导致安全感缺乏的表现。不确定性是安全感的天敌，只有通过持续的练习，使人更加理智才能消除部分不确定性从而获得安全感。数字化的世界充满了变化和不确定性，而当前与数字化成长有关的计算机课程的教师和信息技术教育工作者常常对数字化世界持一种极端乐观的态度，而一部分学校德育工作者对数字化技术持一种过分悲观的态度。这两种情绪化的看法根本无助于中学生在使用数字化技术时保持一种健康的心理状态。中学生尤其需要获得一种对数字化世界彻底、客观的理解，尽管人类的智慧迄今还难以完全解释所有的数字化现象，但有必要让中学生通过获得尽可能清晰的理解、澄清错误观念来获得更多的安全感。

（四）从目标的实现中获得胜任感的满足

在中学生所有的不安全感中，沦为失败者的焦虑是最为普遍的一种不安全感。成功与失败成为许多学生学校生活的主旋律，追求成功、避免失败是每一个健康人的本能。心理学把"控制感"作为安全感的一个层次，显然人们在实现目标、获得成功时获得的是一种"控制感"，只有当自己有能力控制局面、控制周围环境甚至完成任务的时候，才会真正获得一种安全感。这种游刃有余状态的形成不仅仅是技艺成熟的结果，更是一种控制感的体现。学校教育中，学校应该为中学生提供足够的机会，不断地去提高他们的控制能力，使学生通过完成不同难度的任务来积累经验，最终获得一种胸有成竹的安全感。数字化世界之所以让一些中学生沉迷其中，主要原因在于它能够满足中学生的某些需要。比如在网络游戏中，一些中学生能够获得成就感。在学校教育实践中，有些人往往把沉迷于数字化世界的学生和"坏学生"或者"心理健康状况有问题"的学生联系在一起。实际上，学生对数字化世界的沉迷往往是由于这部分中学生一些重要的需要没有获得很好的满足。在学校生活中，目标的实现及其所带来的成功感是一种比较重要的成长因素。目前受到中学生喜欢的游戏往往都是角色扮演、竞技类游戏，这些游戏能够在一定程度上满足中学生的成就感。由于这些游戏具有更多的去目的性，中学生常常对这种"随波逐流"的数字化生活既兴奋又愧疚。至少在目前的状况下，中学生在数字化世界中无目的的行为所占的比重很大。如果一名中学生能在生活中获得大量成功的积极体验，那么他就能获得更强烈的目标感和自我充实感，而不至于在数字化成长中处于一种目标的缺乏状态和对成功感的饥渴状态。

二、自我意识的觉醒

自我完善的起点——自我的诞生，笔者把这一诞生的过程称为自我觉醒。只有当一个人随时随地意识到自己存在的价值的时候，自我完善的过程才会真正启动。幼儿心理学和发展心理学比较关注自我觉醒等问题，研究发展心理学的学者认为，两三岁的孩子基本上能够把自己和他人区分开来，这就宣告着主我的诞生。这种自我觉醒被称为第一个层次上自我觉醒，对于一个智力正常的人来说，这一步会随着自我成长而自然实现。此后随着年龄的增加，在主我的基础上出现了一个宾我，一个人能够反思到自己的存在，能够让主体我去监控客体我的行为，一个"我"分裂成两个"我"之后，主我和宾我不断发生作用，主我不断调节宾我。这一层面上的觉醒称为第二个层次的觉醒。大部分人的自我觉醒程度大致就处于这样的一个层次上。处于第二个层次的自我觉醒中的人们，主我和宾我长期处于一种互相挑战的状态。宾我是缓慢变化的客观存在，而主我需要通过意识的力量去影响宾我。人与人之间之所以存在差异是因为主我发育程度不同。主我发育得越好那么其意识性越强；相反，主我发育程度低的人对宾我的意识是微弱的，甚至在某些情况下主我的力量受到复杂的现实生活的压抑，处于一种无意识状态，缺乏主见，随波逐流。只有一小部分人突破第二个层次进入了第三个层次，主我已经能够稳定而有序地调节宾我，意识到我的存在具有独立意义，自身是不同于他人也不依附于其他任何人的独立个体，认识到自己存在的独特价值。达到这个层次的自我觉醒的人能够稳定地意识到自己是自己人生的主宰者，无论外在的影响力量有多大，他们都会一直坚持独立思考和判断，而且对于自身的认识和判断有着充分的信心。自我的觉醒是一个连续性长期的过程，而且存在明显的个体差异性。有的人完成的早，而有的人直到中老年时期才能完成，甚至有些人终生都没有完成第三个层次上的觉醒。在某些文化中，因为政治、宗教等方面的原因，系统的意识形态的作用压制主我的发育，降低了自我意识的作用，这样做最终会形成大批依附性极强的人。

数字化成长丰富了中学生的实践形式，在虚拟实践活动中，中学生能够从活动中获取对于自身的认识，体验到自己独立存在的价值，学会有意识地去挖掘自己的潜力并保持自己人格的健康完整的状态。中学生进入数字化世界一方面要消除"不思"的状态，在数字化成长中保持自我意识，另一方面要学会广泛利用数字化资源、参与数字化活动，以激发自我完善的动力。

从人的自我完善发生的角度来看，中学生至少可以通过四个方面的努力来推动自我意识的觉醒。

（一）机能层面的自我意识觉醒

儿童心理学家对自我意识进行了大量的研究，并取得了丰硕的成果，不过他们的研究对象大部分是 3 岁以前的儿童。1 岁以前的孩子缺乏自我意识，无法做到将主体与周围的客体分开，甚至不能够认识到哪些是属于自己的，所以人们经常可以看到七八个月的婴儿咬自己的手指头、脚趾头甚至把自己咬哭的现象。伴随着其逐渐成长，他们逐渐地认识到自己的手脚是自己的一部分，他们有了自我感觉，学者将自我感觉称为自我意识的最初级形式。1 岁左右的孩子能够把自己的动作和对象的动作加以区分，认识到自己和物体的关系，认识到自己的存在和自己的力量，并逐渐有了自信心。随后儿童可以叫出自己的名字，只是如果别人和自己名字相同的时候，他们会感到混乱。因为他们的意识还不能区分所叫的名字是他人，还是自己。2～3 岁的儿童，掌握代词"我"是自我意识萌芽的最重要标志之一，他们开始频繁使用"我"这个词，认识到哪些东西是自己的，不允许别人动自己的东西。再往后，他们还可以用"我"这个词来表达自己的愿望。儿童心理学家的研究常常止步于此，他们没有意识到对儿童下一个阶段的研究更为重要。在下一个阶段，儿童会进行有意识的活动，并形成一种自我的责任感。比如，儿童逐渐意识到这些话是自己说的，这些行为是自己做的。慢慢地，在自我意识中弄清自己这么说的理由、这么做的动机。日常生活中，人们常常批评一些儿童"做事不经过大脑"，并认为"做事不经过大脑"的成年人是不成熟的，显然"不经过大脑"是一种自我意识不足的表现。内部语言在这种觉醒中起到了重要的作用，移情能力的养成则是自我意识的一个重要阶段。自我意识觉醒的人无论在语言上还是行为上都更具有明确的目的性，很少出现头脑发热或者意识失控、意识麻木的情况。"我思故我在"非常适合用来描述人的意识状态，生物层面的自我意识的觉醒就是从一种蒙昧状态进入"我思"状态，存在性的"我思"往往关注的是我是谁，我从哪里来，我到哪里去，现在的行为对自己的意义是什么，自己的行为是否增益了我存在的意义。数字化成长必须消除那种发泄、享乐、逃避和打发无聊状态的情况，这些情况下的虚拟行为对人的自我完善没有实质性价值，甚至还可能会产生负面影响。

（二）认识层面的自我意识的觉醒

发展心理学家把自我认识作为自我意识的认知成分，认为自我认识是自我意识的首要成分。部分心理学家则把自我意识作窄化的阐释，将其定义为自己对自己长期的、稳定的意识。显然这个意义上的自我意识是自我认识的条件性因素。在人的自我完善视域中，人的自我认识一定是一个长期的、延续性的认识过程，在这个过程中自我意识在不间断地起作用。自我意识的高级阶段就是人必须对自己的语言和行为有清晰的认识，这种清晰的认识过程为自我认识的第一个层次——自我观察作出了铺垫。自我认识是一个自我观察、自我分析、自我评价、自我反馈相互衔接的过程。在现实中，中学生在自我认识上最大的问题就是，他们一提到自我认识就以为自我认识可以是一个一次性或者短期性悟道的过程，认为所采用的方法无非是分析自己的长处和短处。这种认识是片面和肤浅的，并不能称之为真正的自我认识。真正实现自我认识的关键是养成一种自我认识的习惯。人的自我认识可能是一辈子的事，这种自我认识的过程远远要比认识的结果更重要，这种长期的过程本身就是一个让自我更透明的过程。生活中有一些人通过写日记三省吾身等方式帮助自己形成这种自我认识的习惯。数字化世界是一个更加可视化的世界，Facebook（脸书）、微博、微信等工具起到了将自身行为显性化的作用。它们会记录下一个人的活动轨迹，通过对这些活动痕迹的总结反思可以帮助人们消除数字化行为中的无意识状态，让人们尝试有意识地把握和调节自己的行为。

（三）人格层面的自我意识的觉醒

每个人都会在实践中建立自己的完整人格，自我完善的人能够清晰地看到自我形象。自我形象在这里指的是，真实形象和不断调整中的理想形象的一个整体结构。自我认识到了一定的程度，人们可能会发现认识自己是一件越来越困难的事情。人们在自我评价和自我反馈的过程中越来越认识到自我的复杂性，并开始产生疑惑：自己也不知道自己是积极的还是消极的，是善还是不善的。比如，有人认识到自己喜好安静，那么这种安静是需要继续保持还是应该加以改造？如果需要改造的话，那么改造的程度应该是多大才合适呢？其实，从最普遍意义上来讲，喜好安静既可能是一种优点也可能是一种不足，这要看处于什么样的行动之中。人的长处、短处总是相伴而生的，有时候还互相依存，有时候长处和短处的标准随时可能发生变动。当前的教育走入了一种误区，即将人性中正向的一面和负向的一面一刀切地处理，导致培养出大量远离本性、没有自我的人。显然，基于这样的诸多现象，应该积极推动进入自我觉醒的第三个阶段——自我形象的构造。其实，人格层面自我意识的觉醒显得更加重要。人性研究确实是一个复杂的问题，人的每一个特点（尤其是所谓正向的特点）的存在往往都是有代价的。人的自我完善的过程就是形成合适的自我形象的过程，借助自我形象的完整性来判断身上哪些地方需要保留乃至发扬，哪些地方需要改造和重塑。自我形象的构造既要以自我认识为基础又要不断加深自认识，让人们可以意识到其丰富性。数字化世界让人们可以近距离观察和了解各种不同的人性和人生，了解不同的人在不同的生存境遇、工作岗位、地理条件下的人格形象，这对塑造自我人格形象是有积极作用的，因为只有获得了更多的其他人的经验才能够更充分地塑造自我。

（四）自我同一性的形成

埃里克森把人的发展划分为八个阶段，每一个阶段都有一组突出的矛盾和一项需要完成的主要任务。他认为在第五阶段，即青春期（12～18岁），主要矛盾是自我同一性和角色混乱的冲突，主要任务是建立自我同一性。埃里克森在1963年《儿童期与社会（修订版）》中对自我同一性进行了精彩的描述，"这种同一性的感觉也是一种不断增强的自信心，一种在过去的经历中形成的内在持续性和同一感（一个人心理上的自我）。如果这种自我感觉与一个人在他人心目中的感觉相称，很明显这将为一个人的生涯增添绚丽的色彩"。自我同一性涉及需要、情感、能力、目标、价值观等多方面的共同整合，这种整合需要以长期的自我认识、自我形象的塑造为基础。对于每个人来说，早年自我的混乱、自我的分裂、两面性、多面性是一个普遍的现象。自我同一性的获得则是在长期的生活实践和学习过程中通过自我调节而逐渐实现的。中学生在自我同一性形成之前各阶段存在的不足会影响到自我同一性的形成。数字化成长让多重自我问题凸显，对于一个健康的人来说，多重自我是一个完整的自我在不同侧面的表征，现实中的自我和赛博空间中的自我有着强烈的关联性，当这种关联性从潜意识层面进入到意识层面越多，人的自我完善状况就越好。

三、自我意向的建立

对外在世界的认识与自我认识是相伴而生的，如果说自我觉醒是一种自我完善的内在体现的话，那么认识世界及和整个世界形成合宜的关系、寻找自己人生的定位、树立正确的人生价值取向和正确的人生目标则是人的自我完善的外在体现。自我完善主要是在处理我与我之外的事物之间的关系中形成的。自我完善具有历史性和现实性的双重特点，自我完善的过程必须以外在世界的存在作为前提。不然，所谓的自我完善只能是空中楼阁，毫无现实性可言。对外在世界的认识并非那么简单，有些人在对外在世界有了一些认识之后出现了自我异化，他们被外在世界吞没，而有些人则可以在处理自己与外部世界关系之中获得真正的自我完善。本书通过研究人们获得自我完善的过程，让人们发现认识外在世界也是有章可循的，具体做法如下。

（一）建立对于世界的感性认识

人们每天都在观察和认识所处的世界，而我们有必要对这种认识的过程进行研究。不可否认，几乎所有的认识行为都是建立在对过往的日常经验的积累之上的，实际上这些过往的日常经验往往受旧有思维模式、自身文化结构等方面的影响。在这些因素的影响下，人在认识世界的时候仿佛戴上了一副有色眼镜，所看到的世界已经距离本真越来越远了。一些人对许多日常的现象视而不见，因为在经验中这些现象是不值得关注的，但是偏偏有些人能够看到这些现象，尝试重新解释这些现象，甚至根据这些现象作出一些新发明。马斯洛所提出的自我实现的人的特点中就有一条"对现实具有高度的觉察力"，而且他解释这种所谓的觉察力主要表现在，他们能够根据事物的本来面目去认识事物，因为他们的匮乏性动机比较少，能够排除一些主观性的干扰。但不少人很难脱离直接经验和间接经验的影响，这就意味着他人的观点、本人的文化习惯、个人成见起着非常大的作用。认识到这一点，就必然清楚了用"自己的眼光"看世界的难度。许多人本主义心理学家采取的思路就是，先找出认识的屏障，然后逐步破除这些屏障，最终获得本真的认识。比如，匮乏性动机容易导致人们认识上的失真，那么就应该尽力消除这种匮乏性动机，而且建立安全感首先也要消除匮乏性动机。社会文化会影响人们对世界真相的认识，那么人们对社会文化就应该保持一种审慎的批判态度。就今天看来，我们不可能完全摆脱这些限制性因素，只能做到对原来的思维模式进行反思和扬弃，至少认识到自己的思维受哪些因素局限，做到在认识世界的过程中保证内在认识行动的澄明，能够清晰地看到我们思维模式的局限及存在的制约因素。

（二）改善个人与世界的关系

个人与世界的关系绝不是简单的服从、支配或者平等的关系，对于每一个具体的人来说，他与世界的关系都是具体的。这个世界能够给予人们什么？如何获得世界所给予的？依靠什么立足于这样一个世界？在这个世界立足的意义是什么？这些都是个人与世界关系的具体问题。将自己与世界的关系武断地理解为服从或者支配的关系是一种常见的错误认识，这种模糊化的处理其实是一种系统化的成见。人们一旦形成了这种思维就会在理解个人与世界关系的时候去生搬硬套而不是去具体分析，最终不能认识到个人与世界的那种紧密而又变动的互动关系。数字化世界是一个无形的世界，它施加给人的影响极其深刻但又不外显，数字化世界又是一个碎片化的世界，个人与数字化世界之间的关系是一种共生关系。因此，我们要不断地加深对个人与数字化世界关系的理解，不断地去调整认识，并且反思这种关系的状态。体察个人与世界的关系需要在参与实践的基础上来实现，因为人们与世界的关系总是通过一定的实践形态来构成的。人们只从一些文字、图像、观念等信息中去了解这种关系容易被各种因素干扰，因此人们应该尽可能去参加实践，尤其是要关注实践的类型、深度和性质。对人与世界的关系的理解不能全靠个人心智，而更应依靠人的实践。当中学生通过自己的努力作出了有益于这个世界的行动的时候，而这种努力又得到了别人的认可和尊重时，中学生就会更直观地认识到个人与世界的关系。当然，并非中学生的所有行动都是积极行动，个人的某些行动有可能与世界产生冲突，这就需要借助外在力量并发挥个人的调节能力来避免。个人与世界关系的状况对自我结构有很深的依赖。自我结构完善的人往往与世界的关系更为和谐。在现实生活中，调节个人与世界关系的过程本身就是一个改善自我结构的过程。当个人行为与世界发生冲突时，人们应该进行自我反思。自己与世界的关系在某种程度上就是衡量自我完善状况的一把标尺。如果对世界感到恐惧，这就意味着内在自我遭受某种威胁，自我应该积极采取行动进行应对；如果在与他人相处的过程中感到自卑，说明仍然需要进一步挖掘自己的潜力，以建立自信。如果个人与世界的关系出现问题（如自我适应不良），那么首先应该进行自我反思。调节个人与世界的关系的时候，个人必须先明了这个世界对于自己意味着什么，自己可以从这个世界中获取什么，而自己对世界又意味着什么，自己能为这个世界创造什么。要通过不断的尝试和摸索去寻找到自己在世界中最适宜的位置，而不是盲目地在这个极其复杂的世界中去寻找所谓的"好位置"。

（三）体会自我存在的价值感

自我存在的价值感是自我的潜力、生命和精神经过外化、对象化而得以实现的结果。因此，人们缺乏价值感并不仅仅是因为思想上的认识不清，而是整个生活状态的颓废。自我价值无法通过思想上的构想或者理论上的灌输来实现，而必须通过创造性的实践产生出某种实体化、可以确证的成果来实现。而实践的过程从本质上就是人们通过个人力量改造外部世界的过程。一些人在数字化世界中很容易获得价值感，比如成为游戏中的赢家，成为某个论坛的"大神"，发表一个转载率很高的微博，结交了很多网友。这种价值感对于某些人来说是好事，因为如果数字化世界的价值感能够很好地渗透到现实生活中，就可以提升他们整个生命的价值。自卑、自我怀疑、自我否定等心态是自我价值感的大敌，快速消除这些因素的办法是通过一些心理学的方法实现心态的调整，而最有效的办法则是能够完成之前不能完成任务。人们对自然世界和人造世界的改造程度越深，对内在心智的锤炼越多，对自身的认识也就越多。当然，人本主义也提及参与不同的实践活动对个人生命价值感的影响是不一样的，那些高峰体验往往出现在人们实践活动最符合人性或者最接近于真正自我、自我认同程度最高、潜能发挥到最大程度的时候。比如，人们去练习不感兴趣的技能的时候，即使取得了成功也很难获得较高的价值感，而如果能够完成之前的计划，即便只是一点点微小的进展也会让自己获得较高的价值感。

（四）利用数字化技术完成价值实验

数字化空间的建设从根本上为人类创造了一个广阔的实验场，在这里不仅可以模拟各种物理、化学实验，而且更重要的是，它预示着一种新的实验形式将会出现——人生价值实验。人们在日常生活中有人生价值实验的雏形，如儿童的"过家家"游戏，这种实验的价值更多地体现在生活技能、人际交往层面，而数字化世界的人生价值实验的意义将会延伸到人生追求的根本层次。数字化世界中的角色扮演游戏是一种比较初级的人生价值实验，过分的娱乐性和休闲性往往降低了这种活动对于人的自我完善的影响，而且这些游戏内含的价值观念也会对人产生不易察觉的隐性影响。一些人在数字化世界里通过体验日常生活中其他不同的角色，就能体会到新鲜感。一些人在数字化世界里成为公益活动的发起者，一些人成为网络社团的管理者，有的人成为网络写手，有的人在数字化世界里创作或演唱歌曲，有的人成为数字化世界的"小科学家"，有的人成为数字化世界里的"小商人"，有的人成为数字化世界里的"小老师"。中学阶段，如果一个人在有限的时间内通过网络生活参与了不同的人生价值体验，并从中寻找到个人的乐趣，触发了个人的兴奋点，发现了自己的潜力，那么他就在人的自我完善的过程上迈出了一大步。一小部分中学生在数字化空间中扮演着丰富的角色，如同《数字化成长（3.0版）》所描述的那样，一些有才能的青少年已经成为数字化世界里的游戏制作专家、小歌手、小社会活动家，但大部分中学生还只是他们的粉丝和他们的产品的"消费者"。

四、自我超越的实现

苏格拉底认为，"未经省察的人生是没有价值的"，这里的"省察"其实是对自我意识的一种超越，对自我意识的一种意识，可以将其称为"反思"。舍恩把反思分为行动中反思（reflection-in-action）和对行动的反思（reflection-on-action）两类。[①]前者是在行为过程中的一种思考，后者是指可以在行为之前进行思考也可以在行为之后进行思考。前一种反思往往是一种对行为的"意识"，即在行动中反思，这个层次的反思在上文已经进行了阐释，后一种反思是一种对行动的反思。这种反思的目的是构造一个超越个人现实的精神世界，通过丰富的精神生活引领人的自我完善走向高度自动和自由。这里的精神活动是一种寻求自我超越的活动，并不是像日常欣赏艺术作品那么简单，只有人们对自身行动进行反思才能称为精神活动。许多后现代主义者认为，当下是一个精神之花不断凋零的时代，尤其是数字时代的来临更加剧了这一状况，这种凋零与太多的主观的、客观的现实因素相关，但从教育学视角来看，人们对精神的认识出现了偏差是其中一个非常重要的原因。以数量取胜、整齐划一、科学至上为特征的工业时代已经严重抽空了人们对于精神追求的兴致。数字时代的初期，符号的成批出现强化了工业时代产生的批量生产能力，大量的复制作品代替了真实生命的个性化创造，精神生活依旧处于被边缘化的地位，这正是当代人自我完善的背景。自我完善不能成为一种后现代主义提出的彻底解构，而应该首先是一种实验和探索式的创造。以行动为基础的对于生命质量的反思是人们对于"现代之后"的艰难处境的一种突破，是在一种更广阔的空间中寻求自我价值。后现代主义揭露的人类悲剧就在于个体的无限解构，相反，人们需要通过反思的方式将个人回归到行动中、回归到人群中、回归到人类中、回归到历史中，人们通过重新发现和体验个人的价值，来重新建设一个丰富的精神世界。精神成长不能凭空发生，而是需要借助一定的资源来完成。这些资源必须满足两个条件：一是与个人活动有一定的相关性；二是通过参与活动，能够提升自身价值。行动、人群、人性、历史都是促使人们进行反思的精神资源。

（一）在基于个体行动的反思中实现超越

人们在行动过程中应学会思考，如思考如何去完成这个行动并达到预期的目的，这种思考对行动的成果会产生至关重要的影响，但这种功利性的反思并不能很好地促进人的自我完善。只有人们的反思行为对个体生命是否有意义，并将这个行动回放到个人完整的自我之中去，才能重新认识到这一行为的价值。如果一名足球

[①] 唐纳德·A.舍恩. 反映的实践者：专业工作者如何在行动中思考. 夏林清译. 北京：教育科学出版社，2007：45. 原文译为"反映"，大陆学者更通用的是"反思"。

运动员反思的只是如何踢好球以及踢好球可以获得多少物质报酬，这只会促使他提高自己的运动成绩；如果他能够领悟到足球运动超越物质报酬之外的价值的时候，他将会逐渐成为一个有职业精神和足球信仰的人、一个远离异化而趋于完善的人。中学生在学习过程中如果仅仅关注一道题、一次考试的得失，却没有从整个生命意义中去反思这些行为，从根本上来说，这样的中学生是被动的中学生，在长期的学习过程中将无法形成自我驱动。数字化世界有一个突出的优势，就是人们的行为能够被记录和保存下来，这就为自我反思创造了条件。如果人们对自己较长一段时间的数字化行为进行系统反思，就可以从直观上理解生命发展的轨迹，从而获得自我超越。

（二）在基于人群命运的反思中实现超越

精神世界的反思有助于超功利精神的养成和超个人精神的养成。一个人如果完全局限于个人的利益，那么这个人必定是封闭的，并将妨碍自我的进一步完善。只有在与他人交往过程中，个人才能更多地去了解他人的想法，才会知道每个人的价值，才能认识到自己和别人之间平等又独立的关系。与他人在交往中进行反思，将会获得一种自我结构的开放。西方国家的一些成功人士早年通过奋斗来积累资源，晚年往往会成为慈善家。这种看似自我牺牲的行为其实是一种自我开放和自我超越的行为，因为只有当个体生命的意义被不断体现出来的时候，人才会不断获得自我完善。如果仅仅局限于从"小我"认识自己的价值，则只能通过个体享受获得快感或通过完成某个行为而获得成功；而与其他交往中进行反思则可以认识到自己行为之于群体的意义。数字世界让更多的人更紧密地联系在一起，人们应该反思自己在数字化环境中与他人的关系，了解自己在数字化世界中的位置。中学生可以借助网络技术通过社交工具、信息分析工具去增强自己对不同人的理解，在数字化环境中提升对不同职业、不同身份、不同境遇的人的理解，以便在更广阔的范围中发现自身意义。

（三）在基于真实人性的反思中实现超越

人类具有一些共同属性，如人性，人性既包括超我部分也包括本我部分。人们从行为本身的角度，可以确立自我的某一部分价值；从人群的角度，可以确立自我更大的价值；从人性的角度，可以发现自我更突出的价值。冒险家为了征服高山和大海甘愿冒生命危险，而这种行为之所以对于人的自我完善有一定的价值就在于，它是人类对战胜懦弱、恐惧的尝试。如果通过反思，人们能够认识到自己的缺点和优点，必定能够加深自己对于个体生命的理解，将个人从"小我"中解放出来，融入开放的自我之中。数字化环境仿佛人性的放大镜，人性被更加鲜明地呈现出来，人们可以更清晰地看到人性中的丑，也可以更清晰地看到人性中的美。在这种复杂的环境中，中学生的反思是为了更好地认识到人性所能够达到的境界，体会自己在复杂人性中的坚持，更清晰地认识人性在自己身上的反映，从而获得自我澄清和自我超越。

（四）在历史的反思中实现超越

人的精神成长，不能仅仅把当下正流行的文化作为精神资源，还应该在历史的海洋中获取更丰富的体验。历史中蕴藏着大量对了解个人价值和人类命运有价值的人物、事件。如果以个人为坐标就容易认识到个人行为之大，如果将个人行为放在历史的海洋中，那么就会发现自己是很渺小的。只有站在历史长河中去进行自我反思，才能明确自己的发展方向。在历史长河中进行反思有助于人们在日常生活中消除琐碎事务所带来的迷失感，激发自我完善的自觉性，使自我完善具有更强的动力。从自我完善的角度，数字化环境中流行的历史题材的戏说作品最大的弊端就在于，戏说作品的历史深刻性不足以刺激中学生进行深刻反思，也就意味着它无益于人们对自我进行重新认识，不能为自我完善提供有益的资源。数字化环境可以为中学生提供更多机会去接近历史，只是他们需要通过反思发现数字环境中流行文化的弊端，建立更深刻的历史感，才能找到正确的发展方向，从而在历史长河中找到自己的位置、发现自己的价值，使自我突破局限性，从而获得更好的发展。

第三节　数字化成长中自我完善的"中国特性"

高尔基认为，人生的意义就在于人的自我完善。这是一个具有真知灼见的观点。在数字时代，人们越来越认识到虚度光阴和拒绝成长都会对人生产生消极影响。后工业化社会，不存在任何给定的意义，人们只能通过那些能够激发个人潜力甚至人类潜力的实践活动来寻找人生的意义。在这种不断创造美好世界的过程中，从人性之中及个人自我中发现个体存在的理由，人们在创造活动中创造了新的自己。就如海德格尔所说的，"只要人生此在一息尚存，他就不会像一个对象那样成为一个做完了的、完整的人，结束了的东西，而是永远向未来开放的，充满了各种可能性的东西"[1]。2018年4月20~21日，习近平在全国网络安全和信息化工作会议上强调，"信息化为中华民族带来了千载难逢的机遇。我们必须敏锐抓住信息化发展的历史机遇，加强网上正面宣传，维护网络安全，推动信息领域核心技术突破，发挥信息化对经济社会发展的引领作用，加强网信领域军民融合，主动参与网络空间国际治理进程，自主创新推进网络强国建设，为决胜全面建成小康社会、夺取新时代中国特色社会主义伟大胜利、实现中华民族伟大复兴的中国梦作出新的贡献"[2]。建设"数字中国"已经成为中华民族的共同目标，以人民为中心的数字化建设理念赋予了数字化成长的中国特性，数字化成长将给予中学生特殊的获得感。

一、数字化成长中的自我完善有利于改善人的生存状况

今天人们已经越来越多地认识到生存和成长的共生关系，生存是成长的前提，而成长将会创造出更理想的生存状态。生存不仅是生命的存续，还是一种生命价值的创造。如果这个过程没有伴随着人的成长，那么生存的意义将止步于前者。生存和成长在这个意义上是同构的，人如果没有成长就会处于外部世界的威胁之中。在数字时代，这一点将表现得更加鲜明。数字化成长意味着人在一个无比开放的数字海洋中生活，如果不努力做到自我完善，做自己命运的主人，冷血的机器、信息的"洪流"随时都可能吞没我们。数字化成长既是福音，人们可以享受数字化提供的所有极具想象力的便利；同时数字化成长也是一种挑战，人们将随时面临失去自我的危险。化被动为主动，让挑战转化成积极因素的唯一办法就是通过自我完善建立一个足够强大的自我。

具体而言，数字化成长过程中的自我完善从不同的方面为人的生存提供了更加坚实的保障。一方面，人通过自我完善让自己在数字时代的基本需要得到了更好的满足。马斯洛于1943年在《人类激励理论》中把需求分成生理需求、安全需求、爱和归属感、尊重需求和自我实现需求五类，依次由较低层次到较高层次排列。其实，马斯洛认为，在自我需求获得满足后还有自我超越需求（self-transcendence needs），但学界通常没有将此作为马斯洛需求层次理论中必要的层次，后来有的学者将自我超越需求与前者合并。人的自我需求的满足不能靠外在的施舍而要靠自身

---

[1] 吕迪格尔·萨弗兰斯基. 海德格尔传——来自德国的大师. 靳希平译. 北京：商务印书馆，1999：204.
[2] 姜晨. 习近平出席全国网络安全和信息化工作会议并发表重要讲话. http://www.gov.cn/xinwen/2018-04/21/content_5284783.htm[2018-04-21].

的争取而获得，争取方式可以分为两种，即不健康的方式和健康的方式。那些以牺牲自身的正当属性（如牺牲自由、牺牲身体等）来获取某些需要的方式是应该摒弃的，而通过健康的方式挖掘自身更大的潜力来创造性地满足自我需要的行为是应该追求的。另一方面，自我完善让人与周围世界的关系得到协调，从而创造了更好的人际关系。工业时代，严重的环境污染鲜明地反映了人在自我完善上出现了偏差，人们太单一地关注自我而忽视了自我和环境的关系，最终由于环境污染，给人类成长和生活带来了不良影响。数字时代，我们应该通过自我完善建立一个更自信的自我，用积极的心态面对自然、社会和数字化世界（包括技术环境），既不屈服也不对抗，在参与性的互动中保持一定的张力。

二、数字化成长中的自我完善有利于改进人的生活方式

数字化进程初期，中国人的生存方式中出现了一些"反生存"现象，如对生存环境的破坏（其背后代表的是一系列的奢侈、唯我、腐败的生活方式），对生存意义的贬损（其背后包含的是一系列的享乐主义、平庸主义的生活方式），对生存形式的缩减（其背后包含的是一系列形式主义、动物似的生存方式），对生存能力的压制（其背后包含的是一系列功利主义、目光短浅的生活方式），等等。生活方式的危机由来已久，数字时代的来临放大了这一危机，自从尼采宣告"上帝死了"，福柯宣告"人之死"之后，西方人的价值观崩溃了，陷入了意义的迷失之中。从五四运动宣告中国文化中旧有的价值体系的破产，到改革开放以来古今文化、中西文化思潮的碰撞，中国人越来越对个人发展感到迷茫。近年来，体现游戏人生、颓废人生、荒唐人生的事件时有发生，一些事件还指向当代中国人自我完善的问题：不同年龄的人沉迷游戏、宁愿坐在宝马里哭、为出名不择手段……之所以出现上述情形，是因为这些往往与当代人生活方式的整体状况息息相关。

改变上述状况并非一朝一夕的事情，只能在漫长的自我完善中不断前进。人的自我完善意味着自我潜力得到挖掘，基本需要得到创造性满足，人的生命意义得到提升，精神世界得到升华，在这些条件的基础上，人的生活方式的改变是顺理成章的事情。人们的生活将由消费型生活方式向生长型生活方式转变，从物质型生活方式向多元型生活方式转变，从适应型生活方式向超越型生活方式转变。

三、数字化成长中的自我完善有利于提升人的生命价值

如果某种生存状态能让人们感受到生命存在的价值，而且能不断引领人们体验

到未曾体验过的生命价值，那么笔者认为这样的生命存在方式一定是一种较为理想的生命存在方式。自我完善的本质就是"让人成为人，让人成为真正的自己"，而这正是数字化成长的终极追求。人类文化史从未间断过对"我是谁""我从哪里来""我到哪里去""我为什么活着"这类问题的追问和思考。可见，人类对生命存在的价值问题极其关注。无论是中世纪寄托于上帝来寻求意义还是文艺复兴以来那种争当强者获得的意义都已经在历史长河中走向枯竭。从自我完善的立场来看，生命的意义必须从人性（人类的本真）和自我（个体的本真）中去挖掘，在创造性的社会实践中去体验。首先，人只有通过自我完善建构出良好的人性才能将人与动植物区别开来，这个人才能感受到人类在整个世界中的独立意义，感受到人之为人的乐趣。其次，人只有通过自我完善构建健康的自我，才能在与他人交往过程中找到自己的存在感和价值感。

在教育学领域，人们通常把人类生活的世界分为物质的世界、情感的世界和精神的世界。随着数字时代的到来，一个虚拟的世界出现了，人的存在贯穿于上述世界中，生命的意义也分别体现在每个世界之中。生命价值缺失的人往往只能在某个世界或者一两个世界获得乐趣，而且将这一个世界获得的体验误认成整个生命的价值，所以其生命价值感就出现了偏差。数字时代的自我完善就是要通过自身的努力，让自己从最初的物质世界抵达数字化世界及精神世界，从而体会到生命存在的更高价值。这种生命价值的提升不仅有利于个人发展，还有利于整个人类社会的发展。

第四章

中学生数字化成长中自我完善的现状调查

至此本书已对自我完善的人的特征作了精细的勾勒,研究了数字化成长过程中人的自我完善的应然状态。此处,笔者将采用实证调查的方式对我国中学生目前在数字化成长过程中的自我完善的实然状态进行研究。

第一节 中学生数字化成长的调查设计

本书主要采用问卷调查法获得了相关数据,使中学生数字化成长过程中自我完善的相关问题显现。然后通过对统计上有显著意义的结果进行分析,并辅之以相关的个别案例(经过核实的社会新闻)和访谈资料探究微观层面的复杂性。显然,由于自我完善状况的复杂性,本部分的研究并非严格意义上的以样本推断总体为目的的实证调查,而是一种定量研究和定性研究相结合的综合性研究。

一、调查目的

最近几年,从媒体报道来看,中学生在数字环境中的自我完善出现了一些问题,如沉迷网络无法自拔,受网上不良行为、不良信息的影响出现违法犯罪行为,等等。这些事件大多是以单个孤立事件出现的,而新闻更多关注的是新闻事件本身。笔者试图通过一定的调查分析让这些问题显现,并构成一个问题群,因此本书不仅关注这些表象问题，还要挖掘这些问题背后所反映出的中学生的心理世界。

笔者并不是通过对样本的分析来推断全国或者某个省（自治区、直辖市）中学生数字化成长中自我完善的全貌。笔者的主要兴趣点在于，尽可能发现中学生在数字环境中自我完善过程中出现的问题，以便为下文的相关研究提供背景材料。

二、调查对象

在本书中，"中学生"包含我国 31 个省级行政区（因数据所限，不含港澳台）的初中和高中学生，这些中学生在普通中学或在职业中学就读，所在地分布在城市、乡镇和乡村。本书的研究对象虽然非常明确，但总量极为巨大且分布范围较广。如果将全体研究对象毫无遗漏地纳入调查范围，获得的结论将最具普遍意义。但在研究对象总量过于庞大的情况下，使用这种调查方式非常困难，因此只能抽取一定数量的对象作为样本进行研究分析。

样本规模的确定是实施问卷调查的重要一环。样本的规模不仅关系到样本本身的代表性，还要受到人力、物力等方面承受能力的限制。如果样本规模太大可能因为人力、财力无法承受而难以完成，如果样本规模太小，可能会严重影响调查的效果。一般情况下，抽样调查中样本规模的确定主要受四个方面的影响。①总体的规模。一般而言，总体的规模越大则要求样本的规模也越大。但若总体规模达到一定程度，其他因素保持不变的情况下，样本规模的改变对调查结果的影响不明显。②推断的可靠性和精确性要求。显然，在其他条件恒定的情况下，对推断的可靠性和精确性要求越高，那么需要的样本规模就越大。③总体的异质性程度。同质程度越低的群体中，个体的各项特征分布得比较分散，只有更大规模的样本才能反映总体的基本情况。④调查者所拥有的人力、物力、财力和时间。在总体规模庞大、异质性程度较高的情况下，就需要选择规模较大的样本以便于较为精确地推断总体的样貌。描述全国中学生在数字化世界中自我完善的真实状况并不是本书的首要目的，本书的目的是借助此次问卷调查来检验理论的有效性，并尽可能发现中学生在数字化世界中存在的自我完善的问题，所以在样本容量不够大的情况下降低了对推断的可靠性和精确性的要求。

在实际的样本选择中，笔者选择刚入学的高校新生作为研究对象，并开展抽样调研，让他们通过回顾中学时代的情况来填写本次问卷，这样做是为了回避中学阶段六个年级的学生因为年龄的差异性而导致样本规模的急剧增大，同时将每一个调查对象的六年中学生涯作为一个整体进行研究，以便于分析这些学生六年中的动态变化过程。综合考虑各方面因素，笔者将高校分成三类：重点本科院校（现属42所世界一流大学建设高校）、高职高专院校以及介于两者之间的其他普通高等院校。在全国的重点本科院校中随机抽取的4所重点本科院校分别是中国人民大学、同济大学、中山大学、南京大学。4所高职高专院校分别是甘肃建筑职业技术学院、郧阳师范高等专科学校（后升格为汉江师范学院）、贵州工程应用技术学院（原毕节学院）、长沙民政职业技术学院。四所普通高等院校为北京工业大学、扬州大学、湖北第二师范学院、四川外国语学院。从抽样的结果来看，兼顾了不同类型的学校，覆盖了东部、中部、西部地区，总体而言笔者抽取的样本能够反映不同类型中学生数字化成长的状态。笔者在抽取的12所样本高校中各随机抽选了100名大学一年级新生进行调查（表4-1）。

表4-1 被调查者的分布情况

属性	分类	人数/人	比例/%
性别	男生	496	46.4
	女生	573	53.6
专业	文史类	326	30.5
	理工类	691	64.6
	体艺类	52	4.9
户籍	城区	400	37.9
	镇区	172	16.3
	乡村	484	45.8
地区	东部	336	34.3
	中部	292	29.9
	西部	350	35.8

注：被调查者中有13人未填写户籍，有91人未填写自己中学所在省份。

我们在12所高校发出问卷1200份，收回1097份，回收率为91.4%（以下比例计算结果均为约数），其中有效问卷1069份，有效率为97.5%。在1069份问卷中，男女生所占比例分别为46.4%和53.6%；文史类、理工类、体艺类专业所占比例分别为30.5%、64.6%、4.9%；户籍所在地分为城区、镇区、乡村，学生所占比例分别为37.9%、16.3%和45.8%（其中有13名被调查者未填写户籍）；中学所在地东部、中部、西部的占比分别为34.3%、29.9%和35.8%（其中有91人未填写自己中学所在省份）。根据中学生在性别、专业、户籍上的总体分布情况，可以认定调查样本的选择是比较合理的。因此，本次调查能够在某种程度上反映出当前中学生数字化成长中的一些基本情况，能够为数据分析提供一定的事实支撑。

三、调查工具

合适的调查工具对进行有效的调查起着至关重要的作用，尽管目前国内外出现了大量调查学生网上行为的问卷，但根据所掌握的资料，笔者并未发现涉及学生数字环境中自我完善过程中出现的问题的问卷。笔者采取了自编问卷的方式进行了调查，调查问卷的主体部分主要由两部分构成。第一部分为基本情况部分，主要包括被调查者的个人基本情况和数字活动的基本情况，以填空题和选择题的形式出现；第二部分涉及数字环境中自我完善的情况，以量表的形式呈现。此部分的问题又主要分成以下几个板块：自我认识（21～30题）、现实知觉（31～40题）、经验获得（41～48题）、自由感（49～57题）、价值感（58～63题）、创造性（64～71题）、精神成长（72～74题）。具体调查问卷参见本书的附录。

四、调查过程

整个问卷调查设有确定调查目标、制订调查计划、选择调查对象、制定调查问卷、分发和回收调查问卷、分析调查结果6个环节。2013年6～8月为问卷调查的准备阶段。在该阶段，笔者首先选择了30名大学生（不限于大学一年级学生）和30名高中生进行了网络访谈，围绕数字化成长中的自我完善情况进行了比较自由的交谈，笔者根据理论研究的若干结论对网络访谈的结果进行分析，然后围绕"自我完善"这个关键词编制了90道与数字化成长相关的题目。笔者将题目提交给华中师范大学教育学院和心理学院相关研究者，之后笔者根据他们的意见进行了修改。2013年9月，笔者寻找了50名武汉大学学生进行试测，对每份问卷逐一审查并与被调查者进行了交流，并通过SPSS 17.0软件对区分度、内部一致性系数等进行分析，删除了一部分不合适的题目，将总题量定为74个题目。

问卷的分发时间为2013年10月8日至11月1日。施测前，笔者在12所学校各寻找了一名合适的调查员并进行了相关调查技巧的培训，要求他们严格认真地完成整个调查过程。在调查过程中，调查员利用大学生闲暇的时间分发问卷，清晰地说明问卷调查的目的及答题过程中的注意事项，遵循自愿的原则，让大学生在轻松自然的环境中作答。填写完毕之后，问卷由调查员当场收回。2013年11～12月，笔者对数据进行了整理和分析。

第二节　中学生数字化成长的数据分析

为了保证调查的科学性，笔者对回收的问卷进行了甄别和筛选，剔除了一些填写中存在问题的无效问卷，获得了 1069 份有效问卷（其中一部分问卷虽然部分题目填写不完整，但不影响对其他题目进行统计和分析），随后笔者将有效问卷输入SPSS17.0 软件，并用 SPSS17.0 软件进行了分析。基于调查结果，结合近几年中学生数字化发展的实际情况，笔者将分析情况呈现如下。

人类已经进入数字时代，用尼葛洛庞帝的话来说，这是一个"比特"逐渐取代"原子"的时代，在这样一个时代里，声音、影像甚至物质都可以被数字化，用"0"和"1"来表示。自 1993 年开始，网络以惊人的速度发展并渗透到全球的每一个角落，这意味着比特开始流动，而且流动的速度越来越快，数字化由量变引发了质变。数字时代中最敏感的是年轻一代，他们从出生开始就已经接触到了大量的数字化产品，并生活在被数字化所改写的时代，与那些后来才接触到数字化产品的成年人（所谓"数字移民"）相比，这些"数字原住民"对所有的数字化产品习以为常，他们把这些看成像空气和水一样自然存在的事物。中国互联网络信息中心 2019 年 8 月发布的《第 44 次中国互联网络发展状况统计报告》的数据表明，截至 2019 年 6 月，在我国的网民群体中，学生最多，占比为 26.0%。[1]

成年人总是用自己的方式去看待"数字原住民"，新闻媒体把他们描述为：一有时间就待在计算机上，走在路上也用手机上网，家庭聚会时小朋友人手一个 iPad，成天刷微博、聊 QQ、发微信、交朋友、玩游戏……不得不承认成年人和中学生之间确实存在数字化方面的代沟。因此，笔者采用自评式问卷对中学生的数字化成长的基本情况作了相关调查。

所谓数字化成长，从表层的意义上来讲是指在数字环境中成长，从更深层次上是指在数字化的时代背景中成长。但是从数字时代文化对中学生发展的影响的角度很难设计问卷，因而笔者仅仅从外显的数字化媒体的角度来设计问卷。从调查的数据来看（表 4-2），1065 份问卷（因 4 名被试初次接触网络所以未填写）中，在高考之前只有 21 人没有接触过网络，约有 98.0%的人在中学阶段及以前就接触到了网

---

[1] 中国互联网络信息中心.第 44 次中国互联网络发展状况统计报告. http://www.cac.gov.cn/2019-08/30/c_1124938750.htm[2019-08-30].

络，其中约 57.9%的人甚至在进入初中以前就已经接触到了网络。中学生数字化成长至少从形式上已经成为既定事实，而且数字化成长并不仅仅是城市中学生必须经历的阶段，农村中学生也同样深刻地卷入了数字化的成长环境之中。

表 4-2　学生初次使用网络的时间

初次使用网络的时间	人数/人	比例/%	累计比例/%
上小学之前	49	4.6	4.6
小学一至三年级	269	25.2	29.8
小学四至六年级	299	28.1	57.9
初中阶段	307	28.8	86.7
高中阶段	120	11.3	98.0
高考前未使用	21	2.0	100.0

今天的数字化产品种类繁多，如数字电视、数字广播、数字电影、DVD 等。笔者选择了计算机、手机、VCD、数码照相机、MP3 或 MP4、掌上游戏机等少数几种重要的数字化产品作为代表进行调查（表4-3）。通过调查，笔者发现手机已经普及，96.3%的中学生家庭拥有手机，63.5%的家庭拥有 MP3 或者 MP4，61.4%的中学生家庭拥有计算机，显然今天的中学生接触到数字化产品的机会比较多，包括一些功能比较单一的数字化产品，如 10 个中学生中至少有一个拥有掌上游戏机。中国互联网络信息中心 2019 年 8 月发布的《第 44 次中国互联网络发展状况统计报告》显示："截至 2019 年 6 月，我国手机网民规模达 8.47 亿"，"我国网民使用手机上网的比例达 99.1%"。[1]中国互联网络信息中心所做的这次调查也显示，我国的网民群体中，学生最多，由此可以推测出使用手机上网在中学生中是相当普遍的现象。手机上网对中学生数字化成长起着重要的作用。正是因为手机的普及，以及中学生拥有手机人数的急剧增加，中学生数字化成长的普遍性和深刻性才日益明显。尽管少数中学采取禁止手机入校等措施，但并不能改变中学生越来越多地接触数字化产品的趋势。

---

[1] 中国互联网络中心. 第 44 次中国互联网络发展状况统计报告. http://www.cac.gov.cn/2019-08/30/c_1124938750.htm [2019-08-30].

表 4-3　中学生家庭数字化产品拥有情况

数字化产品	"不拥有"家庭/个	"不拥有"家庭所占比例/%	"拥有"家庭	"拥有"家庭所占比例/%
计算机	413	38.6	656	61.4
手机	40	3.7	1029	96.3
VCD	493	46.1	576	53.9
数码照相机	649	60.7	420	39.3
MP3 或 MP4	390	36.5	679	63.5
掌上游戏机	949	88.8	120	11.2

实际上，每一种网络行为都可能或直接或间接地对中学生的自我完善产生影响，但不同的行为所产生影响的性质、程度、方面是不同的。交友聊天和收听音乐、观看影视是中学生参与最多的网上行为（所占比例均为 71.7%）；仅 35.8%的中学生有网上学习的行为，低于参与网络游戏的中学生的比例（表 4-4）。这反映了以自我完善为目的的活动在中学生的网络使用中占次要地位，中学生使用网络以休闲、娱乐为主要目的。新课程改革以来，各学科教学尤其是综合实践活动非常强调中学生在数字化环境中学习能力的培养，而 35.8%的比例与期望值相差甚远，揭示了要激发中学生在数字化环境中获得自我完善的原动力依然任重而道远。

表 4-4　中学生参与网上行为的情况

网上行为	参与人数/人	比例/%
网上学习	383	35.8
网络游戏	414	38.7
交友聊天	767	71.7
网上购物	252	23.6
阅读新闻	336	31.4
收听音乐、观看影视	767	71.7
收发邮件	219	20.5
查找非学习资料	688	64.4

从中学生上网时间来看（表 4-5），选择每周看电视和上网时间 28 小时以上的中学生所占比例为 1.6%，选择每周看电视和上网 22~28 小时（即平均每天上网 3~4 小时）的中学生所占比例为 1.8%。本次问卷没有统计高中毕业没有继续就读的学生，而那部分中学生有可能在网络上投入的时间更多。绝大部分中学生参与网络活

动的时间在平均每天 0~2 小时。但这并不一定意味着中学生能够合理地掌握他们的上网时间，上网时间少有可能是上网条件缺乏或者是中学生的课业辅导及学校管理等方面的原因导致他们除了周末及节假日之外不可能有其他时间上网。需要说明的是，当前中学生花在看电视上的时间要多于花在网络上的时间，具体体现在平均每周看电视 8~14 小时的达到 22.5%，而平均每周上网 8~14 小时的为 15.9%，这种差异应该与 2013 年电视普及率高于计算机普及率，或者看电视的条件更容易实现有关。

表 4-5 中学生每周看电视和上网的时间情况[①]

所花时间	看电视/人	看电视比例/%	上网/人	上网比例/%
8 小时以下	703	66.5	769	74.0
8~14 小时	238	22.5	165	15.9
15~21 小时	73	6.9	69	6.7
22~28 小时	22	2.1	19	1.8
28 小时以上	21	2.0	17	1.6

从调查的结果来看，尽管中学生上网的总体时间并没有表露出明显的问题，但仍旧有 27.2%的被调查者认为应该减少上网时间（表 4-6）。结合问卷制定过程中规模较小的访谈，这种现象的出现是由于一些中学生认为计算机就是休闲的工具，认为将时间花费在网络上是不值得的，因为它占用了课后学习的时间，这一点恰好和中学生网上行为以休闲、娱乐为主要目的的情况相互佐证。由此可见，为数不少的中学生并没有意识到可以利用数字化环境进行自我完善，也并不把数字产品作为一种自我完善的资源，甚至有些中学生持有数字化产品本质上有损于人的自我完善的观点。从表 4-7 的数据可以看出，26.7%的被调查者不太同意网络有利于中学生成长的观点，1.9%的被调查者完全不同意网络有利于中学生成长的观点。不同意网络有利于中学生成长的被调查对象中，一部分人是因为过度使用网络而影响学习或对身边人沉迷网络影响成长的现象观察后有所感悟，但也有不少人持有"网络有害"的偏见，一些媒体对中学生数字沉迷的负面现象的报道多于中学生数字化成长正面现象的报道容易诱发和加剧这种偏见。

---

① 其中 12 份问卷在调研看电视时间时空缺，30 份问卷在调研上网时间时空缺。

表 4-6 中学生对自己上网时间的评价

中学生的态度	人数/人	比例/%
应该减少时间	281	27.2
时间刚好适合	580	56.1
应该增加时间	173	16.7

注：35 名被调查者此题答案缺失。

表 4-7 对网络有利于中学生成长的看法

中学生的态度	人数/人	比例/%
完全同意	98	9.5
基本同意	641	61.9
不太同意	276	26.7
完全不同意	20	1.9

注：34 名被调查者此题答案缺失。

中学生整体上网时间处于正常状态，可以推断中学生总体上并没有过度使用数字化产品，但不少人仍能够坦诚地表示对于数字化产品的依赖，4.5%的被调查者认为自己对数字化产品非常依赖，31.5%的被调查者认为，自己对数字化产品比较依赖（表 4-8）。

表 4-8 中学生对数字化产品的依赖程度

依赖程度	人数/人	比例/%
非常依赖	47	4.5
比较依赖	326	31.5
不太依赖	424	41.0
不依赖	238	23.0

注：34 名被调查者此题答案缺失。

对"条件—现状—内心"这样一个"三角结构"进行分析可以看出，因为客观条件的限制，中学生总体上使用数字化产品的时间处于合理状态，但数量不少的中学生内心对数字化产品的需求是极其强烈的，而且这种渴求偏离了马斯洛等学者所描述的心理自由态，体现出自我完善度低的人所表现出的一些特性：缺乏自由感、自我控制能力不足、内在紧张、经常出现无聊感等。这正是我国中学生当前存在的问题，中学生在没有达到自我完善以及并未作好充分准备的情况下就被卷入到数字化世界中，他们在数字化世界中的活动通常是自我意识不充分的活动，是以交友、娱乐、休闲这类不以自我完善为直接目的但又对自我完善产生深刻影响的活动。这样一种现象的出现意味着教育的缺失，因为教育并没有关注到中学生各类行为背后的深层次问题。当前的所有学科教学及与数字化相关的专题教学的基本思想都是以规范中学生的数字行为为主的，却忽略了对中学生内在自我成长方面的关注。下文笔者将依据上文对数字化成长中的自我完善理论的探讨，从不同的微观层面来进一步分析中学生在数字化成长中自我完善方面存在的具体问题。

一、自我认识

自我认识在人的自我完善中起着基础性的作用，一个越倾向自我完善的人越会在不间断的自我认识的过程中建立稳定的自我意识。数字时代的到来给人的自我认识带来了一些新的变化，如虚拟自我的出现让自我认识变得更为复杂，赛博空间的出现让人类活动的内容和形式更加丰富，即自我展现的机会增加。多重自我的出现改变了人们对自我同一性的传统认识。那么，对于中学生来讲，数字化成长对于他们的自我认识到底产生了什么样的影响呢？

不可否认的是，数字化成长确实对中学生的自我感觉、自我概念、自我观察、自我分析和自我评价等方面产生了一定的影响。最为明显的影响是网络给予了中学生一个更为广阔的空间，在这个空间中他们有了更多展示自我的机会，而且许多网络活动都留下了痕迹，如博客、聊天记录、网络游戏、网络购物等，还有很多网站提供了有关自我认识的工具和知识。但这些都只是自我认识最表层的部分，自我完善视域下的自我认识是一个不断调适的过程，它包括自我设计及自我建构。对于中学生数字化成长来说，中学生对于自我的认识并不是唯一重要的，而在自我认识的过程中所体现出来的自我认识意识和能力的养成更为重要。

43.8%的被调查者表示，完全同意或基本同意经常通过微博、微信、QQ空间等展示自己，只有31.5%的被调查者完全同意或基本同意数字化世界比现实中有更多机会展现自己（表4-9）。这说明数字化确实给予了中学生更好地展示自我的机会。但从整体上来讲，我国中学生的个性比西方国家中学生内敛一些，一部分中学生的展示欲望并不强烈。这从一个侧面说明了尽管数字化成长已经在我国成为一种现实，但在我国并没有像《数字化成长（3.0版）》一书中所描述的那样，塑造了新一代人的品质。35.3%的被调查者完全同意或者基本同意网络与现实中的我不一样，这和一部分中学生把数字化世界理解成一个虚假的世界有很大的关系。他们认为在网络上没有日常的监督，其行为表现出一定的两面性（表 4-9），这种真实与虚假的"自我"的交织对这一部分中学生的自我概念的形成和自我评价将产生深刻的影响。74.8%的被调查者不太同意或完全不同意在网络上更能展示真实的自我，19.6%的被调查者基本同意或完全同意自己在网络中比现实中更受欢迎，这更好地解释了一小部分中学生在网络和现实中所表现出的差异性。

表 4-9　中学生数字化成长过程中的自我认识　　　　（单位：%）

分析项目	完全同意	基本同意	不太同意	完全不同意
我经常通过微博、微信、QQ 空间等展示自己	11.2	32.6	41.7	14.5
数字化世界比现实中有更多机会展现自己	5.5	26.0	53.3	15.2
网络与现实中的我不一样	6.8	28.5	47.3	17.4
在网络上更能展示真实的自我	3.8	21.4	52.4	22.4
自己在网络中比现实中更受欢迎	3.4	16.2	61.1	19.3
网络上的人对我的评价很客观	3.8	35.9	47.6	12.7
网络活动能帮我更好地发现自己的优缺点	4.9	33.2	48.7	13.2
网络可以让我知道更多人对我的看法	8.5	47.8	34.6	9.1
我在网络上是个真诚可信的人	24.5	51.3	19.2	5.0
我不在乎网络上的人对我的看法	9.1	33.8	46.2	10.9

通过数字化环境，陌生人之间更容易联系在一起，中学生通过与他人接触来认识自己的状况值得教育者关注。56.3%的被调查者完全同意或基本同意网络可以让我知道更多人对我的看法，39.7%的被调查者完全同意或者基本同意网络上的人对自己的评价很客观，57.1%的被调查者在乎网络上的人对自己的看法。

数字化环境对中学生自我认识的影响表现在两方面：对于比较有"自知之明"的中学生来说一般具有积极作用，数字化环境成为他们自我展示、自我分析的舞台；对于那些缺乏"自知之明"的中学生来说，数字化环境造成自我的多面性和自我的分裂，这并不一定是好事情。但综合而言，无论是哪一类中学生，数字化环境确实增加了自我的透明度，至少让越来越多的人认识到自我认识确实是一个重要的问题。随着数字化环境不断成熟，人的行为将在网络上留下越来越多的痕迹，而且人类对于这些痕迹的保存、分析能力将会越来越强，未来的中学生如果能够有效利用这些技术，将会通过数字化世界更好地认识自我。

需要强调的是，自我存在感、自我同一性是教育者需要关注的两个问题。数字化环境的不断成熟让人类面临被机器化的危险,如果人类盲从于数字化媒体,那么这将会威胁到人的存在感,存在感的消失将使自我认识在中学生的头脑中变得越来越淡漠。由于数字化世界和现实世界同时存在,人的自我同一性成为一个问题,分裂还是整合成为人的自我认识中的一个问题,只有当人对人性认识得足够充分的时候,整合才有了更大的可能性。

二、现实知觉

一个人越倾向于自我完善,那么他就越能够按照事物本来的面貌来看待事物,也越能够消除自己的成见。相反,自我完善度低的人往往不能依靠自己的"机体"独立作出判断,而需要借助他人的看法,更容易出现从众和依赖心理。数字化产品的涌现让足不出户而知天下事成为可能,这是否意味着中学生的知觉能力越来越强了呢?

首先,从表 4-10 的数据来看,网络确实对中学生的知觉能力产生了影响。58.1%的被调查者完全同意或者基本同意自己通过网络获取的信息已超过从传统媒体获取的信息。76.3%的人认为,网络帮自己更好地认识世界,这说明网络确实扩大了中学生的知觉范围。但知觉的范围的扩大并不意味着知觉能力的提高,在有关人的自我完善的研究中,笔者从知觉的客观性、灵活性、情境性、整体性、反思性来考察一个人的知觉能力。从客观性的角度来看,"我不知道如何鉴别网络信息的真假"这样一个分析项目中,有 4.8%的被调查者是完全同意的,29.3%的被调查者是基本同意的,这就意味着 34.1%的人对自我的知觉能力持怀疑态度,而自我完善的人对自身的知觉能力是比较自信的。更为突出的是,在"我很难相信网络上的信息"这个分析项目中,57.4%的被调查者是不太同意的,9.0%的被调查者是完全不同意的,这体现了部分中学生对网络信息存在非常严重的盲从性。现实知觉的灵活性体现了对于先入之见的超越,44.8%的被调查者完全同意或基本同意网络改变了自己对周围世界的看法,这说明不少中学生的现实知觉确实具有一定的灵活性。当然,55.2%的中学生不太同意和完全不同意并不意味着这些中学生的现实知觉不具备灵活性,有可能是这部分人在数字化世界中接触到的和现实世界中接触到的一部分内容是一致的。情境性表现在知觉能力的不断提高上,在这方面中学生有着比较良好的表现,他们的好奇心在数字化世界中很明显地表现了出来。对于自然环境和社会环境中的新事物与新变化,中学生总是数字化世界中最早的发现者。中学生在数字化环境中整体的知觉能力不强,这往往与其洞察力较差有关。因为数字化信息(作为现实的反映）的整合是通过超链接、多通道的方式进行的，一些中学生往往很难知觉到事物的内在本质，存在只看到表面现象而引起错觉的现象。调查问卷中多处考察了中学生对自己现实知觉的反思性，表 4-10 显示，大部分中学生上网经常是漫无目的、随心所欲的，反映出只有一小部分中学生具有现实知觉的反思性。

表 4-10　中学生数字化成长过程中的现实知觉　　　　（单位：%）

分析项目	完全同意	基本同意	不太同意	完全不同意
我通过网络获取的信息已超过从传统媒体获取的信息	19.3	38.8	30.7	11.2
网络反映了世界的真实状况	3.8	23.2	59.0	14.0
网络帮我更好地认识世界	13.1	63.2	20.4	3.3
我难以判断哪些网络信息是有用信息	4.5	25.4	57.1	13.0
我不知道如何鉴别网络信息的真假	4.8	29.3	52.6	13.3
我很难相信网络上的信息	4.5	29.1	57.4	9.0
网络信息令我对真实世界迷惑不解	3.1	16.6	57.1	23.2
我经常通过网络了解各种社会新闻	20.6	55.8	20.9	2.7
网络改变了我对周围世界的看法	6.4	38.4	46.3	8.9

由此，笔者认为在数字化成长过程中，中学生尤其要注重提高客观性、整体性和反思性。现实知觉的客观性往往与自我认识的透明程度有很大关系。如果一个人内在自我发生了扭曲，那么他就不能够按照世界本来的面貌去认识世界，这就要求中学生通过日常生活和数字化成长的过程形成良好的心态，努力让自己以一颗赤诚之心去觉知现实。现实知觉的整体性主要体现在洞察力和对深层规律的认识方面，但数字化世界甚至可能让整体的生活世界变得模糊。而网络上各种各样甚至有些相互冲突的信息都在告诉人们，这就是现实的真相。各种各样的观点、各式各样的专家让完整的世界出现了"区位化"，反"区位化"一方面需要人们进行更多的对话和交流，另一方面需要教育提供一些整合生活世界的线索和建立相应机制。反思性的缺乏在数字化世界中被放大了，因为人们只看到了数字化世界的虚拟性而没有看到它的现实性。数字化世界与现实世界有着极其紧密的联系，但一些中学生把数字化世界等同于"假世界"，用一种游戏和打发无聊的心态去对待它，必然出现暂时的无意识，缺乏必要的反思过程。

三、经验获得

人处在不断自我完善的过程中,人所获得的经验也在经历不断的改造重组。从自我完善的角度考察一个人的经验获得,主要不是考察他当前所获得的经验的多寡,而是考察他是否具备富有生命力的经验系统并能够在日常生活中自动化地获得、重组经验,并将之升华为新的经验。数字时代的来临扩大了获取经验的场域。表4-11中的数据说明,67.6%的被调查者完全同意或者基本同意自己经常通过数字化媒体获得知识,68.6%的被调查者完全同意或基本同意自己有一些网络上的朋友(增加了交往的经验),67.2%的被调查者完全同意或者基本同意网络生活提供了现实生活中无法接触到的经验。这些数据都说明,今天的中学生通过网络能够获得前人很难获得的直接经验和间接经验,他们可以通过数字化产品获得各种各样的知识,了解各个地方的风土人情,与世界各国的人交往,了解各类人的内心世界,这些都能够影响到中学生的经验构成。当然,人们也应该清楚地认识到,经验急剧增加的同时泥沙俱下的现象必然会出现,并非所有经验都是积极的经验。如表4-11所示,15.8%的被调查者承认自己总是不假思索地接受网上的知识的,这就意味着经验的增加对于一部分人来说,可能是有害的,需要正确处理、区分这些经验。从实际来看,当前中学生处理、区分经验的能力明显欠缺,就间接经验而言,表4-10中显示29.9%的被调查者完全同意或者基本同意自己难以判断哪些网络信息是有用信息,34.1%的被调查者完全同意或者基本同意不知道如何鉴别网络信息的真假。表4-12显示,中学生能够对网络信息进行仔细分析的占42.8%。这说明至少在经验获得方面,中学生被动吸收相对多,主动建构相对少。

表4-11 中学生数字化成长过程中的经验获得 （单位：%）

分析项目	完全同意	基本同意	不太同意	完全不同意
我经常通过数字化媒体获得知识	14.8	52.8	28.3	4.1
我总是不假思索地接受网上的知识	2.2	13.6	59.2	25.0
通过网络交往能够促进自己的成长	8.0	60.1	27.9	4.0
网络生活提供了现实生活中无法接触到的经验	10.8	56.4	27.0	5.8
网络增加了我与别人的沟通	17.2	62.2	17.9	2.7
我有一些网络上的朋友	16.1	52.5	24.0	7.4
在网络上我更容易知道他人的想法	7.3	42.0	43.3	7.4
我经常对自己的网络行为进行反思	7.5	45.1	38.1	9.3

表 4-12　中学生网络信息判断的情况　　　　　　　　（单位：%）

判断网络信息真假的方式	所占比例	累计比例
不判断	4.6	4.6
凭感觉	41.8	46.4
暂时相信	9.1	55.4
仔细分析	42.8	98.3
其他	1.7	100.0

人们已经深刻认识到，经验的多寡在人的自我完善中并不起决定性作用，经验的质量、结构等则更为重要，因为这关系到一个人是否能顺利形成生长型的经验系统。不过，除非借助专门的大型量表，否则经验的质量、结构很难量化，因此笔者仅仅就几个零散的方面进行分析。下文表 4-14 显示，19.9%的被调查者承认对网络上和自己观点相反的观点感到气愤，这阻碍了中学生更好地接纳不同的观念，也就意味着限制了某些方面的经验的接收，这种顽固的自我可能导致经验被封闭。另外，从中学生数字化活动的类型来看，中学生被动型的活动比较多，主动型活动比较少；动手型活动比较多，动脑型活动比较少；休闲型活动比较多，学习型活动比较少；重复型活动比较多，创造型活动比较少。活动类型上的不均衡可能会形成一种经验获得上的不平衡，这样将不利于中学生的自我完善。

最为重要的是，经验的获得不是一个简单的认知过程，而是一个外在经验与内在自我整合的过程，所以经验的获得和改善与人的自我意识有很大的关系。通过上文的分析可知：中学生数字化成长过程中，自我观察、自我认识、自我概念、自我体验、自我分析和自我评价都没有借助数字化产品和技术得到明显的改善。正是因为自我的迷失导致他们不知道用什么标准去判断信息有用，当然这也是价值感缺乏的表现之一。由此可以推断出，中学生在数字化成长过程中所获得的经验比较零散，因为这些经验缺乏一种内在的核心价值去贯穿，只是在外在的刺激之下不断地堆积上去的，即使有一定的自我反思和内在加工也很难深入自我的内部。同时，我们也可以认识到，直接经验和间接经验存在脱节现象，直接经验的获取途径比较有限，而间接经验的获得途径可以用"爆炸"来形容，过于强势和庞杂的间接经验对直接经验构成了挤压，另外许多间接经验如同"噪声"一样妨碍直接经验的获取，所以需要我们保持足够清晰的头脑进行选择和清理，显然在目前的状态下中学生普遍并不具备这样的素养。

数字时代，使用网络本身就是一种重要的活动，在处理人与网络的关系时，中学生同样可以获得一些积极的经验，52.6%的被调查者完全同意或者基本同意自己经常对自己的网络行为进行反思，仍旧有接近一半的被调查者对自己的网络行为缺乏反思性（表4-11）。这种反思性的缺乏并非中学生网络行为所特有，实际上体现的是中学生在线上线下活动都缺乏足够的反思性。

四、自由感

唐·泰普斯科特《数字化成长（3.0版）》中把"自由"作为数字化成长中的这一代的最主要的特征，因为数字时代的来临最为突出的特点是选择机会的增多，多种多样的选择塑造了新生代的"自由精神"。由于部分中国人性格中的依赖性以及当前中国数字化刚起步对网络认识还存在一定的盲目性，因此我们不能盲目地认为选择机会的增多、人类活动范围的增大就意味着自由感的增强。

总体来看，57.5%的被调查者完全同意或者基本同意数字化世界比真实世界更自由，这部分人在网络上获得的自由感要大于现实生活中的自由感（表4-13）。充分的自由感首先是摆脱了不安全感的结果，但一部分中学生却因为在现实生活中受到了太多的拘束和限制才认为数字化世界更自由。"想干嘛就干嘛"是一些中学生对数字化世界的印象，尤其是当一些人感到生活很枯燥和乏味，却又没有条件、勇气或能力去改变时，在网络中寻找自由成为一种低成本的选择。这种选择从长远来看并不利于一个人获得持续的自由感，尽管暂时感觉良好但并没有从根本上改善整个人的处境。如表4-13所示，51.8%的被调查者完全同意或者基本同意如果长期不上网，自己会有想上网的冲动，39.1%的被调查者认为自己不能很好地控制上网时间，66.2%的被调查者经常因为使用数字化产品而推迟入睡时间。这些数据已经反映出一些中学生在数字化成长中因受数字化世界的影响部分失去自主性的现象比较突出，这种对数字化产品的依赖不能不说是一种对自由感的挑战。数字化世界、虚拟人生在一个人完整的人生中到底将处于一个什么样的地位不得而知，但今天的数字化世界最多只能是真实世界的一个补充，真实世界依旧是人们生活的主要世界。疏离真实世界而沉迷数字化世界并不是一种自由感的体现，甚至还可能反映自我的某些方面的内在紧张。中学生在数字化世界中自控能力受到了很大的挑战，37.0%的被调查者明知网上有些事情不该做，但还是做了。显然，网络对中学生有着很强的诱惑力，而这些诱惑多少契合了中学生的某些弱点。在这一点上，数字化成长过程中自由感缺乏的问题并没有得到解决。

人主宰数字化世界还是数字化世界主宰人，这是进入数字时代人们必须要面对

表 4-13　中学生数字化成长过程中的自由感　　　　（单位：%）

分析项目	完全同意	基本同意	不太同意	完全不同意
网络广告会影响我的消费行为	7.4	31.5	39.4	21.7
我曾经被网络谣言欺骗	6.1	19.0	35.4	39.5
我经常努力去改善自己和数字化产品之间的关系	10.8	52.8	31.1	5.3
数字化世界比真实世界更自由	9.3	48.2	31.8	10.7
明知网上有些事情不该做，但还是做了	7.9	29.1	43.3	19.7
如果长期不上网，我会有想上网的冲动	10.5	41.3	35.7	12.5
我能很好地控制上网时间	12.7	48.2	34.3	4.8
我上网时经常因干别的事情而耽误原计划做的事情	8.3	40.0	40.8	10.9
经常因为使用数字化产品而推迟入睡时间	16.8	49.4	27.5	6.3

的问题。63.6%的被调查者已经意识到自己和数字化产品之间的关系是个大问题，而且经常努力去改善自己和数字化产品之间的关系。虽然大部分中学生试图通过自身的努力获取更多的自由感，但为数众多的人对数字化世界依然处于欲罢不能的状态。

数字化世界是否能够增强人的自由感？自由感是长期自我完善的结果，当一个人的自我趋向协调和有序的时候，往往会获得更多的自由感。数字化世界的确可以为中学生提供一个更为宽松的大环境，但同时也夹杂着大量的不可控因素，增加了自我的内在紧张。表 4-13 显示，25.1%的人曾经被网络谣言欺骗，38.9%的被调查者完全同意或者基本同意网络广告影响了自己的消费行为，48.3%的人上网时经常因干别的事情而耽误原计划做的事情。实际上数字化世界中同样存在着控制和自由这样一对矛盾关系，只是在网络上这对矛盾是通过更深层的方式来呈现的。因为商业目的来控制其他人的行为已经成为一些人通过数字化世界来获取利益的方式，长期关注计算机和互联网哲学的学者段永朝指出，云计算的构架整体来看是这样的，对消费者而言是"云"，对操控者而言则是"钟"[1]。如果人们沉醉于这种自由很可能有一天突然发现自己涉足数字化世界越多，受控制状态就越严重。只有透彻地认识到自己在数字化世界中的真实处境，更好地知觉现实，才可能享有真正的自由感。

一个有充分自由感的人最终必然能够合理地掌控自己的数字化生活。当前大量的中学生在数字化世界依然处于一种挣扎和摸索的状态，教育的价值也许可以通过

---

[1] 段永朝. 互联网：碎片化生存. 北京：中信出版社，2009：Ⅷ.

两个方面体现出来：一是帮助中学生认识和分析这种状态，并为走出这种状态提供指导；二是教育应该为培养有自由感的人而努力。

五、价值感

虽然不同的人会有不同的价值观，但上文已经清晰地论证了自我完善的人在价值观上有一定的共性，他们的价值体系包含着人类整体价值的彰显和个人价值的彰显。自我完善度低的人一般缺乏明晰的价值体系，而且不成结构或者价值体系、极其封闭，且表现出很强的机械性。从理想的状态上来看，网络上人与人之间的密切关系及信息源和表达场域的增加，让价值澄清有了更好的条件。

上文自我认识、现实知觉、经验获得和自由感的几组数据已经显示，目前的中学生在数字化成长中，对数字化世界抱有一种既依赖又怀疑的态度，这说明网络对中学生的价值感的形成有正反两方面的影响。他们对于数字化产品常常有着一种既喜欢又有所顾虑的心理，对数字化世界有一种既向往又愧疚的心理，这种状态对他们的价值澄清产生了很大影响。这种影响主要体现在这种矛盾的状态不利于他们形成完整的价值体系。有18.6%的被调查者完全同意或者基本同意数字化世界对人生观、价值观、世界观构成威胁（表4-14），这样的看法必然让他们对于网络所传达的价值观念持有一种警惕的态度。同样，也有一部分中学生对网络所传达的价值观念推崇备至，认为这代表着一种潮流，当然更多的是两种态度的交织。学者冯鹏志辨析了数字化世界和现实世界之间的关系："虚拟世界本质上是一种对现实世界的撰写和描述手段，是对现实世界属性的复制和反映。""尽管随着技术的发展，虚拟世界对于现实世界的属性的反映必将趋向更加复杂和多样，但就其永远也不可能完整地反映现实世界的属性来看，却正好表明了虚拟世界的存在是以客观的现实世界为前提和界限的。"[①]对于"数字化世界是一个民主的世界"这样一个观点，5.6%的被调查者完全同意，32.8%的被调查者基本同意，46.6%的被调查者不太同意，15.0%的被调查者完全不同意；对于"数字化世界比现实世界更公平"这样一个观点，3.8%的被调查者完全同意，22.5%的被调查者基本同意，52.9%的被调查者不太同意，20.8%的被调查者完全不同意。从上述调查结论来看，大部分被调查者对于数字化世界持比较审慎的态度，部分中学生的价值观可能受到数字化世界的影响，但对于大部分人来说，影响并不明显（表4-14）。

---

① 冯鹏志. 从混沌走向共生——关于虚拟世界的本质及其与现实世界之关系的思考. 自然辩证法研究，2002，18（7）：44-47，67.

表 4-14　中学生数字化成长过程中的价值感　　　　　（单位：%）

分析项目	完全同意	基本同意	不太同意	完全不同意
数字化世界对人生观、价值观、世界观构成威胁	2.8	15.8	59.4	22.0
数字化世界是一个民主的世界	5.6	32.8	46.6	15.0
数字化世界比现实世界更公平	3.8	22.5	52.9	20.8
数字化世界和生活世界是不同的世界	15.6	36.1	38.6	9.7
虚拟生活是现实生活的一部分	19.3	60.2	16.5	4.0
我对网络上和我相反的观点感到气愤	2.4	17.5	60.0	20.1
网络传递的消极信息多于积极信息	4.4	22.7	59.2	13.7

网络让中学生的价值观变得更糟糕还是更积极，由于问卷的容量所限，笔者未得出明确结论，同样无法推论总体的情况，但通过对中学生网络行为的研究还是可以发现一些问题（当然这些问题仅仅可能在部分中学生身上出现）。尽管在数字化成长中人与人的交流增多了，但是中学生仍旧体现出价值观上的封闭性，笔者对大量以中学校名命名的百度贴吧（百度贴吧是一个相对自由的网络社区，大部分学校并没有对贴吧进行干涉，所以中学生的言论比较自由）进行观察发现，中学生对与自己价值观不同的人进行谩骂的现象非常突出，而且这些人谩骂时所坚持的立场往往由自己的地域、年级、自身经历、学习成绩、家庭条件甚至性别来决定。这体现了数字化世界的开放性、互动性在形成中学生开放价值观方面的作用并没有得到充分的显现。

六、创造性

本书中所说的创造性是一种活动的需要，一种积极参与社会活动甚至在活动中获得成果的需要，这和科学领域所提到的创造的含义不同。一个有自我完善倾向的人总是希望参与某些活动来促进自我健康的发展，这种特点不仅可以实现外显能力的提高还能够促进内在自我的成长。数字化世界在人们心中是一个充满着新奇和创意的世界，但是数字化世界的这些特点能否有利于中学生创造性的发展则取决于中学生是否能合理使用数字化世界里的资源。总体而言，中学生自身对数字化成长中人的创造性的发挥持乐观态度。如 70.3%的被调查者完全同意或基本同意网络能激发自己对现实生活的思考，74.9%的被调查者完全同意或基本同意网络能让自己产生新奇的想法，65.2%的被调查者不太同意或完全不同意上网对提高解决问题的能力帮助不大的观点（表 4-15）。同时可以看出，数字化媒体对中学生创造性的发挥最突出的价值体现在进一步激发了中学生的创造需要，一些新思考、新想法的涌现代表着数字化世界提升了中学生对社会、生活和生命认知的敏感度，这就意味着某些中学生因一成不变的生活所造成的麻木感有所缓解。中学生本身就是最具活力和创新精神的群体，网络所创造的数字化空间刚好迎合了中学生的这种需要。

表 4-15　中学生数字化成长过程中的创造性　　　　（单位：%）

分析项目	完全同意	基本同意	不太同意	完全不同意
网络能激发我对现实生活的思考	12.9	57.4	24.0	5.7
网络能让我产生新奇的想法	13.4	61.5	21.0	4.1
遇到困难时我会在网上求助	12.0	51.2	29.6	7.2
网上求助很少能得到真正的帮助	5.9	28.9	55.4	9.8
我经常在生活中使用在网上看到的新技术	8.7	43.9	39.2	8.2
我善于利用网络来解决生活中的问题	9.5	45.5	38.0	7.0
上网对提高解决问题的能力帮助不大	5.9	28.9	56.1	9.1
数字媒体减少了我参与社会实践的时间	13.4	43.5	33.8	9.3

另外，中学生的创造性并没有仅仅停留于想法上，63.2%的被调查者完全同意或者基本同意遇到困难时自己会在网上求助，52.6%的被调查者经常在生活中使用在网上看到的新技术，55.0%的被调查者完全同意或者基本同意自己善于通过网络来解决生活中的问题。对于一半以上的被调查者来说，数字化世界确实激发了他们的创造性行动。但这种创造性行动有明显的被动性，当外在困难或问题出现时，他们的创造行动明显增加，主动使用新技术这样稍微带有主动尝试性质的行为并没有因为数字化的支持而有明显变化。

网络活动和现实生活中的实践活动如何协调起来是一个非常复杂的问题。56.9%的被调查者完全同意或者基本同意数字媒体减少了自己参与社会实践的时间，这和常说的"宅男宅女""数码控"问题有一定的相关性。中学生课余时间本来就是有限的，如何分配线上和线下时间的问题本身就体现了一个中学生自我完善的水平，但这个问题并不能简单地进行回答。要把中学生从数字化世界中夺回来的武断想法可能会造成矫枉过正的后果，而如果中学生沉迷于数字化世界无法自拔，那么也同样会造成其改造现实世界的创造力得不到提高。

在自我完善的理论框架下，用"创造需要及其满足"的思路来分析这一问题会有更深刻的发现。创造需要主要体现在对无所事事的不适、对自身兴趣的满足、对任务本身的关注。由于学习压力过大、生活环境单一等因素的影响，一些中学生会产生无聊感，数字化世界成为排解这种无聊感的场所，但这种无聊感是否能在数字化世界中得到改变呢？表4-16显示，62.4%的被调查者完全同意或者基本同意上网经常是漫无目的、随心所欲的，48.6%的人承认自己的大部分网络活动是娱乐和消遣。从这个角度来讲，一些中学生的创造需要并没有有效地转化成创造性的行为。更多的是通过数字化世界带来的新鲜刺激麻醉自己来换取短暂的安慰。

表4-16　中学生数字化成长过程中的精神成长　　（单位：%）

分析项目	完全同意	基本同意	不太同意	完全不同意
我的大部分网络活动是娱乐和消遣	7.6	41.0	38.5	12.9
我上网经常是漫无目的、随心所欲的	10.1	52.3	31.3	6.3
我经常反思和评价网络上的文艺作品	10.9	50.8	32.7	5.6

这引发了数字化成长中的一个新的教育问题，"闲"成为一种常态，这种"闲"可能意味着无聊也可能意味着自我调适，如何将这种无聊状态转化成一种健康行为值得教育界思考，但是笔者尚未见到相关研究成果。

由此可见，数字化世界对中学生创造需要的满足既提供了一些便利条件，同时也带来了新的挑战，人们很难作出利大于弊还是弊大于利的论断。但是我们依然能够很清晰地看出，学校生活、家庭生活、社会生活和网络生活之间发生了某种断裂甚至是冲突，中学生在不同的生活世界中的创造需要有着不同的表现。当前的教育者（教师、家长、其他教育工作者）更多地采取批判的态度，批判数字化世界带来的消极影响，而没有站在中学生的立场考虑整体创造需要在各个领域的满足状况。

七、精神成长

本书中的精神成长本质上是一种对自我的超越，人的精神性是一种推动个体在一定程度上摆脱个人本能、欲望、处境等自我限制性的力量。一个人精神成长越良好，这个人越能够摆脱人的动物性因素和外在物质因素的引诱，从而获得更为健康的成长。中学生的数字化成长意味着网络能够给中学生提供更多的精神资源，他们能够更容易地接触到人类历史上流传下来的代表人类精神文明最高成就的精神文化财富，如果这些财富能够转化成中学生自身的精神文化财富，那么中学生自我完善状况将会获得极大的改善。

人的精神成长包含许多难以量化的因素，笔者只能借助少量数据和一些事实材料对精神成长情况进行分析。从上文表 4-4 的情况来看，71.7%的被调查者在网络上收听音乐、观看影视，71.7%的被调查者经常参与网络交友聊天，31.4%的被调查者经常阅读新闻，由此可见中学生利用数字化世界能够有效获得更多的精神成长资源，精神成长具备了客观条件。但客观条件不是精神成长的决定性因素，真正的精神成长必须以真实的精神活动为基础。

事实上，从中学生数字化行为来看，他们的精神成长面临许多风险。一是，猎奇心理容易导致中学生吸收大量不利于精神成长的信息。猎奇心理在中学生的网络行为中表现得比较普遍，不少中学生经常不假思索地接收那些八卦、庸俗甚至黄色的内容，并流连其中。戴维·申克这样描述这种现象，"就像吞食了过多的甜点"，这是一条短暂获得快乐和满足感的捷径，但最终却无法解决根本问题，它甚至非常危险——就和"零卡路里摄入"会扰乱营养结构一样。[①]二是，庸俗文化可能对中学生的精神世界造成污染。庸俗文化对中学生的毒害性比较大，表 4-16 显示，62.4%的被调查者完全同意或者基本同意上网经常是漫无目的、随心所欲的。在这种无目的状态下，低俗、丑陋、颓废的文化很可能乘虚而入，侵蚀中学生的精神世界。三是，数字世界中一些异化了的个人主义、消费主义、物质主义对中学生造成了强烈的冲击。

人的主观能动性在精神成长中起着关键性作用。但调查发现，在中学网络信息判断情况方面，只有 61.7%的被调查者能够有意识地鉴别自己在网络上获取的信息，这就意味着约有四成的人对网络上的信息可能是来者不拒、照单全收的（表 4-12）。考虑到网络上垃圾信息、低俗信息所占的比例，人们应该对中学生数字化成长过程中的精神成长状态感到忧虑。

第三节　中学生数字化成长调查的基本结论

本章第二节根据问卷调查结果对中学生数字化成长过程中的自我完善状态从七个角度进行了分析，使我们对当今中学生数字化成长过程中自我完善的基本情况

---

① 戴维·申克. 信息烟尘：在信息爆炸中求生存. 黄锫坚，等译. 南昌：江西教育出版社，2000：18.

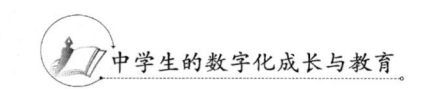

获得了一个具体、感性的认识，在对认识进行综合分析的基础上，结合最近几年中学生数字化成长的新变化，我们可以得出一些基本结论。

一、中学生数字化成长中的自我完善状况存在隐忧

无论是从中学生的网络行为来看，还是从自我认识、现实知觉、自由感、价值感、创造性、经验获得、精神成长来说，中学生数字化成长过程中的自我完善状态有比较积极的一面，但也存在一些隐忧。这些隐忧具体体现在以下几个方面。

首先，通常中学生不会主动争取在数字化环境中实现自我完善。笔者分析调查问卷发现，中学生接触数字化产品、进入数字化世界往往有下面几种原因，如打发无聊、满足好奇心理、逃避现实、缓解压力等，这些原因往往很难与自我完善产生联系。而与自我完善联系最紧密的网上学习行为仅仅在35.8%的被调查者身上发生，何况并非所有的网络学习都是真正的自我完善活动。更为严重的是，一些中学生没有把自我完善作为接触数字化产品的出发点，反而因为接触数字化产品走向了自我完善的反面。调查也印证了新闻媒体所报道的极少量中学生因沉迷网络而引发身心疾病的事实。尽管这些报道只是极端案例，但考虑到整个中学生总数庞大，这种问题在全国范围内数量就比较多了。

其次，数字化成长过程中中学生的自我完善状况并没有得到整体改善。从自我认识、现实知觉、自由感、价值感、创造性、经验获得、精神成长7个方面来看，大部分调查项目只有40.0%～60.0%的被调查者表现良好，而其他调查者存在一定的问题，如48.6%的中学生承认自己的大部分网络活动是娱乐和消遣，52.6%的被调查者对自己的网络行为缺乏反思性，在对"我总是不假思索地接受网上的知识"的调查项目中，被调查者整体表现较好，但也只有84.2%的被调查者否定自己不假思索接受网上的知识，这也就意味着仍旧有15.8%的被调查者对网上的知识缺乏必要的判断能力。因为无法分离出数字化成长对中学生自我完善的影响与其他因素（如学校教育、家庭教养、社会环境等）对中学生自我完善的影响，所以我们无法确切地判断出数字化成长过程本身对中学生自我完善的影响有多大。不过我们可以从上述问卷中得出这样的结论，自我完善度越高的中学生在数字化成长过程中所受的积极影响越大，但为数不少的自我完善度较低的中学生并没有因为数字化成长而受益。

最后，对数字化产品的过分依赖本身就是一种自我完善度低的表现。尽管通过问卷我们可以看出，不少中学生已经认识到数字化产品和技术的一些弊端，但还是

有一些人对数字化产品有较强的依赖性。这种依赖性不仅与数字化产品本身的吸引力有关，还与中学生自身的自我完善状况有关。现实生活中中学生出现自卑、压抑、紧张、心理的扭曲、缺乏安全感、缺乏亲密感等情况，都有可能对数字化产品形成依赖。在数字时代，人在自我完善中不仅要处理主我与宾我、我与人、我与自然等几组关系，现实世界和数字化世界的关系的处理也是人的自我完善的一个重要组成部分，然而不少被调查者虽然认识到自己需要调整与数字化产品之间的关系，但是仍然频繁地出现因为数字化产品影响睡眠、使用数字化产品无法控制时间、使用数字化产品分心而影响预定计划的现象。

二、数字化成长对中学生的自我完善兼有正反作用

数字化成长对于中学生的自我完善既是机遇又是挑战。很多时候，积极影响往往与消极影响相伴而生，而且对于不同的中学生来说积极影响和消极影响往往是相对的，因此很难回答数字化成长对中学生自我完善是利大于弊还是弊大于利。

从积极方面讲，数字化成长为自我完善创造了一个更为广阔的空间，提供了更为丰富的外部资源。首先，人的自我完善的过程是一个不断与外部世界交流和互动的过程，数字化成长让中学生更容易接触到广阔的外部世界，他们与人交往、获取学习资源及生活资源、享受精神文化产品、获取知识、了解社会现实，中学生在这样一个广阔的空间中去开展各种活动将有助于中学生自我完善的实现。其次，数字世界的文化氛围为中学生的自我完善提供了良好的心理支持。数字世界所具有的自由、民主、个人化、互动、合作、对话等精神恰好是人的自我完善所需要的。换而言之，数字化成长可以为人的自我完善提供充足的精神养分。再次，数字化成长对人的自我完善提出了新的要求，这对人的自我完善有推动作用。例如，数字化成长过程中，资源的增加伴随着泥沙俱下、诱惑增多等现象，中学生只有具备更加清晰的自我概念、有更强的自我控制能力、更理智的选择能力、更美好的精神世界，才能更好地适应数字化环境。最后，数字化成长与人的自我完善能够形成良性互动。一个中学生的自我完善度越高，他在数字化成长过程中越能享受这些丰富而开放的资源，就越能如鱼得水；同样，健康的数字化成长环境对人的自我完善大有裨益。

消极的因素往往和积极的因素相伴而生。例如，当一部分人因为数字化世界而受益时，另一部分人在面对数字化世界时却表现得不知所措，过强的外部冲击和过弱的自我相遇，让一部分中学生的内心世界成为接受外部低劣信息刺激的"跑马

场"。再如，数字化对人的自我完善提出了更高要求，自我完善的人在数字化世界中能够更加健康地成长，而对自我完善度低的人来说则意味着风险的加大。一些中学生因为控制力不够整天沉迷于游戏、聊天等活动甚至因此耽误了学习。一些中学生因为沉迷于数字化世界而放松了对自己的要求，在网络上作出了不道德行为甚至违法犯罪行为。又如，数字化成长和人的自我完善既可以形成良性循环，又可以形成恶性循环。自我完善程度低的中学生可能在数字化成长过程中产生不良反应，如沉迷网络、受庸俗文化的影响，容易自我迷失甚至出现自我异化。

尽管数字化成长对中学生自我完善的影响因人而异，但是其产生的消极影响更值得我们关注。当前我国数字化发展处于初级阶段，数字化环境中存在着不少乱象，如监管不力导致大量有害信息在网络上传播，西方国家糟粕文化的涌入，教育网络平台建设还不够完善，等等。同时，一部分自我完善度低的人因为数字化的影响而放大了自身的劣势。在我国数字化处于初期阶段和西方糟粕文化的涌入这两重背景之下，数字化成长所带来的消极影响尤其值得我们去研究和探讨。

三、中学生数字化成长中的自我完善存在个体差异性

《数字化成长（3.0版）》反复宣扬的观点是，美国中小学生的数字化成长并没有让他们变成糟糕的一代，而是塑造出了一个个用革命性的新方法去思考、工作及社交的鲜活生命。这个观点给人们的印象是：数字化环境是一个优良的系统，中学生进入这一系统后能够受到良好的塑造，而且塑造的结果是造就了一批更符合新时代要求的年轻人。通过对上文数据进行分析我们发现，同样的事情并没有在今天中国中学生身上发生。从笔者所作的调查结果来看，各项数据的分布状态和不同年龄段的成年人表现基本一致。换而言之，数字化成长并没有对中学生产生显著的影响，当然不排除个别人在数字化成长中的变化较大的情况。这说明，中国中学生在数字化成长中的自我完善是一个缓慢的、渐变的过程，人们应该理智地看待这一过程，尤其是某些教育者不要将一系列的数字化产品妖魔化。中国中学生在数字化成长中的表现存在个体差异，确实出现了一些自我完善程度较低甚至沉迷于网络的中学生，但同时出现了一些在数字化成长中如鱼得水的中学生。一个整体性的趋势就是，自我完善程度较高的中学生在数字化成长中表现得较好，而自我完善程度较低的中学生在数字化成长过程中表现得较差。这就意味着数字化成长有一种放大机制，中学生人格中的亮点和不足都可能在数字化环境中放大。

在中国，目前数字化世界并没有从整体上重塑中学生，少数中学生迷失在数字

化世界中的主要原因在于，个人自我管理、家长引导和学校教育方面出现了问题。我们不应该把问题的焦点放在如何排斥数字化产品上，而应该把焦点放在解决中学生个人自我管理、家长引导和学校教育等方面的问题上。从这个意义上来讲，禁止中学生使用数字化产品以便使他们远离数字化，实质上是一种治标不治本的教育方式。即使取得了短暂的成功，也可能影响到中学生今后的发展。这就如同害怕孩子染上社会的恶习而把孩子关在笼子里一样，这显然给孩子的发展增加了新的风险，毕竟孩子不可能一辈子生活在笼子里。

正如前文所说，数字化成长对中学生的自我完善兼有正、反两方面的作用。数字化产品给予中学生的是正能量还是负能量，往往取决于中学生自我成长的状况。有了这样一种平和的心态，人们就能够祛除思维上的成见，将对数字化的思考和关注具体到每一种数字化产品、每一个中学生和每一项活动之中去。

四、中学生在数字化成长中的自我完善的主动性有待增强

从自我认识、现实知觉、自由感、价值感、创造性、经验获得、精神成长等几个方面来说，中学生在数字化成长中更多的是被动地接受刺激，主动自我建构的少。上文调查数据显示，中学生在数字化成长过程中自控能力较差，更容易受到外部环境的影响，如很大部分的中学生承认对数字化产品存在依赖，常常因为自控能力差而在网络上花费时间较长，上网时常常漫无目的，难以鉴别网络信息的真假，等等。这真实地体现了自我完善程度较差的中学生在数字化世界中的那种无奈和挣扎的状态。笔者认为，人的自我完善是一个主动自我建构的过程，这种数字化成长中的被动状态恰好体现了人的自我完善的不良状态。如果想在数字化成长的过程中获得理想的结果就必须帮助中学生逐渐消除这种被动状态，激发他们的主动精神，提升其各方面的能力，培养主动自我完善的习惯。

这种被动性是根深蒂固的，在中学生中比较普遍。从自我完善的角度理解，这种被动性是一种缺乏自我的表现，自我的萎缩或者迷失往往让一个人缺乏行动的动力及精神的支撑，找不到努力的方向，这种情况下必然依赖于外力的驱使。《数字化成长：网络世代的崛起》和《数字化成长（3.0版）》所呈现的美国青少年在数字化成长中如鱼得水的情形，可能与美国的国民性中强调个人精神、自我奋斗、宽容个性有一定的关系，可能是其国民性和数字化成长结合之后产生了良性的化学反应。这给了笔者很大的启发，数字化世界对激发人的主动性起着很大的作用，我们应该利用数字化成长来培养更积极主动的年轻一代。当然，在如何利用数字化产

品上，还有许多问题需要探讨。例如，什么时候开始接触数字化产品比较合适，应使用何种途径让中学生接触数字化产品，成年人如何引导中学生使用数字化产品，等等。

五、中学生缺乏生活支配权是自我完善的关键障碍

在工业化时代，物质资源是人成长过程中最重要的资源，人对物质的需要与物质的匮乏的矛盾是最为重要的矛盾。数字时代，人与机器的矛盾被放大，曾经人类可轻易支配的机器变成了机器威胁甚至控制人类，信息成为人成长过程中最重要的资源。可是，信息这种资源并不像能源一样容易评估、容易鉴别质量和价值。尽管有一些学者提出了一些评估信息的方法，但信息的评估问题学术界仍存在争议。鉴别和评判信息通常有两种标准：一种是内在标准；另一种是外在标准。目前的情况是，我们这个时代的人过于关注外在标准而忽视内在标准，而数字化世界是一个多元而又复杂的世界，外在标准在很多情况下是无效的。因此，我们更应该努力向内探求，将内在标准作为立足于数字时代的基点。其实，数字化的不断发展让人们面临着人也可能被数字化成一系列的 0 和 1 的风险，人越抽象化和符号化就越容易丧失人的本质。找回个性、找回自我是人们不得不面临的问题。

对于一部分中学生来说，他们有可能面临这样一种情形：变成一种网络上的"稻草人"或者"无知群众"，在广告的影响下消费和购物，在别人的引导下发言，成为某些人的"脑残粉"，甚至读什么专业、去什么地方旅游、与什么样的人交往、与什么样的人结婚、读什么样的书等，都可以通过操控电子产品来解决。尽管现实还没有到如此严重的地步，但"美丽的新世界"将一直是一个梦魇。

其实，处理好人与数字化世界的关系本质上是一个处理好主格我与宾格我的关系的问题，只有当一个人能够真正掌控自己生活和生命的时候，他才能真正正确地使用计算机以实现自我完善。数字化世界就如同一个哈哈镜，将人们在现实生活中的亮点或问题放大。所以，中学生在网上的不良行为常常是现实中的问题在数字化世界中的映射。因此，无论是在现实生活中，还是在数字化环境中，帮助中学生获得对个人生命健康、和谐、稳定的支配都是很重要的，而这种支配恰恰是人的自我完善的核心问题。如果我国的教育真正关注到这一点，数字化世界中将会少了许多随波逐流、人云亦云、无所事事的"盲流"，数字化成长将会让一代代的中学生受益。

六、中学生数字化成长中的自我完善需要更多正面的引导力量

《数字化成长（3.0 版）》中唐·泰普斯科特认为，数字化对人的塑造体现了人在数字化汪洋中"身不由己"的处境。我们通过研究这一缓慢的渐变过程，更应该看到人应该在数字化成长过程中通过主观能动性有所作为。正如上文所描述的那样，数字化成长对于中学生来说是一个机遇，但是他们往往缺乏把握这种机遇的素质。长久以来，在我国一部分人对自我的排斥和对外在事物的追求导致对人的自我完善不够重视，在这种文化氛围的影响下，人的自我完善是一件很困难的事情，这就意味着要不断自我完善，就要不断地突破文化的制约性和现实的束缚。

2016 年 4 月 19 日，习近平在网络安全和信息化工作座谈会上的讲话中指出："我们要本着对社会负责、对人民负责的态度，依法加强网络空间治理，加强网络内容建设，做强网上正面宣传，培育积极健康、向上向善的网络文化，用社会主义核心价值观和人类优秀文明成果滋养人心、滋养社会，做到正能量充沛、主旋律高昂，为广大网民特别是青少年营造一个风清气正的网络空间。"[①]中学生处于身心发展快速变化的时期，容易受到外部因素的影响，尤其是在数字化世界中，中学生不够成熟、不够独立的一面表现得更为突出。数字化环境是一种自由的环境，低俗文化充斥其中且复制能力强（如一些庸俗的段子能够在很短的时间内在网络上迅速传播），以至于有学者认为数字化拉低了整个人类的智商。尽管这种观点有些武断，但也暴露出数字化世界的开放性常常让一些本身就缺乏自主性的中学生更加六神无主、随波逐流的现状。虽然在人的自我完善过程中没有统一的行为标准，但是人们仍旧能够在某个因素是否有利于人的自我完善上达成基本共识。因此，我们越来越认识到中学生自我完善的状况需要更有力的正面引导力量。

首先，家长对数字化成长的认识不足导致他们缺乏对中学生进行正面引导的能力。当前，一些中学生家长确实对数字化成长存在恐惧心理。他们可能潜意识地认为接触数字化产品的时间越短越好，甚至认为使用数字化产品是一种"不务正业"的行为，容易让中学生变"坏"。另外，他们对数字化成长的认识只是单纯地考虑数字化对学生知识学习（或学习成绩）的影响，并不关注中学生在数字化成长中的心路历程。其次，目前社会给予中学生数字化成长的正面引导力量也是有限的。一方面政府有关部门在引导中学生正确使用网络等数字化技术方面所做的工作有待

[①] 陈键，杨波. 习近平在网络安全和信息化工作座谈会上强调：推进网络强国建设. http://it.people.com.cn/n1/2016/0420/c1009-28290330.html [2016-04-20].

加强，网络环境净化、网络行为立法、网络文明建设等方面还需要更加富有成效的行动；另一方面，一些商业机构和个人在利益诱使下通过不良信息传播、劣质数字化产品的售卖、低俗游戏的推广等对中学生造成了不良影响，比如，诱使中学生成为暴力游戏的玩家和低俗数字文化产品的消费者。最后，教育作为一种有目的的培养人的社会活动，应该引导中学生走上自我完善之路，教育他们好好珍惜当前的机遇。在数字化成长越来越成为一种必然的情况下，学校教育如何对中学生的数字化成长加以正确引导是当前面临的主要问题。当前有关数字化成长的课程往往只涉及一些计算机及网络应用方面的内容，教学目标更多的是知识的增长与技能的提升。自我完善不仅关系到人的情感、态度、价值观，而且关乎人的综合素质在自我建构中的实现。数字时代，教育的知识传播的功能依然存在，但教育的其他功能却没有充分地显示出来，教育领域一直倡导"教是为了不教"，今天正处于一种从"他教"向"自教"的自我完善的过渡阶段，显然我国教育在这个方面的认识上还有待加强，为数不少的一线教育者还在为非知识领域的教育如何实现而不知所措。

第五章

中学生数字化成长中自我完善的学校境遇

通过对中学生数字化成长实际状况的调查，我们可以发现，中学生自我完善状况令人担忧，诸多问题的产生是多方面因素共同作用的结果，但学校教育应该对这一现状负一定责任。从学校教育来看，今天中学生在自我完善方面的不利状况主要是由三个方面的原因造成的：一是工业化教育模式对今天的学校教育依然影响甚深。强调规模生产的工业化精神指导下的教育和工业生产在许多方面有类似之处。尽管这种教育偶尔也注意到了个性与共性的关系，但总体上来讲，这种教育在人的社会化方面的成就往往高于它在人的个性化方面的成就。这种旧式教育在今天的教育中依然具有很大的影响，其对自我意识的养成是不利的。二是数字时代背景下的教育观念尚未形成，各种教育观念之间存在冲突。一些人依旧用传统的思想来指导今天的教育，并没有努力去建设一种新的教育文化。换言之，数字化教育的体系还没有完全建立起来，今天我们应该遵循的教育逻辑到底是什么，学界还没有达成基本的共识。不同层次的教育管理部门、不同地方的教育机构、不同背景的教育者都从自身的立场出发来培养学生，在中学中，一些教育者在教育观念上是混乱的，在对中学生实施教育时没有形成合力，这也是中学生自我完善的一大障碍。三是技术的非理性狂热对学校教育的冲击。数字化以一种不可阻挡的趋势进入了生活世界和教育领域，一些教育者在数字化浪潮下走入了一种非理性的误区。在一些教育界人士的眼中，数字化代表着成功、效率和美好，这可能导致唯技术是从的局面。显然，一些人还没有意识到，这种技术的狂热意味着中学生有被异化的风险，被技术掌控的学习并不是真正意义上的自我完善，相反，可能代表着某种异化。以下笔者将根据上述三个方面，通过一些具体现象来阐释学校教育在推动中学生自我完善上表现乏力的症结。

第一节　工业化思维的影响：自我的圈养

工业化的逻辑是以规模化重复制造为特点的逻辑，体现在学校教育中就是试图通过同样的"工序"教育出同样优秀的中学生。不过，教育领域并没有完全复制工业化生产模式。一些教育理论家和教育实践者不断地同这种工业思维作斗争，如杜威强调教育即经验、叶圣陶提出教是为了不教，一些教育者在教育实践中强调自我教育、学生是学习的主体等，这些都与工业化的教育思维明显不同，但是无论这些教育思想在教育领域是多么深入人心，人们却依旧感觉到传统教育具有浓厚的工业化气息。一个重要的原因在于，工业化教育所强调的自我实际上是一种圈养的自我，这种自我已经失去了它原有的灵性和生机，远离了它本身的生态系统。这就仿佛动物园将动物关在笼中，然后再去讨论给动物一些关怀、给动物一些自由，努力让它具备一些野性，但实际上无论如何都不可能恢复它在大自然中的生命活力。工业化的教育正是如此，这种教育首先考虑到的是圈养，固定的座位、结构化的课程、严格的时间安排、预设的教学环节等都是这种圈养的标志，然后在这种内部的"圈"中去寻求一定的个性化，体现一些对自我的关注。这和长期圈养的野兽一样，它们寻找猎物、保护自己的能力必定会退化，额外的措施往往无法弥补这种圈养所带来的伤害。这种圈养在工业化的教育中已经通过长年累月的调整而逐渐制度化了，无论教育改革的力度有多大，这种影响依然长期存在。

一、学校教育对自我觉醒的限制

在发展心理学和教育心理学看来，自我意识的发展经历了一个萌芽、发生和发展的过程。对于初生的婴儿来说，他只有一些简单的感觉和本能的反应，如吸吮自己的手指和吸吮奶嘴一样，无法区分自身和外界。大约在 1 岁时他产生了自我感觉，能够把自己的动作和动作的对象区分开来，而且能通过这些活动获得乐趣。2 岁左右，他开始用"我"来指自己，这说明他已经能够意识到心理活动的内容和过程，能够完成人称代词运用中的内部转化，这个阶段称为自我意识的萌芽。此后，人的自我意识不断发展，并开始具备成熟的自我调节能力和自省能力。如果仅仅从这个意义上来讲,身心发展正常的中学生基本上都经历了这些阶段,中国学生在这个意义上的发展是比较顺利的。关键是这种发展所关注的自我更多的是认知心理学意义上的自我,而不是完整意义上的自我。从心理学的发展史来看,早期的心理学本身就有抽空自我的倾向,早期的构造主义、机能主义及格式塔心理学研究的是人的自我意识,即以内省的方式将人抽空到只剩下意识。此后出现的行为主义心理学无论在研究方法上还是在研究内容上,似乎都认为人的行为存在一种普遍的规律而且是行为意义上的规律认为每个个体都是不重要的,这些不同的躯壳都被敲掉了,人是没有血肉的。认知心理学和行为主义心理学有某些类似的地方,即都将人抽空成认知或者行为的机器。之后出现的精神分析心理学在对人的认识上有所改善,更重视人与环境的互动关系。人本主义心理学包括存在主义心理学已经认识到这个问题,但正是人本主义心理学对抽空的抗拒导致人们对人本主义的科学性产生怀疑。心理学如此,教育学同样经历了这样一个抽空的过程,凡是科学不能处理的问题都被忽视了。

显然,自我觉醒是一种个体生命意义上的觉醒,真正的觉醒应该是主动去承担个体生命的责任,为自己的个体生命负责,突出体现为个人意义的一种觉知。从这个意义上讲,当下的一些教育是圈养的教育,个体生命被圈养之后,似乎不需要考虑所谓的生命意义的问题。学校教育对自我觉醒的限制主要表现在以下几个方面。

(一)用教育目标来代替成长目标

尽管中学生是学习的主体、教师主导教学的思想已经深入人心,但一些学校仍然存在一种教师将中学生自我发展的责任收归在自己手上的倾向。一个突出的表现是,一些中学生根本不清楚为什么上学,也不知道不同的课程有什么意义,他们进入学校似乎是盲目的。由于个人成长目标不明确,这些中学生在整个受教育过程中处于被支配的地位,所有安排都是被一手操控的。从小学到高中,长期的学校生活对于学生来说究竟意味着什么呢?如何使学校生活更有意义呢?一些中学生对这些问题是不关心的,这就显得特别奇怪,但真正理解了圈养的含义后我们就会明白,圈养意味着他们根本不需要去思考这些问题,因为他们的前途似乎已经有了定数。这样一种只关心"做什么"和"怎么做"而从不关心"为什么做"的教育历经一代又一代,大家已经习以为常,所以一些学生对于成长目标、生命意义这样的问题"不敢想",也不会想。

《中华人民共和国教育法》规定我国的教育方针是:教育必须为社会主义现代化建设服务、为人民服务,必须与生产劳动和社会实践相结合,培养德、智、体、美等方面全面发展的社会主义事业的建设者和接班人。该教育方针将所有的教育机构和教育工作者凝聚在了一起。可是，国家的教育目的转化为教育实践是一个非常复杂的问题，如两者的转化需要通过教师个人的教育目的及学生个体的成长目标这两个中介系统来实现。显然，假定国家的教育目的不能有效转化成教育者和教育者的个人体认，那么就容易导致整个教育体系中的中学生、老师、学校缺乏个性化目标。尽管教育改革不断强调教师教学的自主性、学校的自主性及特色学校的创建，但整个学校制度建设的自主性依然并不十分明显，无论是课程设置、教材编制还是课堂教学在遵从国家意志、学校意志和教师意志的基础上都缺乏对"中学生的需求"的深度关照，平常所说的关注"中学生的需要"容易流于一种表面的说法，并非真正意义上的重视和尊重。成长目标涉及如何定位自己在世界中的位置、如何去规划人生、如何去提高自己、如何通过受教育促进自己成长，这些都关涉生命意识和自我意识的觉醒。学校教育在唤醒学生的生命意识和自我意识这一点上表现得不够理想，只擅长考试的学生一旦高考完就可能失去人生目标，进入大学后也无法适应大学生活，高考后或大学阶段目标迷失的现象比较普遍。

（二）用大众思想排除个人想法

人的生活总是充满了选择和悖论，如果人们的每一次选择都机械地按照多数人的观点来作判断的话，自我将会被扼杀。正是由于世界上没有两片完全相同的树叶，整个宇宙才构成了一个和谐有序的整体。个性和多样性构成了丰富多彩的世界，一个正常人总会有自己的想法，一些人的"个人想法"对人类历史的发展起到了特殊的促进作用。这样的现象在学校教育中依然频繁出现：秋天到了，树叶——（标准答案是"黄了"）。回答"落了""红了""不变"的往往会被判错。学生想得越多、想得越贴近真实生活世界就会距离"标准答案"越远，这样的结果使学生越来越没有个人的想法，因为他们知道"个人想法"会被判定是"错误的"。课程改革强调重视中学生经验，教师在课堂教学中虽然也鼓励学生自由回答，但是实际上教师已经预设好了答案，当中学生自由表达之后，一些教师会通过提问、追问、总结的方式将中学生的答案引向"标准答案"。

如果说人们在工业社会中资源和道路的选择面比较窄的话，那么数字时代人们总是面临着几个、几十个甚至成百上千个可供选择的对象，如果没有完整的、自成体系的个人观念系统和意义系统，面对这样复杂的选择必然手足无措。出现"三千本硕毕业生争当清洁工"[①]只求成为"公家的人"这样的现象，正是一种受大众思想强烈影响而忽视自我关照的结果，尤其是这种大众思想还十分值得讨论。

（三）用统一行动来代替单独行动

统一行动是工厂管理工人的有效方式之一。科学管理的创始人费雷德里克·泰勒提出，提高工作效率的重要手段是用科学化、标准化的管理方法代替经验管理，即每一步、每一个环节都实施标准化操作。一些学校教育也引用了这样的方式，每一节课的教学内容是早已规定好了的，课堂中每一个环节也是预设的，课后作业也是统一的。但不少人似乎忘记了现代教育和工厂生产的区别，教育中的每一个环节都必须具有教育性，这是区分教育活动和其他任何活动的重要标准。我们可以看看某中学的时间安排（片段）：18:15 第10节下课铃、高三吃饭铃；18:19 高二吃饭铃；18:23 高一吃饭铃；18:50 看新闻铃；19:10 看新闻结束铃；19:13 晚一预备铃；19:15 晚一上课铃……这样的安排据说连去吃饭都需要小跑，那么假如有中学生觉得自己某一科出现了一些小问题，需要自己私下补一补课怎么办？他们是否有充分的时间这样做？实际上他们甚至不会产生需要自己补一补课的想法，因为所有的一切都是老师安排好了的。

对于许多中学生来说，或许有一个重要的问题尚需要弄明白：学习是谁的事情？当然学习确实是中学生自己的事情而不是家长、老师和学校的事情，可是如何证明这一点呢？一些中学生如同流水线上的工人，他们只是按照吩咐去行事，所以即使说他们从来没有"干自己的事"也不为过。真正的学习是中学生自我完善的活动，而被教师完全安排好的学习在责任和权利的分配上是不合理的，其结果不仅不能使中学生产生对自我生命的责任感，还会导致中学生自我的疏离，容易将自我发展归结为命运或者交付给他人。

二、学校教育对现实生活的遮蔽

自我圈养另外一种表现形式是中学生生活在教育的"宏大叙事"之中，他们中的一些人不能够形成有效的现实知觉，难以感受到真实的生活和真实的世界。一些人用"眼睛一睁一闭一天就过去了"来描述生活，生活已经被简化成一种"度过"，这种现象和一些中学生的学校生活较为类似。在中学时代，中学生受"找工作""考好大学"等观念影响选择生活道路，等到进入大学阶段或者大学毕业找工作时，有

[①] 范承刚. 三千本硕毕业生争当清洁工"扫大街也是公家的人". 南方周末，2012-11-01（A1）.

些大学生感到生活的单调、意义的缺失和人生的乏味。

尽管杜威、陶行知早就提出了教育与生活结合的问题,但几百年的中西方教育都暴露出一个共同问题,即教育中的生活往往是被剪裁过了的生活,这种被加工过的生活往往不同于真实的生活。一个无法和真实生活接触的人,无法在真实的生活中认识自我,无法与环境形成真正的互动,这样的自我完善只能是空中楼阁。今天的学校教育对真实生活的遮蔽主要体现在以下几个方面。

(一)一些学校教育压缩了中学生的生活空间

中学生很大一部分时间是在学校中度过的,一些中学将学生禁锢在学校、封闭在教室中,认为只有这样才能取得好成绩。人们必须意识到,中学生在教室的时间已经很长,他们所处的学校场景已经高度统一化。[1]某中学将学校场景的高度统一化发挥到了极致:所有学生住校,高一、高二学生两周放假一天,高三每个月放假一天。非放假时间,任何学生不得出校门。就连吃饭时长都有明确规定,这样精确到分钟的管理,根本的目标就是保证每天 14 个小时的学习时间。这样极端的情况并不多见,但是通过各种方式回避补课禁令将学生尽可能留在教室的现象依旧屡见不鲜。原本初中阶段学习任务较轻,学生应该有更多的机会接触社会,但是由于近年来学生安全问题引发热议,学校及教师为了回避因为课外活动发生意外所要承担的责任,更加减少了学生参加课外活动的时间。

"教室是一个受到种种限制又以种种方式限制人的环境。因此毫不令人吃惊的是,许多教师害怕对这种环境失去控制。他们不给中学生过多的'空间',很可能是害怕学生喧宾夺主。中学生们无疑已经看到了教师发出的信号。正像一名高中生简洁地表述道:'我们是笼中鸟,门开着,但是外面有只猫'。"[2]在一些一线教育工作者的眼中,中学生的生活就应该是在教室中度过的,所以他们缺乏丰富中学生生活的动机,甚至认为那些非书本的学习活动是"不务正业"的行为而加以排斥。在现实课堂教学中呈现出的价值观和教师抽象地谈论着的理想的教学价值相去甚远。其中最基本的缺失是对中学生作为活的生命体的多方面发展需要的关注。[3]一些学校让学生长时间地待在学校,生活在书本的世界中,使中学生缺乏对完整的真实世界的了解,甚至导致一些中学生难以感受到正常的喜怒哀乐,所以他们更体验不到

---

[1] Jackson P W. Life in Classroom. New York:Teachers College Press,1991:3.
[2] 约翰·I. 古德莱得. 一个称作学校的地方. 苏智欣译. 上海:华东师范大学出版社,2005:117.
[3] 叶澜. "新基础教育"论:关于当代中国学校变革的探究和认识. 北京:教育科学出版社,2006:248.

那些超越个体的更高尚的深刻情感。

（二）一些教学内容与真实生活若即若离

教学内容与生活结合是教育改革的趋势，但如何结合其实并不是一个简单的问题。教育有基本的规律，而教育者让生活进入教育的方式通常是"切割"生活的片段植入教学，并作为学科教学的一个案例。这种案例就如同生物、化学实验中的样品，这无疑使生活失去了其本真的意义。生活本身就充满了悖谬，但是当前的一些教育者常常不敢面对真实生活，而是去刻意虚化生活。其实，学习生活本身就是生活的一部分，而且在中学生的日常生活中占较大比重，但人们在教学中总是把学习看成生活以外的东西或者是未来生活的一种练习，而这种练习又距离真实的生活有很大差距，这是教育中的一对重要矛盾。首先是过于精致化的教育内容和粗糙的现实生活之间的矛盾。比如，在讲授《游子吟》时，教师可能把绝大部分时间花在了字词、内容、表现手法这样的语言细节上，最后几分钟以宣讲母爱结束，而这种母爱往往难以与中学生的内心世界连接。以文感人是非常重要的，但教师的教学并没有将教学内容和日常生活打通。这是因为一些中学的教学逻辑结构依然是以知识为中心的，在他们看来生活只是知识逻辑上的点缀。其次表现为线性的思维世界与立体的真实世界之间的矛盾。无论是在文科教学中还是在理科教学中，一些学校往往鼓励直线的、单向的、单维的、缺乏变化的思维方式，认为只有这样才能得出"正确答案"。但生活并不是这样运行的，而是可以在尝试中不断修正并开启不同的生命向度的，可以在不同的道路中调整和试错，学习中获得的知识往往与生活是脱节的。最后表现为理性的科学知识与感性的生活体验之间的矛盾。比如，一些教师主要讲授单调乏味的理性知识，中学生情感、审美和道德等方面的需要并不受重视。

（三）用成人的生活代替青少年的生活

近年来，日本黑柳彻子的著作《窗边的小豆豆》在全球热销，这本书真实地展示一个与成人生活世界完全不同的世界。成人全面参与了社会生活，很容易就形成了一种把目的和效率作为唯一标准的思维方式。成人的世界是一个充满压力、节奏紧张的世界，成人往往因为对目的的追求而无暇顾及生活中的小事和一些非功利性的事务。成人的世界往往是在有用和没用之间作判断的价值世界，这和儿童在有趣和无趣之间作选择的情感世界有很大的不同。儿童总是在与大自然相处或与他人的交往中通过玩乐的方式来认识世界。在这样的活动中，他们拥有对未知世界巨大的探索热情，他们对于生活世界也有自己的看法，也许他们认为花一天时间来观察蚂蚁搬家是一件非常重要的事情。不可否认，中学生通过他们喜欢的游戏也能获得学校教育中所需获得的知识、能力。本质上来看，青少年就是通过自己动手动脑的活动在构建和完善自己的生活，这种生活显然有独特的价值且不应被干扰。但现实中的教育总是排斥此类生活，因为在不少老师看来，青少年的这种生活是无聊且是不利于发展的，需要在一定的规范下通过某种方式加以改造，这种规范无非是成人世界的法则。

在这一过程中，青少年自身的自我完善被破坏了，他们看到的、听到的、想到的常常是不被承认和支持的，渐渐地，他们放弃了自己的所看、所感、所思。与此同时，成人又给予了中学生一个世界，给予其一套观察、感受、思考的方式。其实，这种"连根拔起"式的教育方式并没有像人们预想的那样让他们更快地成长，反而带来的是对中学生现实知觉能力的伤害，以及大量脱离真实情境的似是而非的间接经验的获得。

三、一些学校教育对思想观念的扭曲

正如人本主义心理学所认为的那样，人的自我完善的问题绝对不是一个与价值无涉的问题，有些日常思想观念是与人的自我完善相违背的（或者说某些日常观念容易诱发与人的自我完善背离的行为）。判断一种思想观念是否违背了人的自我完善就看这种思想观念是不是"反生存"，换言之，破坏个人及人类整体的正常延续的观点都是有问题的。"宏大叙事"在一些学校教育中受到质疑，而工业化所带来的功利思想正在侵蚀着一些学校的教育机体。学校教育活动本身就是一种价值活动，社会上扭曲的思想观念很容易通过学校教育制度和学校教育活动影响中学生人生观的形成。事实上，功利的学习目标、追求外物的人生价值和精致的利己主义已经成为妨碍中学生自我完善的三大错误思想，使一些中学生走向一种自我疏离，甚至构成了阿伦特在分析艾希曼时所提出的"平庸之恶"[①]。

（一）功利的学习目标

当前教育不得不面对的一个事实是，个别中学生制定的学习目标极具功利性。受教师教学方式等多方面原因的影响，一些中学生难以感受到课程之于个体生命的

---

① 汉娜·阿伦特.《耶路撒冷的艾希曼》伦理的现代困境. 孙传钊译. 长春：吉林人民出版社，2003：54.

价值，扼杀了中学生求知的乐趣。一些教师采用行为主义的方式通过物质激励和考试等方式来激发中学生的学习动机，个别老师甚至在入学教育课上给中学生大谈"挣大钱娶美女"[①]，试图以此来促使中学生努力学习。

一些中学生把考上重点高中、重点大学作为学习的终极目标。教室里的倒计时、教师的评价标准、墙壁上的标语、校园里的荣誉墙、学校的颁奖大会、班主任的日常教育等都在不断地强化这一学习目标。长期处于这种学习环境中，一些中学生学会了将追求现实的回报作为关键目的，考取好成绩成为学习的动力。对于成绩好的中学生来说，这能够促使其更加投入地埋头于书本；而对于一些学习成绩落后或者成绩暂时退步的中学生来说，打击则是巨大的。这样的学习环境容易使一些中学生失去学习兴趣，甚至引发厌学，严重的可能导致一些中学生失去生活热情，从而自我否定。

一些中学生对追求考试成绩这一功利目标严重依赖，把考上清华、北大作为目标刻写在自己书桌上或张贴在自己床头，他们已经习惯了对这种目标的追求，甚至喜欢这样的人生目标，一旦缺少了这些目标，他们就会失去方向，找不到存在感。

（二）外在的人生价值

人生价值是社会价值和自我价值的统一、是贡献和索取的统一。从价值源的角度来分类，人生价值可以分为内在价值和外在价值，内在价值指以个体生命为依据来确证人生价值，外在价值指用个体之外的标准来确证的人生价值。通常学术界把前一种价值称为"意义"，后一种价值称为狭义的价值。由此看来，过分强调外在人生价值的结果是，造就了一批只关注价值而不关注意义的人。

有人认为，学校是道德的最后一方净土，其实学校应该是弘扬最高价值的地方，可实际情况是学校面临价值迷失的危险。如果教师在学校中倡导崇高的人生价值和为人民服务的思想，那么是有一定难度的，因为一些中学生不理解教师的这一行为，甚至认为这一行为是虚伪的。结果，一些教育者作出了让步，通过宣扬外在价值来调动中学生学习的积极性，让中学生为了财富、地位、权力而学习，实际上这是一种饮鸩止渴的行为。一些学校宣扬这样的一种思想，即一个人的成功往往是用财产、地位、权力来证明的，相反，那些对整个人类作出巨大贡献的人并没有得到足够重视。在一些浮躁的教育环境中，一些教育者本身就无法体验到自我实现者的那种无

---

① 吴忌. 再论"读书为挣大钱娶美女". http://edu.enorth.com.cn/system/2001/09/25/000152246.shtml [2001-09-25].

法用外在价值衡量的高峰体验，因此他们无法和中学生分享这些人的内心世界。比如，语文课中讲到李白、杜甫的时候，如果老师无法让中学生领略到他们坎坷人生的壮美、精神世界的丰盈和语言艺术的高妙，只给中学生留下他们一生很悲催的印象，那么中学生对诗人伟大的一生就可能持否定态度或者表面尊重实际上却不认可。教育工作者的自我异化及人生观点上的扭曲，使他们往往在无意识的情况下强化了放弃理想服从现实、放弃自我跟从潮流的人生态度。只关注外在的人生价值而忽视内在人生意义的人，本质上是反自我的，他们的自我完善不是内部驱动的而是外在迫使的。

（三）精致的利己主义

钱理群先生有一次在"《理想大学》专题研讨会"上提出："我们的一些大学……正在培养一些'精致的利己主义者'，他们高智商，世俗，老到，善于表演，懂得配合，更善于利用体制达到自己的目的。这种人一旦掌握权力，比一般的贪官污吏危害更大。"[①]这种精致的利己主义者不仅仅在大学中出现，中学教育在某种程度上也在培养精致的利己主义者。这种精致的利己主义者比绝对的利己主义者更善于用所学的知识给自己的利己行为披上外衣，以自身利益为出发点甚至在必要的时候丢弃自己的理想、原则和信誉。他们更善于利用"潜规则"来钻法律的漏洞。然而，这样的自我是一种封闭的自我。比如，一些精致的利己主义者用更高明的手段制造有毒食品及劣质产品，也造成自己生命的工具化和动物化。

部分学校在有意无意中塑造着这种精致的利己主义者，教材、雕像、宣传栏、学校刊物给中学生塑造的某些偶像是聪明、世俗、老道和"善于表演"的成功人士。在一些学校，愚公移山、老革命家遵守纪律之类的内容则很少被推崇。这种精致的利己主义在一些教师中也会体现出来，为了职称、工资、奖励等去跑关系、找门路甚至把中学生家长的人脉关系作为自己奔向成功的资源。中学生在这样的氛围中难免会受到影响。例如，有的学会了靠拉关系竞选班干部，有的班干部善于"运用"自己的"权力"，耍手段以获取自己的利益。

四、一些学校教育中活动形式的异化

人是通过活动来获得自我完善的，中学生在学校教育中参与活动的形式、数量、

[①] 谢湘. 为改革而生的理想主义者永远不老. http://zqb.cyol.com/html/2012-05/03/nw.D110000zgqnb_20120503_1-03.htm [2012-05-03].

质量和深度根本上决定了中学生自我完善的状况。我国中学生参与教育教学活动的状况令人担忧，这些活动远离真实的生活，不能够完全激发中学生参与的积极性、创造性。

（一）教师操控活动主体

中学生是教学活动的主体已经是教育界公认的观点，不过从实际教学行为来看这样的观点并没有真正落到实处。一个重要的原因是，目前缺乏有效的途径让中学生的主体性在教学活动中真正表现出来——中学生表面上是教学活动的主体，但真正操控教学的依然是教师。一些教师在办公室里费尽心思的拍脑袋设计教学活动，可实际上常常设计得越精致，就越可能脱离中学生的实际情况和思维方式。以物理、化学课堂为例，一些教师组织中学生作实验，中学生依据教师示范好的步骤安全、顺利地完成整个实验流程，实验完满结束，学生在整个实验中更多的是机械操作而缺乏提出问题、分析问题、得出结论的体验过程。这样的实验确实能够帮助刚刚接触实验的中学生掌握一些知识，但是如果长期只有这种性质的活动，显然达不到除了传授知识之外的目标。

一些教师似乎还没有从工业时代走出来，依旧用投入的绝对时间和工作量来衡量自己教学的努力程度。一部分教师在教学活动中会不遗余力地讲解、频繁地启发和指导中学生，利用自己的时间"手把手"地控制中学生的活动而不知道适时放手。当然，现在一些教师代替学生努力的做法更有"技术含量"，如他们花大量时间去研究知识点和命题方向并且投入大量时间去分类、归纳、总结解题方法，而课堂上的教学活动无非就是中学生继续咀嚼教师已经反复咀嚼过的内容。从根本上看，是教师对中学生自我完善水平的一种不相信的表现，总是采取"代劳"的方式，这样做直接阻碍了中学生的自我完善。

（二）不完整的活动过程

学习作为一种特殊的活动，一般包括确定目标、感知材料、理解材料、探索问题、练习巩固、迁移运用等环节。根据教育心理学家齐默尔曼的相关研究成果，学生在一个高效的学习过程中总是对自己的学习活动进行自我调节，他们的元认知监控一直在活动。但学校教育的真实情况是，许多中学生并不明白自己学习的目标是什么，所以缺乏对自己学习活动效果评价的标准，当然更不会从这些学习活动中吸取经验和教训。这样的学习活动是极其形式化的，很多情况下中学生貌似在场参与了教学活动但并没有因此提高自身的能力。

我们发现，当前中学生的学习活动是一种碎片化的呈现。我们可以从内外两个层面来对活动过程进行剖析。从外在的层面上看，学习活动应该有一个完整的从开始到结束的过程。笔者以杜威在《民主主义与教育》[①]中提出的五步教学法为例进行说明。第一，学生拥有一个真实的经验的情境或者拥有一个感兴趣的连续的活动；第二，通过探索，学生在这个情境中产生一个真实的问题，作为思维的刺激物；第三，学生充分占有相关知识的资料，并进行必要的观察，提出解决这个问题的种种方法；第四，学生有条不紊地展开思考，形成思路，想出种种方法中的一种最佳方法；第五，学生有机会和动机通过应用的过程来检验自己的方法是否有效。杜威认为，这五个步骤的先后次序可以调换，而且根据情况其中两个步骤可以合成一个步骤。在教学中，一些教师往往由于教学进度问题，简化或者省略了某些环节，如省略了情境的创设而形成了抽象处理问题的习惯，教师代替中学生提出问题，或者教师留给学生思考问题的时间不足，或者教师代替中学生作出回答，等等。从内在的层面上看，中学生思维活动的过程应该是完整的。但在教学活动或者课外活动中，中学生虽然一直身处活动的现场，但是某些人可能由于思维运转缓慢，许多过程都是教师在以独角戏的方式或者通过学生观摩教师解决问题的方式进行，活动中中学生并没有痛苦、兴奋、焦虑等情绪发生。这样的活动无论设计得多么科学、过程多么花哨，中学生的思维和情感都没有经历完整的学习过程，即使获得了某些知识，对人的自我完善的帮助也不大。

（三）活动内涵的流失

课堂既是传授知识、培养能力的课堂，也是有明确目标指引、中学生参与、润泽生命的课堂。真正的课堂活动至少应满足三个方面的要求：中学生既要广泛参与各种活动，又要真正参与到活动中去，杜绝游离于活动之外；中学生参与活动的程度要深，活动设计上应该留给中学生思考、自主探究的时空，教师通过关注中学生参与活动的深度和广度来推动教学目标的达成；关注中学生参与活动的情感体验，如体验智力活动的快乐、品尝失败的苦涩、分享成功的喜悦，这种体验能提高中学生学习的积极性。

重数量、重形式的工业时代精神在教育中依然存在。新课程改革带来的一个很明显的变化就是课堂活动更丰富了，有分角色朗读、热闹的讨论、数学游戏、物理实验、课文"故事新编"、课本情景剧表演……这种热闹的活动背后却隐藏着隐患。

---

① 约翰·杜威. 民主主义与教育. 王承绪译. 北京：人民教育出版社，1990：179.

这实际上反映的是教育内涵的流失。这种缺乏内涵的活动扼杀了中学生的学习兴趣，一些学生甚至养成了在课堂中"找乐子"打发时间的习惯。中学生通过这样的活动学会的是对浮华和表面功夫的追求，学会的是"不务正业"。

五、一些学校教育对创造需要的抑制

一般人将"创造"和"创新"画等号，本书中将"创造"界定为人的一种正常需要，即创造是人们有意识地对世界进行探索性劳动的行为，而创新只是创造的一种特殊情况。儿童心理学研究表明，每个儿童从小就有探索世界的需要。随着年龄的增长，这种需要发展为对某事物有强烈的兴趣，并积极进行探索，简单地说，他们都希望能够动动手、想想问题，甚至希望能够有所发现，作出成绩。但当前中学生这种创造需要随着年龄增长因为不断被压抑而表现得越来越少。由此可见，当前的一些学校教育对人类特有的创造性不仅没有很好地加以发扬，还对其造成了损害。很难想象一个缺乏创造意识、缺乏生命活力的人如何做到对自己负责，又如何去促进自我完善呢？

（一）虚空的忧患意识

中华民族一直具有忧患意识，忧患意识是人类自我提升的重要推动力。但是，人类的忧患意识必须建立在某种真实的感触之上，如穷人的孩子早当家，这就是现实中的忧患让他们学会了尽早地承担责任。学校教育带给中学生对未来的忧患感并非来自中学生的领悟，而是一种"宏大叙事"，如不好好学习将来就无法生存，考不上好大学就没有前途，这是一种通过学校教育渗透给中学生的潜意识中的恐惧。从心理学上讲，中学生并没有关于生存困难或者考不上大学的直观感受，他们体验到的恐惧并非一种真实的、能感觉到的恐惧，而是一种对恐惧的恐惧。许多教师习惯通过"如不好好学习将来就无法生存，考不上好大学就没有前途"这样的话语来强调学习的紧迫感。尽管他们的动机是好的，但对于学生来说常常变成了某种意义上的恐吓。根据阿特金森的成就动机理论，这样的忧患意识对成绩中等以下的中学生来说影响最为突出，实际上是在加重他们避免失败的倾向，压制他们的创造需要（他们不敢去行动，害怕犯错、害怕他人的看法）。这种虚空的忧患意识带来的唯一结果就是让几乎所有人遵循同样的选择，为将来考取重点大学作准备，而且应对的方式往往是固定的套路，这些都与生命中涌动的创造意识是格格不入的。

罗杰斯认为，心理的安全和心理的自由是创造的两个条件。学校系统渗透给中学生有关个人前途的忧患意识严重地威胁到中学生的自由感，这种威胁是通过增加心理的紧张情绪来发生作用的，想摆脱这种无形的威胁要比摆脱有形的威胁困难得多。其实，对于任何一个人来说，一个有过度压力的童年所带来的后果是非常严重的，他害怕各种类似"不务正业"的批评。营造虚空的忧患意识的教育容易培养出盲目听话的"机器"和善于察言观色的人。

（二）残酷的竞争环境

尽管新课程标准强调发展性评价而非以往所强调的甄别和选拔的评价，但当代的教育所营造出来的竞争氛围是比较紧张的。2013年，北京中小学减负令实施，部分中学生仍然出现了焦虑情绪，即使教师不布置作业，自己也得找作业做。[1]显然，比学业负担更沉重的是心理负担，而心理负担重则深刻地反映了中学生面临的竞争压力比较大。这种压力往往是与考试紧密联系的，"我们对考试分数的苦苦追求，对它的着魔，已经到了令人发指的地步"[2]。每年临近高考前的"高考撕书"[3]一定程度上反映了这种竞争压力有多大，中学生在此前的学习是多么紧张。

"不要让孩子输在起跑线上"，在这种思想的指导下，学生从小就走上了艰苦的求学之路，尤其是到了初中、高中，月月考、周周补成为常态，学校之间、班级之间、班级内部的竞争较为激烈，校长和老师的压力最终转嫁到学生头上。在这种氛围中，中学生不得不埋头学习，没有太多的心思去考虑学习之外的问题，更没有空间去表达和展示自己的创意。无论在竞争中的处境如何，部分中学生始终处于抑制状态，为了适应这种竞争状态，对成绩的追求压制了其他的正当需要和兴趣，除了一些人能够通过个人及家庭的努力缓解这种竞争压力外，一些人却因为过于激烈的竞争而处于一种不健康的自我异化状态。

（三）严格的机械训练

对于基础知识，如生字、词语、英语单词、数字公式、化学常识等的掌握可以通过多种多样的教学方式来实现，但在中学教育中普遍采用的方式依然是机械训

---

[1] 费昕. 北京中小学减负令实施 学生：减不减压力都大. https://xian.qq.com/a/20130319/000330_1.htm [2013-03-19].

[2] 冉云飞. 沉疴：中国传统教育的危机与批判. 海口：南方出版社，1999：165.

[3] 谢湘佑. 网帖曝考生高考前撕书 万千纸片飞舞似雪. http://www.chinanews.com/sh/news/2010/06-11/2337214.shtml [2010-06-11].

练。所谓机械训练指的是通过重复学习来获得对知识的掌握，通常的方法有死记硬背、反复抄写、过量同质练习。这种现象的产生与沉闷的教育文化氛围及教师本身缺乏创造性有关，在中学生掌握学习内容过程中，有些教师并没有担负起应该承担的学习活动的支持者、陪伴者、指导者的责任。虽然中学生是学习的主体，但是教师有对中学生加以引导和帮助的责任，其中引导责任尤为重要。例如，教师可以通过创新教学设计来取代机械训练，如在数学练习课中通过"变式"、创设有效的问题情境、结合实际的操作来加深学生对知识的理解，使他们获得能力的提升。但是对于许多一线教师来说，教学任务本身就很繁重，根据需要编制练习要耗费大量时间，创设问题的情境对个人创造能力也有一定的要求，因此创造性的培养常常被有意无意地忽视。特级教师黄爱华在教授"万以内数的大小比较"一课时，采用游戏的方式来让学生掌握万以内数的大小比较，学生能够用机械训练以外的方式来掌握这样的知识，并且理解得更加透彻。可惜受各种因素的限制，尤其是这样的设计对教师的教学设计能力提出了很高的要求，这样的教学方式并不能全面推广到全国的中学教学中，所以机械训练的方式依然难以撼动，一些中学毕业生晒几米高的试卷代表的绝非个别现象。

在素质教育的背景下，机械训练又出现了新变种，在县城初中比较流行。最近一些年来，中考和高考越来越规范，考前会有考试大纲和考试说明，所以教师能够清楚地知道每一道题目的题型，甚至每一道题目所考的知识点。以语文为例，许多省份高考的前几道选择题可能依次为汉字的读音、汉字的写法（找错别字）、词语的运用（词语意义的理解）、病句……这就给机械训练的出现创造了非常有利的条件。从小学到高中，新课程标准要求中学生掌握的字数是有限的，一些教师集中一段时间（一周或两周）来训练汉字部分，学生通过反复训练短期内就能提高第一题的得分率。重点学校的教师能力比较强而且通过集体备课可以实现强强联合。他们凭借丰富的经验知道哪些字是中学生容易写错的，通过总结、归纳汉字能够覆盖几乎所有可能的考点，他们甚至可以通过出版相关考试资料获得一定的经济收入。在重点学校，因为老师对考试重点、难点具备比较强的把握能力，相比较而言节约了中学生的时间，可以适当组织一些教学内容之外的活动来表面上"应素质教育的景"。机械训练的新变种尽管体现了教师的责任心和某些方面的能力，比传统的机械训练更精细，但教师的创造无法代替中学生的创造，中学生创造的主动性依然被压制，这是值得警惕的现象。

（四）功利的评价标准

新课程标准强调评价的多元化，要求在评价主体、评价内容、评价对象上突破传统的单一倾向，这样更有利于通过多方面的观察去评价中学生，从而促进中学生综合素质的提高。评价标准变得更灵活，但评价标准的功利性倾向依旧没有改变。功利性的评价标准所带来的后果是，中学生也同样用功利性的标准来要求自己，这与发自内在自我的创造需要是有较大差距的。评价标准的功利性主要从以下三个方面表现出来。

从教师的角度评价中学生。从教师的角度来看，有些中学生让教师非常省心，有些中学生可能需要教师花大量时间去精心教导。但实际并不是让教师省心的中学生的自我完善程度就高，很常见的现象是他们的自我抑制程度也很高。李雅卿在《乖孩子的伤，最重》[1]一书就详细论述了这些让人省心的孩子在不给家长、老师添加负担的背后隐藏着巨大的危机。相反，那些"不听话"的孩子往往从犯一些无伤大雅的错中（如拆坏闹钟、损坏自己的物品）认识世界，而所谓的"乖孩子"因为永远不敢犯错，导致创造需要彻底被压抑。这种依靠"乖不乖、听话不听话"来评价孩子的方式在中国教育的基因中已经根深蒂固，不经意间就通过教师的言行释放出来，因此课堂上一些中学生越来越沉闷和生活中学生越来越宅就不难理解了。

以不健康的社会心态评价中学生。工业化社会受到功利主义的影响，社会中的人用财富、地位、权力来评价人的倾向严重，使得部分教师的功利心也越来越重。因此，在学校教育中对中学生的评价也或多或少受到一些影响，审美能力、想象力、新思想和对崇高理想的追求在一些学校很难得到好评和鼓励，部分中学生的创新精神与理想被功利化的评价压制了，所以他们心中只有学习，而学习的目的往往是"为人民币努力"[2]。

以智力为主来评价中学生。1983年，心理发展学家霍华德·加德纳（Howard Gardner）在《心智的架构》一书中提出多元智能理论，人类的智力至少可以分成七个范畴（后来增加至九个）：语言智能、数理逻辑智能、空间智能、身体-运动智能、音乐智能、人际智能、内省智能、自然探索智能（1995年补充）、存在智能（后来又有补充）。另外，其他学者从内省智能分拆出灵性智能。新课程标准以多元智

---

[1] 李雅卿. 乖孩子的伤，最重. 北京：首都师范大学出版社，2010：1.

[2] 陈海峰. 小学生毕业留言雷倒校长：为人民币努力加油. https://www.chinanews.com/edu/2013/11-25/5540172.shtml[2013-11-25].

能理论为指导，但实际上人际智能、内省智能、自然探索智能、存在智能在实际教学评价中是不太受重视的。更为突出的是，当今的教育评价更多地关注智力方面，而对感官方面的评价往往是缺乏的。人的创造确实涉及智力方面的因素，但创造是一种多感官的综合性活动，人的感受能力、领悟能力在其中起着非常重要的作用。

第二节 数字化浪潮的冲击："秩序"的解构

"秩序"在工业时代可理解为"整齐"和"有条理"，人们能够人为地让事物变得有秩序。在数字时代，学界对"秩序"的理解更接近美国法学家博登海默的观点，即秩序指在社会发展进程中存在某种程度的一致性、连续性和确定性。这种秩序观并不强求某种绝对整齐，甚至承认在数字化世界中"参差不齐"本身就是一种常态，更强调的是事物在世界中的位置、关系和功能。数字化浪潮在很大程度上改变了世界的面貌，它使得整个世界越来越开放、越来越平，传统社会中时间、空间的界限被打破，那些在传统社会被压抑的善与恶同时被释放出来，整个社会呈现出一种旧结构已经破碎而新秩序尚未生成的混乱。尽管这种状况会为人的自我完善提供更为广阔的空间，但同时也使人更容易面临被异化和扭曲的风险。

一、教育价值体系的叙事结构问题

在数字化浪潮的冲击之下，人们往往很难去给别人讲述一个"完整的故事"，因为一个完整的"宏大叙事"的讲述需要很多的条件，如权威、控制、单一的信息源等。今天，中学生在学校里就能够接触到大量的信息（即使他们无法上网，数字化浪潮所带来的海量信息也会通过传统的书籍报纸、口耳相传等方式传播），任何一种"宏大叙事"都会引起人们的质疑、反对或戏谑。传统叙事结构的崩塌在短期内给学校带来各种教育观念上的混乱，这往往使得中学生在自我完善中因找不到目标而产生迷茫感。

（一）多种目标的交锋使人易陷入无目标之中

是否有目的地培养人是教育活动与其他社会活动的根本区别。[1]显然这里的"目

---

[1] 王道俊，郭文安. 教育学（6版）. 北京：人民教育出版社，2009：17.

的"更多的是指教育者所坚持的教育目的,这里面包含国家、地方政府、学校、教师的教育目的。一直以来人们可以通过"宏大叙事"的方式让所有人的教育目的统一于国家的教育目的。数字化从某种程度上解放了个人,叙事结构的改变使得某些教师对他人或者国家、地方政府的教育目的提出质疑。他们从事教育活动本身也是带有目的的,多样的教育目的作用在中学生身上容易造成教育力量的分散,同时也容易造成教育目标的模糊,任何一种教育目的都不可能通过教育活动不折不扣地实现。与此同时,中学生也有自己的学习目的(他们的学习目的千奇百怪,也许还不被成年人认同),而且这些目的确确实实对教育活动产生了影响,显然古代和近代的许多学校可以被近似地认为是某种价值观念植入的场所,而今天的学校则是价值观念交锋的场所。当然,这里所谓的交锋并不是传统意义上一定要求某种观点代替另外一种观点或者某种观点终结另外一种观点,而是不同的观点同时呈现,让"合适"的观点凸显出来,即使无法凸显也应该在几种观点中保持某种张力。

事实上,在这场交锋中学校和教师的表现是不尽如人意的,学校和教师不断放弃他们的目的,并对交锋失去了信心,屈从于中学生和家长的目的。任其发展下去的话,会使一些学校成为中考、高考的"培训机构",学校也会成为一个不关注价值观念的地方,教育活动也将不再是一种价值引导的活动。在这个意义上,一些人提出了"重回古典、找回教育"的观点,这正反映了部分教育者正在寻找教育目的的立足之基。只是无论是回归古典还是追寻新的理想都已经很难填补叙事结构问题所带来的空洞。

中学教育中出现了一些"无目的的人"。教师只关心怎样去教中学生,但是却不关心为什么教;中学生不去思考人生的意义,也不关心读书有什么目的。家长和教师让读书就去读书而非真心参与,参加所有的活动都是在被动地完成任务。也许很难找到完全没有目的的人,但是许多人的目的是不够明确的,所以随着外部强制的无目的性学习的增加,厌学的现象在一些学校中也在持续增加。初中二年级和高中二年级由于缺乏中考、高考这样的外部力量的刺激,一部分自主性不足的中学生的学习成绩出现了急剧滑坡的现象。这样的学生进入大学在失去了外部力量控制后,会感到迷茫而整天无所事事,于是许多人感慨高考前的那种生活才是真正的生活,才是有目的的生活。这不是教育成功的例证,而是教育失败的例证。让受教育者习惯并享受这种控制,这让人们隐约看到了奥尔德斯·伦纳德·赫胥黎在《美丽新世界》中描绘的场景。

（二）长远目标的缺失易导致玩世不恭

在中世纪，信仰基督教的人们有着一个长远的目标，那就是来世得救，近代以来人们也同样有着长远的目标，那就是一系列的主义，"美国梦"之类的宏大的故事结构同样也在一定程度上帮助人们明确了人生的长远目标。数字时代，人们已经很难去相信那些看不见摸不到的东西，人类失去了使命感，及时行乐和得过且过的消极心态开始渗透到学生的思想中。数字化的过程是一个祛魅的过程，叙事结构崩塌所带来的结果就是，美国的大卫·格里芬在《后现代科学——科学魅力的再现》一书中描述的那样"不仅在'自然界'，而且在整个世界中，经验都不占有真正重要的地位。因而，宇宙间的目的、价值、理想和可能性都不重要，也没有什么自由、创造性、暂时性或神性。不存在规范甚至真理，一切最终都是毫无意义的"[①]。

人们眼中的世界变得较为破碎和紊乱，中学生很难在纷繁复杂的世界中去构造某种价值观，他们对"长久""永恒"这样的字眼慢慢失去信心。随着时代的发展，通过"宏大叙事"来帮助人们确立信仰的叙事结构问题加重了人们的焦虑感。一些人的人生理想通常已经被世俗化为某种需要的表达，赚钱、买房子、找好工作、做公务员、成名这些原本属于低层次需要的内容一跃成为理想。这些目标更多地代表着对生活的屈从而非对生活的超越，因此有这些追求的人无法获得超越性体验。没有超越性体验的中学生往往会通过玩世不恭的态度寻求刺激来消解当下的"无聊"。一些玩世不恭的中学生的消解途径通常是谈恋爱、搞恶作剧、参加低俗活动甚至是攻击他人、恶意破坏、吸毒等。在一个高度多元化的社会，及时行乐成为部分人的选择，但这样的选择显然是对人性的一种伤害，对人的自我完善的一种极大的背离。

（三）不加选择地接纳常流于低俗

叙事结构问题最直接的反映就是没有了标准，人们为人处世时失去了参考的标准，似乎什么样的选择都有道理。在数字时代，网络给人们开辟了崭新的天地，在这个世界里鱼龙混杂，高雅和低俗没有明确的界限。当中学生进入数字化世界的时候更是没有谁给予他指导，于是一切的判断常常基于个人的偏好。这种偏好恰恰与人的动物性有很大关系，对于某些中学生来说，暴力游戏的吸引力远远大于

---

① 大卫·格里芬. 后现代科学——科学魅力的再现. 马季方译. 北京：中央编译出版社，1995：4.

文学名著的吸引力，时尚新闻、黄色信息的吸引力远远大于严肃的新闻事件的吸引力。没有标准的接受实际上给负面信息更多乘虚而入的机会，抑制了人对高雅的需求。

更严重的是，叙事结构问题冲击了学校教育的合法性并消解了教师的权威地位，教师很难理直气壮地传达某种道德规范，因为教师首先要考虑自己是否已经做到符合规范，还要考虑整个社会是否能做到，否则会引来学生对这些道德规范正当性的怀疑。即使教师已经做到了言行一致，而且弘扬的是社会的正能量，一些中学生也会从个人权利的角度发出反对的声音。在数字时代，文化总是以不同的观点和不同的声音同时出现的，世界变得更开放、更宽容、更具个性化。人类在达成一致上出现了困难，一旦放弃这种达成一致的追求往往容易导致人们依靠动物的本能而存在。无论教师还是中学生，都面临着挑战。一些人已经对在校园中提倡高雅文化提出质疑，怀疑高雅文化是否会因为"高大上"而与真实生活脱离，并一再提出学校生活儿童化的文化倾向也同样带有使学生生活幼稚化的风险。

叙事结构问题在教育中最深刻的反映是一批"空心人"的出现。对于这些人来说，从事什么工作都可以，根本没有自己的偏好，这也行那也行，意味着这也不深刻那也不深刻。奥尔波特、马斯洛、弗兰克等学者强调工作在人的健康人格形成中的重要作用，"空心人"的出现意味着工作和个体生命整合上出现了困难，从事某种工作一段时间之后便很容易产生倦怠感，这恰好印证了今天中国人工作很勤奋，但是热爱工作的人很少的调查结论。[1]

（四）缺乏主见，容易受流行文化的影响

数字时代推动了部分文化的盛行，因为在数字时代，权威的作用在消减而互动效应呈现得更为明显，微博转发、某些新闻引发的热议解释了流行文化总是与数字化（或时尚）相伴随，追寻流行文化成为一些中学生数字化生存的方式。一些中学生玩某种游戏、看某些电影，往往并非出于自己的喜好，而是为了增加与同伴之间的互动，拥有某种共同语言。通过流行文化来影响受众是数字时代商业发展的重要因素，很多商业机构就是通过营造或者借助时尚增加商品的销售量的，所以流行文化会长久地盛行下去，中学生受到流行文化的过多影响实际上会造成自我的缺失。

---

[1] 郭莹. 调查显示近七成人对工作毫无热情　4.2%热爱工作. http://jx.zjol.com.cn/05jx/system/2013/07/23/019486162.shtml [2013-07-23].

叙事结构问题让中学生抗拒教师的严肃说教而不由自主地相信流行文化，这是数字时代对教育产生的巨大冲击。近年来，伴随着一些日本动画片的热销、漫画的走俏，与剧情相关的道具等走俏校园，一些中学生交往中皆会谈及。[①]这种现象的出现对中学生心理健康必定会带来负面影响，而今天的教育面对这样的问题却很少有所作为。

二、教学内容选择中的信息爆炸

数字化让信息的制造、传播、存储和利用极其方便，信息爆炸成为数字时代一个非常重要的特征。尤其是全球的信息通过数字化技术连接起来，大大提高了信息传播的速度和广度。尼葛洛庞帝在《数字化生存》一书中指出，当事物呈指数增长的时候，最后三天的意义非比寻常，而在计算机和数字通信技术的发展上，我们正在逐步接近这最后的三天。汹涌而来的信息让人们难以抵挡，甚至想控制信息的接收都变得极其困难，同时人们从浩瀚的信息中选择自己想要的信息也变得越来越困难。信息爆炸给学校带来的影响也是显而易见的，中学生能够迅速地接触到海量信息并带着这些信息参与到学校活动中，教师在信息来源的把控上根本不占优势也无法将信息对中学生的影响置于有效的控制之下。信息爆炸在给中学生的自我完善提供了丰富的信息资源的同时，也给这些身心发展并不成熟的青少年造成了不良影响。

（一）对信息的过度依赖

信息量的剧增确实给人类的生活带来了许多便利，以往需要很长时间查阅的信息通过网络上的搜索工具能够在几秒内获取，以往无法获知的信息也能够轻松地查阅到，与此同时大量信息的涌入也给人们带来了较多的负面影响。信息量以难以估量的速度增加，这要求人们处理信息的能力应相应提高，但对于正处于成长期的中学生来说，他们面对这样的信息环境往往缺乏主动应对的能力。一些中学生因此陷入了对信息的过度依赖之中而不能自拔。

首先是大量的时间被浪费在无意义的信息上。经济利益是数字化信息传播的最为强大的推动力，在这些不断增加的信息中，娱乐信息和八卦信息占有非常大的比例。中学生在学校内外接受大量的此类信息，这成为他们生活中的兴奋点。娱乐新闻、明星私事、星座这些内容在促进人的自我完善上的作用是微乎其微的，反而会

---

① 佚名.2007.死亡笔记让学生变得心理扭曲.科学大观园，（11）：44.

浪费中学生本来可以用来参与其他更有意义的活动的时间。其次是一些中学生经常用寻找信息来代替思考和练习。信息获取的确是数字时代重要的技能，但思考也同样是一种重要的技能。目前大量的练习题、书本后的思考题及老师教学中的提问都能在网络上寻找到相关信息。例如，原本为了拓展能力而布置的寒暑假作业，通过网络上的搜索就能够找到答案，这样完全失去了作业应有的意义。"长时间的思考"不如"手指一点"，长此以往导致中学生的思维能力及调动自身能量的效能感下降。最后，手机控和微博控的存在证明一些中学生存在某种"饥渴症"，这种痴迷信息的现象遮蔽了许多真实的人生阅历和生活体验，这实质上是一个"非人化"的过程。

对信息的依赖实际上是因为数字时代的信息浪潮冲击了传统的信息传播观念，而人们对此却无所适从。中学生作为吸收能力最强的群体在这种信息混乱中更可能面临迷失的风险。学校教育更多地采用"堵"的方式来应对风险，但信息的浪潮已经强大到无孔不入，尤其是许多学校本身就在开展数字化建设，因而学校教育的应对措施收效甚微。学生对信息的过度依赖反映出保守的学校教育在应对新时代形势发展方面的不足，原本秩序井然的学校教育出现了一个很大的缺口。

（二）不良信息的负面影响

在传统学校教育中，教育者能够很好地控制学校的信息源，学生所能接触到的信息往往是经过加工之后的信息。传统学校中的信息大部分是一些经过高度提炼和加工的信息，学生通过获取知识来了解为人处世的道理，掌握求职谋生的技能。在数字时代，信息爆炸意味着无论是科学知识、有用的信息还是无用的信息都同样是开放的、容易获得的。从这个意义上讲，中学生接触暴力、色情等不良信息变得更加容易。

1. 不良信息会冲击学校教育所弘扬的价值观

随着数字化水平的提高，网络无界的趋势越来越明显，西方国家价值观念、意识形态和生活方式通过网络传播对中学生的冲击较大，享乐主义、悲观主义、实用主义、权力主义、金钱至上等观念的影响也越来越大，而这些观念恰好是人本主义提倡的健康人格所批判的。

2. 中学生过早接触某些信息容易诱发早熟

青少年期的价值在于有机会更好地实现自我完善。人的自我完善需要一个宽松的、和谐的，尤其是较少受消极力量影响的环境。而数字化带来的某些内容容易增加青少年的焦虑感和额外的压力。外在压力大意味着中学生自我完善面临着迷失的风险，他们往往难以根据内在本性自由地成长。

3. 不良信息容易将中学生引入歧途

2007年，公安部新闻发言人的武和平曾公开提到，被抓获的青少年犯罪嫌疑人当中有近80%曾受到网络不良信息的诱惑。[1]尽管笔者认为不良信息并非青少年犯罪的唯一原因，但这些信息确实对中学生的成长是不利的，这种不利因素在模仿能力强而且控制力弱的中学生身上得到了放大。

（三）信息对知识的消解

信息时代是否还需要知识？信息时代的知识对人的自我完善究竟能起到多大的作用？这是步入数字时代不得不深思的问题。因为当前一个重要的问题是信息爆炸冲击了传统知识在教育中的地位，造就出一些有信息而无知识的人。

信息是以特定方式排列的具有意义的数据，而知识是能够用于生产的信息。换言之，只有当信息被用于生产时，它才具备了知识的属性。某种信息能够用于生产从本质上讲并不是信息本身的功能，而是人类对信息进行加工的结果。在教学活动中，中学生只有对信息进行理解、感悟、反思、练习、应用才能将信息转化为个体知识。在数字时代，知识的传递更为方便，但是这意味着知识被抽空成信息，并以信息的形式传递。与面对面的知识传递相比，这种信息的传递丢失了许多东西，而对于信息接受者来说必须具备将信息还原成知识的能力。事实上，将信息还原成知识本身就代表一种能力，需要中学生在长期的学习生活中一点一滴地感悟和积累才能掌握。因此，信息转化成知识的能力本身应该是当今社会最为需要的一种能力，同时也是仅仅依靠学校教育很难培养出来的能力。

信息爆炸使一些人相信信息是第一资源，但实际上，缺乏恰当的知识往往导致信息并不能成为资源。人们对信息占有得越来越多，这往往意味着人们减少了锻炼自己获取知识能力的机会。从第四章的调查数据来看，普通中学生往往习惯于通过数字化技术来获得信息而不是掌握知识。许多人甚至相信了解大量信息就意味着有了知识，有了成长。人们也必须认识到生活中涌来的大量信息并不见得是真正有价

---

[1] 吴博. 公安部：近八成青少年犯罪受网络不良信息诱惑. https://www.chinanews.com/sh/news/2009/05-18/1696493.shtml [2009-05-18].

值的信息。八卦新闻、虚假信息往往对中学生的成长有负面影响。

（四）信息对能力的弱化

信息爆炸在消解知识的同时对中学生的能力发展产生了不利影响。不可否认的是，知识在能力的发展中起到基础性作用，尤其是程序性的知识往往和潜能的激发有着千丝万缕的联系。信息爆炸对知识的消解给人的能力的培养带来隐患。例如，理论思维能力往往需要通过大量阅读和接触大量的理论知识才能建立起来，缺少这个必要的知识积累过程会导致能力成为无源之水。更为重要的是，信息的涌现对于离开学校的成年人来说，意味着可随时随地获取知识，很多工作可以通过信息查询和信息应用来完成。但对于中学生来说，依赖信息技术的帮助往往会让他们缺乏应有的锻炼机会而使潜能得不到开发。

最初，计算器的使用让中学生从烦琐的计算中解脱出来，许多省（自治区、直辖市）的中考、高考允许考生带计算器进入考场。这样的结果是，中学生在使用计算器的同时也失去了大量灵活处理各种数字的技巧和能力。这样的一种选择有利也有弊，虽然中学生能够更好地适应新时代对应用技能的要求，但是笔者认为即使是在数字时代，人的心智的发展依然比单纯地使用工具的能力重要。因为在数字时代计算机能够代替人类处理大量的工作，但依靠人类心智、知觉、灵感和判断力来处理问题的能力往往是计算机无法具备的。尤其是当前数字化的进程存在很大的结构性的差异，很多领域数字化进程非常缓慢，在比较成熟的数字化社会到来之前，人的能力依然起作用。当然，计算器只是一个隐喻，信息化技术带来的冲击要比计算器带来的冲击强烈得多。中学生可以通过在网络上搜索答案的方式来完成家庭作业和寒暑假作业，甚至可以通过网络找到帮助完成作业的人。对于信息的过度依赖意味着中学生片面发展了搜集、处理、加工、存储和利用信息的能力而忽视了许多其他方面能力的培养。

1. 想象力的发展面临挑战

信息技术将直观教学发挥到了极致，以往语文教学涉及的地名、风景都是通过教材中的书面文字或者教师的口头语言来传达的，而今天这些地名、风景甚至与之相关的图片、声音和视频资料多数能够在网络上找到。如果语文教学中不使用信息技术，中学生常常借助教师的语言来再现文字所传达的图景，这就需要一项很重要的能力，即想象力。数学、物理中的空间想象力，语文中的文字和情境的再造想象力，艺术中的创造想象力通常因为信息技术提供了具体形象的参考资料而得不到充分的锻炼。

2. 阅读能力的发展面临挑战

在信息时代，人们越来越重视信息的形式而非内容，读图时代迅速来临，人们在信息时代阅读到的大部分都是经过加工之后有固定格式的新闻、消息等。人们长期混迹于网络，已经越来越习惯于接收短小、浅显、吸引眼球的信息，而深刻、复杂、重要的内容往往得不到人们的重视。一些人认为，未来的信息社会将是一个新的社会，不再需要处理复杂的文字材料。但至少从目前的情况看，较强的阅读能力，尤其是处理重要文字材料的能力依然是一项非常重要的基础能力。

3. 判断能力的发展面临挑战

大量信息为人们作出判断提供了依据，人们可以综合考量各种数据以寻求最优化选择，借助数据作决策的思想已经在工业、商业、政治、军事等领域广泛应用。但在其他许多领域尤其是在日常生活中，人们选择什么样的职业、与什么人交往、去什么样的学校进修等不完全是依靠外部数据就可以作出决策的客观化问题，而是需要人们根据自己的情况作出主观判断。一些人长期习惯了以信息为基础的决策而忽略了对自身的了解，这样的决策往往是疏离自身的，假如这样的决策发生在择业中，就容易导致职业倦怠。实际上，信息爆炸和信息崇拜同时发生的结果意味着用外在的信息代替内在的感受，用客观来压制主观。

三、校园日常生活的碎片化生存

人们身处一个这样的社会，人总是与周围的人形成紧密联系，成年人在这样的世界中总是无法躲藏，随时"在线"。人们经常无法安静地完成一项工作，因为工作有可能随时被打断，人们已经很难心神专注，中学生已经养成了超文本链接的浏览习惯，许多人越来越不能做到按照一个连贯的逻辑去完整阅读一本书，甚至不能不受干扰地看一场球赛。人已被切割成不同的碎片，人们在线上和线下扮演着不同的角色，甚至在同一时间有不同的身份。这样的一种生存方式被称为"碎片化生存"。碎片化生存对学校教育的影响非常大，中学生在放学后通过手机等进行碎片化阅读，可以在网络上扮演和生活中完全不同的角色，也许他在现实生活中是胆小自卑的，但是在数字化世界却可能是大胆且富有领导力的。

（一）碎片化的注意力

信息和关联让人们成为多任务处理的机器，有价值的信息和冗余的信息扑面而来，人们的生活时间已经被切割成一个一个的碎片。数字内容平台和产品的内在属性要求他们不断制造新的兴奋点，通过创新内容和形式获得人们短暂的注意力停留。这样的场景已经非常普遍：时间不再是大把大把地由自己支配，任何时候都可能遇到干扰，人要做的事情太多，要关注的信息太多，电话、网络让个体随时都可能被别人找到，人们的生活往往被切割。成年人尚且如此，对于注意力很容易分散的中学生来说，他们更容易受到外在力量的影响而不能专注于某一件事情。

手机长时间开机的人越来越多，电话响起时人们无论在做什么都生怕错过某件重要的事情而去接听；短信来了第一时间打开来看，否则心里总放不下。一些中学生已经习惯通过手机上网，看看新闻、玩玩游戏、发发微博或者有一搭没一搭跟QQ、微信上的好友聊几句，这一聊也许就聊半天，尤其是在等车时、睡觉前都会发个微博或看下朋友圈，他们的缝隙时间被填满了。正是这些事情让中学生无法集中精神，扰乱了他们的心境，使其拖延了时间，甚至导致学习时因三心二意而效率低下。在数字时代，外部世界对人的影响力越来越大，人们越来越难以将注意力集中在一件事情上。

以中学生为例，如果无法将精力集中在学习上，缺乏对知识深刻的思考、理解，那么对于知识的理解往往流于粗浅。更重要的是，注意力不集中往往意味着缺乏学习的元认知监控，这样的学习是一种被动完成任务的学习而非自我调节型的学习。

（二）碎片化的知识结构

一直以来，人们相信网络有利于人们获得知识，并形成完备的知识结构。事实上，网络在人们知识结构形成中的作用值得怀疑，以微博为例来分析人们接收网络信息时的心理状况：人们总是在一条条信息之间跳转（所谓"刷微博"），不在任何一条上长时间停留，又要读完每一条信息，却不关心是否记得，在乎的是阅读中的一种心理刺激。在这样一个阅读过程中人们不用知道是什么，不需要思考为什么，只需要把一条条相互之间没有逻辑联系的信息放进大脑。这一心理过程不仅仅在刷微博时出现，在网络论坛、网络新闻浏览中都有类似的心理过程。这样一种处理信息的方式改变了人们的思维习惯，形式即内容，载体决定效果，人们在阅读中往往是反应迅速、不假思索的。大量的"微内容"只是一片片零碎内容的堆砌，并没有获得有效整合，网络中的信息和大脑中的信息构成了一种碎片化的同构。

这和传统的构建知识结构的方式完全不同，传统的建构知识结构的主要方式是深度阅读，即在书页上集中全部精力专注阅读，在阅读的同时进行思考，在读完一段之后再进行反思，甚至再翻阅之前读过的内容，从而构建自己的知识结构。这样的一个过程需要极强的综合能力和专注力，一旦这一思维活动被打断，原有的头绪就会被立即破坏。尽管不否认人的主观能动性，但在系统化的数字化环境中，一些人已经被驯服成敏感的机器，总是对信息灵敏而快速地作出反应，他们似乎处于某种隐性的"受控"之中，不能够长时间地安静阅读、思考。另外，整天生活在所有空隙都被填满的生活中的人不再有"头脑的闲暇"，成天处于对各种刺激的关注之中，不能够安静地去反思和总结。他们无法在头脑空闲的时刻对一天所接收的信息加以处理，信息往往只能以一种散乱的状态在头脑中存在。

微博、微电影、微小说、微访谈、微旅游等小微资源的生产依靠的就是快速激发受众的兴趣，它们主要臣服于一种商业化的眼球经济的运作模式，在影响人的情感、思维和心灵的方式上具有同质化的倾向。换言之，这些文本资源往往是具有同一本质的多种变体，人们只是从不同的角度去感受同一种东西，这将导致无论对于知识的获取、生活的体验还是对精神的升华，个体都不能够提供充分的支持。

（三）碎片化的自我

数字化生存已经不再是一个趋势，对于许多人来说已经成为一种浸润其中的事实。数字化生存意味着一种前所未有的生存和生活方式，即虚拟生存甚至虚拟社会的出现。这种虚拟生存给人类带来的最大改变是原来的"现实人"分裂成"现实人"和"虚拟人"，一些人在网络上和现实中反差极大。虚拟社会里存在着一个个"游离、漂浮、失控的社会个体碎片"，这些"碎片化个体"容易成为一个不负责任的人，也会使自我失控。这样的例子已经不少，如出现网络剽窃、欺骗、诈骗、偷看隐私甚至更严重的网络犯罪行为。这种虚拟化的环境让一些人很容易克服传统的完整的人在现实生活中存在的"愧疚感"，在分裂成不同碎片之后，他们更容易为自己的不光彩行为找到心理安慰。一些学者从风险社会角度提出自己的顾虑，"碎片化个体"习惯了这样的形式之后，"有组织的集体不负责"可能会出现。即使有学者认为"个体碎片化"只是人类历史的过渡阶段，但也不得不警惕这一风险。

中学生进入数字化世界往往受"补偿某种缺失"的心理的影响，他们身处福柯所解读的带有强烈的驯化意味的传统学校生活中，在学校教育中，中学生的天性受到了某种程度的压抑。一旦进入网络环境，这种被压抑的天性就会被释放出来。中学生之所以沉迷于网络通常就是为了寻求在学校教育中无法获得的安全感、自尊感、自由感、成就感、亲密感等。虚拟社会中的自我有可能强大到脱离现实中的我而失去控制，尽管这种极端的现象比较少见，但是两种自我甚至多种自我（在数字化世界中可以扮演不同的性别、角色、身份、职业等）之间产生矛盾的现象还是存在的。碎片化的自我给学校教育提出了新的课题：中学生是否能够通过教育获得不同自我间的协调，从而实现人的自我完善的整体性。

四、学校教育传统遭遇数字化浪潮的冲击

在传统社会中，人们的行为往往是由自己的兴趣和需要促成的，但数字时代外在的信息源随时可能成为人们行为的动因，人们往往认为只有和信息潮保持同步才意味着活在当下，这似乎已经成为最自然不过的想法。从这一点来看，数字化不仅在塑造着我们的生活，同时还在塑造着我们自身。数字时代的时间不再是线性的，而是不具形的、联想性的。社会理论家道格拉斯·洛西科夫解释道，这就是我们期待已久的时刻，不过我们似乎来不及活在当下。[①]相反，我们仿佛僵住了一样，在永远在线、现场直播的现实中手足无措，而我们人类的身体或思维都不可能真的寄存于这种现实之中。数字化浪潮的冲击所带来的生活节奏的混乱中最大的悖论是，人们无论以多快的速度去追求跟上时间的步调，人们都会感觉步调缓慢，一个人受数字化影响的程度越深就意味着他的时间发条上得越紧。这种状态所带来的影响在学界中引起很大的争议，但这种潮流若是被商业利用，那么将会在很大程度上破坏人们自我完善的环境，它将产生较强的控制力而干扰人们的自主性。当下的冲击对自控能力较差的中学生来说影响更为明显，曾经流行于中学生中的"out"就是一个突出的标志，反映的是一种为了获得自我确认而跟紧潮流的紧迫感。这样一种潮流对于学校和中学生的影响来说都非常强烈，并由此带来了许多新的风险。

（一）前瞻性的失落

根据摩尔定律，大约每18个月单位面积芯片上的晶体管数量会增加一倍，所以基本上每一年半电子产品的性能就会提升一倍。在这样一个瞬息万变的时代，预测未来变得越来越困难，主要是因为人们预测所根据的事实在不断发生变化，活在当下成了一种较为常见的观点。活在当下可以是一种对于目前状况的关注，告诉人们应该努力珍惜每一天，但同时也反映出人们越来越对"方向"疏于关心。信用卡的过度消费激活了当下主义，诱使人们忽略有关风险。环境污染问题同样与个体普

[①] 道格拉斯·洛西科夫. 当下的冲击. 孙浩，赵晖译. 北京：中信出版社，2013.

遍缺乏前瞻性思维有一定的关系。一些网络购物成瘾的人通常只沉醉于当下的快感而并不在乎当下的行为对于今后的影响，人们用"过把瘾就死"来调侃这一状况。乔布斯的产品更像是一种符号，代表着当下的人们对于及时体验的追求。当下的体验成为一种数字化文明中的底色，如果不能沉浸其中就会被淘汰出局。

这一切对以保守著称的学校教育造成了巨大的冲击，一直以来人们认为教育的成就需要多年以后才能看得出来。今天的老师和家长更关注的是即时的教育效果，如今天中学生的成绩排名、今天学习的收获。中学生关注的除了即时的收获外还关注当下的体验，如游戏中所获得的愉悦感。从实际情况来看，一些教育方式有明显的迎合潮流的趋势，教育为将来生活作准备的理念在一定程度上让位于关注中学生当下的生活，但实际上如果不将中学生的当下生活放回到"过去—今天—未来"的整体结构中，将会贬损当下的意义。一些学校染上了一种羞于谈未来的怪症，凡是谈未来都会被人扣上不切实际的帽子。不谈未来的教育是一种名副其实的工具性教育，教育的产品将是一大批没有梦想的"橡皮人"，他们麻木地活着并需要通过不断地寻求刺激来获得乐趣，而这恰好落入数字时代商业的圈套，数字化商业需要的不是主见而是认同。

数字时代让未来变得越来越模糊，人们不可能和以往一样找到某种确定性的结论，但是完全可以从这种模糊中寻找一条主线，因为在数字时代，模糊往往意味着更准确。显然，当下的某些学校教育并没有认识到这一点，因为学校曾经追求的确定性未来的教育在某种程度上宣告失败，却还没有深刻认识到在这种模糊中寻找未来的必要性和可能性。

（二）历史感的丧失

当下的冲击不仅带来了学校教育前瞻性的失落，还带来了历史感的丧失。詹明信指出，"历史感的消失，那是这样一种状态，我们整个当代社会系统开始渐渐丧失保留它本身的过去的能力，开始生存在一个永恒的当下和一个永恒的转变之中，而这把从前各种社会构成需要去保存的传统抹掉"[1]。如果说20世纪八九十年代出生的人们还有很强的寻根情结的话，那么今天的中学生在数字化背景下正在逐渐地丧失历史感，漂浮无根的状态将成为一种常态。过去的事件已经失去它存在的意义，除非它能够在当下被激活。大量演绎历史的书籍、电视、电影的出现激发了人们对历史细

---

[1] 詹明信. 晚期资本主义的文化逻辑（2版）. 陈清侨，等译. 北京：生活·读书·新知三联书店，2013：481.

节和冷知识的消费欲望，历史事件、历史人物、历史逻辑等的"一切皆可""一切全无所谓"的戏说彻底否定了历史感。这些作品已经与阅读者本人的时间感脱钩，用网络语言来说就是历史可以随时"穿越"不同的时代。从这个意义上来讲，历史已经与个人脱钩，历史既不是人类的历史也不是个人的历史，历史成为一种可以自由操控的对象。

历史感的丧失意味着原来的坐标体系已经失去了作用，人们习惯用"迷茫"来形容人们当下的心态。从大历史的角度来讲，人们不关心自己所处的时代，因而无法认识到自己与时代之间的关系，个人就是个人，个人没有活在历史之中而出现"漂浮"状态。这种历史感的丧失背后隐藏着很大的危机，人成了漂浮的人，人之为人的价值将无法确立，因此某些人将会变得索性不关心自身存在的价值。

在一些学校，教育也越来越疏远历史，即使在校庆之类的活动上，学校经常只是将历史作为产品来"贩卖"，获取更多的注意力和资源，而忽视了校庆在学生历史感形成中的意义。幼儿园、小学、初中、高中、大学直至毕业后的人生都是个人历史的有机组成部分，一些学校教育将完整的个人历史切割成了一段段当下的碎片，每个阶段都没有真正体现出这个阶段独有的人生价值，这无疑是对个人历史感的一种抹杀。同样，历史课程仅仅传授历史知识，实在是将生动的历史外化于个人的一个过程，这样的历史彻底失去了其存在的价值。

（三）强烈的紧迫感

数字化浪潮的冲击造成强烈的紧迫感，一些人总感觉越快越好，总是行色匆匆似乎永远都不能停止下来，其行动好像上了发条一样。不断加快的步伐并没有真正让人获得额外的时间或者真正掌控时间，而这种紧迫感更多的是一种心理效应。这种心理效应并不意味着每一个人都会强调效率，相反，一些人会通过其他方式来逃避这种紧迫感。这种紧迫感并不是因为自我追求所引发的，而是外在强烈刺激所带来的。这种紧迫感能够猛烈冲击学校教育并迫使中学生自我异化。

强烈的紧迫感容易让人形成一种用简单模式解决复杂问题的思维方式，人们试图把事情分成一类一类的，然后忙着把一件事情和另一件事情联系起来，哪怕这种联系是强加的甚至是臆造的，也要从形式上获得解决问题的办法。人们有时候试图把同时发生的事物联系起来，就好像这些事物之间真的有联系一样，道格拉斯·洛西科夫把这种现象称为"分形偏执"。人们越来越像一台精密的计算机，想将事物自动关联起来，尽管人们并不能够充分领悟两者之间的实际联系。在一些学校教育中，人们把计算机和教育质量联系起来、把学习时间和学习效果联系起来、把道德知识和道德行为联系起来，但并不能真正领悟它们是如何发生联系的。换句话说，人们首先想到的是联系起来，而不是去分析其因果和特性。分形偏执和网络中的自动链接一样，关注的往往是形式上的关系，而不是实质上何以发生联系，这样的处理教育问题的模式只能使教育变得形式化。

强烈的紧迫感往往与激烈的竞争相伴而生。竞争是一种提高效率的形式，但同时也将人们的注意力从任务本身引向了与任务无关的旁人，似乎人们行为的目的不是完成任务而是为了战胜其他人。在一个充满自由感的社会中，适当的竞争对于个体及整个社会来说都会产生良好的影响，但数字化浪潮的冲击所带来的紧迫感是无处不在的，它压抑了人们的自由感。所以，人们才需要花大量的精力去应对、调适甚至逃避这种紧迫感。

学校教育也无法逃避这种紧迫感。无论是学校管理者、教师还是中学生，都存在这种紧迫感，但是这样的教育与中学生自由成长的节奏不符，某些教师总是试图施加一些外力来改变这种节奏。所以有的人将今天的学校描述成"监狱"，更多的是因为学校对中学生心理上的控制。

第三节　信息化教育的误区：技术的狂热

数字化浪潮带给人们的不仅仅是一件一件新的数字化产品，从多媒体演示、电子白板，到平板电脑、电子书包、云技术、云课堂……数字化的来临和纸张的出现一样也改变了人类生产和生活的方式，在教育领域也引起了一连串的变化。以数字化产品为明显标志的数字时代推动了学校教育数字化的进程，数字化校园的建设、数字化资源的建设等带给学校崭新的气象。在这种数字化的进程中，人们很容易品尝到数字化的甜头却忽略数字化背后的负面影响，狂热的技术革新的进程往往是以牺牲中学生的自我完善为代价的。

一、现代教育技术的滥用

在数字化的浪潮中，大量的数字化设备进入教室，给学校带来了新的活力，但与此同时，人们对技术的盲目崇拜和技术的不恰当使用给中学生的发展带来了一些负面影响。无论什么样的教学科目、教学内容和教学目标，如果不适当使用这些数字化技术的话，都会产生适得其反的效果。这种为了使用数字化技术而使用数字化技术、不顾及教学实际情况、不能与教学目标相联系的行为被称为现代教育技术的滥用，在教学中主要表现在以下几个方面。

（一）重视硬件建设，忽视技术的使用

数字时代对我国中学教育产生了重大冲击，中学硬件建设取得了不少的成果。"校校通"工程 2002 年启动，至今教育城域网已经初具规模；中国教育卫星宽带多媒体传输平台已经覆盖全国；阻碍现代远程教育发展的多项技术难题已经解决。这些已经为数字化教育奠定了良好的硬件基础。

数字化浪潮之下，各学校参与教育技术建设的积极性很高。许多学校投入大量资金购买现代教育技术设备、建设校园网以跟上数字时代的步伐，与此同时出现了一些盲目上大项目、搞"大而全"，结果硬件不能物尽其用的现象。最为普遍的现象是，一些学校以为高档设备就意味着数字化、现代化，所以购入大量的高档设备，但最终却造成许多设备闲置而成为摆设。再加上数字化产品的更新周期短，有的设备因为淘汰的速度快而造成资源的浪费。这种现象出现的原因是多方面的，主要原因在于许多学校把数字化教育看成一个"技术"问题，单纯从技术的角度去考虑数字化建设。这种盲目性的出现在于，这些学校并没有投入较多精力去研究数字化、信息化的本质，没有系统考虑什么样的教学软件才是学校急需的，以及未来的发展规划。这种以技术为中心的教育数字化之路本质上是出于一种对技术的狂热追求，而不是出于对良好教育的追求。在当前的教育中，技术滥用主要表现在以下几个方面。

（1）注重硬件的建设而忽视软件建设。一些学校购买的设备大部分并没有真正投入使用，一个重要的原因是对软件建设的忽视。欧盟国家的教育信息化项目一次性投资在硬件、软件、培训方面的分配比例约为 1∶1∶1，这样就能保证通过软件的开发从而提高硬件的利用率。在许多情况下，没有合适的软件作为配套，硬件使用往往是为了使用而使用。

（2）重应用轻效果。一些教师在现代教育技术的使用过程中有一种"只要运用了教育技术，就一定能够促进教学"的心态，不注重教学过程的设计、教学的反馈和评价，这样的教学甚至达不到传统教学所能达到的效果。这种心态源于一种对现代技术的"迷信"，盲目相信只要使用信息技术手段就一定能够产生好的教学效果。此外，教师和相关辅助人员技术水平不高也是造成重应用、轻效果的原因，比较浅层次的操作技能并不能完全凸显信息技术在提高教学质量方面的价值。

这种现象给中学生的自我完善造成了不利影响。中学生无法认清技术在学习过

程中的价值，容易对数字化技术形成不正确的看法。

（二）用机器设备来代替教师的劳动

现代教育技术确实可以从一些方面减轻教师的劳动，如可以减少教师在黑板上书写的时间，以前老师刻钢板印试卷的情景一去不复返。在教育活动尤其是教学活动中，教师具有不可替代的作用，如果教师为了省事而让多媒体等设备代为完成本该由教师亲自完成的工作，那么实在是对教学活动的一种破坏。"以机代人""以机代教"就是对这种现象的描述，一些教师事先将所有教学内容制作成课件，课堂教学活动变成了一种演示课件的活动，无论是教师的讲解还是中学生的学习，都是以媒介上所存有的内容为中心进行的。尤其是电子书包和电子课本的出现让知识的呈现技术达到了炉火纯青的地步，在现代技术的帮助下，这些新设备可以代替老师工作，包括分析学习的重点难点、教授学生知识点、演示不能实际完成的实验、监督中学生学习的进程、反馈中学生练习的效果。但是数字化技术（至少今天的数字化技术水平）无法做到主动发现中学生在学习和生活中的问题，不会主动采取有效措施引导中学生提高自身的可持续发展的能力，而这些是事关中学生一生自我完善的重要问题。

最近几年，教育信息化取得了令人瞩目的成果，但这种技术升级并没有推动教育的深刻变革，只不过变成了一种更为精致的"老师讲学生听"的形式。数字化技术的介入不应该只是对传统教育要素的替代，而应推动教学要素和教学系统的升级。教育技术替代了教师在知识呈现方面的功能后，教师应该将注意力更多地转移到中学生在课堂中转知成识、转识成慧及知识和经验的结合上。否则，教师自身工作的价值将无法体现，必沦为教学设备的操作者，这样做不但没有带来教育质量的提高，相反，还会严重打击师生参与教学活动的积极性。

（三）重视教学技术，淡化教学理念

现代教育技术的滥用还表现为一种严重的背离，即教育的技术手段越来越先进而教育的思想却没有发生任何改变，这就导致用工业化的思想来处理数字化的技术。工业化时代追求数量、规模、形式、效率、方便的思想依旧充斥于整个教育界，而这种氛围和追求操作、互动、个性的教育技术之间存在着很多的矛盾。最为突出的是，高效的信息技术只是方便了老师的教，而忽视了学生的学。电子书包、远程教育从某种意义上可以解决偏远地区中学生难以获得优质教育资源的问题，但这些远程资源往往只是对教师的教进行了包装和升级，并没有从根本上改变中学生原来的学习方式，也没有提高学习质量。

人们对技术环境下学习心理的研究非常欠缺，如技术环境下人的学习行为特征和心理变化特征、人与技术环境如何实现交互、什么因素影响学习者的心理（如动机）等都是教育领域需要明晰的问题。但当前的教师培训中主要还是满足于技术的简单应用而没有思考技术如何推动教育变革。实际上，技术所支持的学习环境应该体现开放、共享、交互、协作等特点以及更应关注学习者的内在情感，注重社会交互在学习中的作用，这些优势并没有被人们充分意识到，所以也没有成为教育思想中的重要组成部分。

这样的教育只是一种传统灌输、被动式教育的改良版本。如果说以前的灌输教育是教师用单调的行为进行灌输的话，那么现在的一些教育实际上是一种包装了的"灌输"教育。这种变得"精致"的教育同样是以中学生的服从作为前提的，虽然从实际效果来看并没有传统的教师一言堂那么令人厌恶，但其最终的结果是让中学生慢慢地习惯并享受"机器控制"的过程。

二、教学过程的泛技术化

当代教育走向数字化的过程中，除了对技术设备的盲目崇拜外，对技术逻辑的崇拜现象也十分严重，其结果必然导致教学过程的泛技术化倾向。教学中通过新技术增加了声音、图片和动画，但是一些教学活动内部的僵化也变得更为严重。教学活动中的三要素（教育者、受教育者、教学中介）构成了像机器一样的系统，每一个中学生作为一个恰当的零件在这个机器中飞速而灵活地运转。人们看到的往往是教学活动在顺利、高效地进行，而忽略了中学生在这种高速运转中的处境。教学过程的泛技术化是指，教学中借用了科学研究及现代技术中普遍采用的逻辑，即尽力将那些不可控的因素排除在外，从而只剩下自变量和因变量的对应关系。于是通过这样一个泛技术化的过程，教学中许多不确定的因素和情感、动机、经验等难以处理的因素如同水分子一样被抽干，这样的教学就只剩下一副躯壳。"对于今天的教学活动来说，技术不是渗透或显现于教学活动的某一方面或某一环节，如果仅限于此，尚不足以称之为技术化。当技术已经渗透和显现于教学活动的全过程，进而成为教学活动赖以存在的根据和标准的时候，教学技术化成了无可否认的事实。"[1]

---

[1] 徐继存. 教学技术化及其批判. 教育理论与实践，2004（2）：48-51.

（一）流程化的教学过程

在教学领域存在着这样一种现象，随着教师教学水平的提高，他们在教学中的行为越来越熟练，之后这种熟练的行为逐渐固化。教师专业化的过程大致可以描述为"随意发挥—熟练操作—自由发挥"三个阶段。新手教师往往仍处于摸索之中，这一阶段教学行为较为随意，他们为了改变这种随意性行为不断地去学习某种规范，从而习得一定的教学范式。通过一些年教学经验的积累，他们已经熟练掌握了基本的规范并有了一套自己的教学模式，教学活动也变得越来越熟练。这个阶段的熟练操作、游刃有余一直是新手老师追寻的目标，也是教师发展的分水岭，因为大部分教师的发展仅仅停滞于此。因为打破已经形成的模式，不断加以创新和升华，真正实现专业化，做到在教学自主权基础上自由发挥的教师少之又少，所以呈现给人们的教育面貌是，一些教师只能做到一个熟练工匠所能做到的，即不断重复已经形成的技艺。数字化技术从某种程度上减少了教师需要自主操作的部分，这同时也意味着"预设"变得越来越成熟。如果不能处理好数字化技术的使用问题，随着电子书包、远程教学的推广，教学将变成一种预设和播放的活动。

鼓励教师将更多的时间用于备课的本意是，让课堂变得更有广度和深度，但这样做的结果是一些教师将一节课打造成了某种"标准课"，以后的课程都可以依据这样一个完美的标准来展开。所以，一些课堂上各种媒体绚丽多彩、热闹非凡，但实际上教师只是重复着简单而机械的提问，根本无法打动学生，教师的讲述因为太熟悉已经变得有些麻木，整堂课似乎十分流畅、毫无瑕疵，但这并不是教育教学追求的理想课堂，而像已经编排好的表演剧。虽然生活本身充满悖谬，教育不可能变得跟生活一样混乱，但也应该通过有效的教学生成来激发中学生的力量，让中学生通过调动自身能力来冲破原来固化的教学程序。只有这样，课堂生活才能变成中学生自己的生活。教育正在发生变化，但一些教育者依旧秉持传统的逻辑思维，将课堂控制得井井有条成为许多教师的追求。一方面，教师想方设法地保证教学的严密性和条理性，其中必然意味着教师对整个课堂的暗中控制；另一方面，教师又明白应该给予中学生适当的自主性。这两个方面同时存在于教师甚至整个教育的潜意识中，最终的结果则是表面上中学生在自主学习，但教师总是和放风筝一样通过一条看不见的线来操控整个教学活动。

（二）个体生命经历的边缘化

泛技术化的教学过程推崇的是操作上的得心应手，往往关注形式多于本质。这实际上是数字时代中存在的一个重要问题,即形式和内容的关系问题。在数字时代,人们更多关注的是眼球效应、即时效应,但教育是否真的能够以同样的模式运作呢?教学过程如果太关注于达到目标,则忽略了教育应该是一个不断促进成长的过程这一目标。总而言之,这种泛技术化的教学过程所缺乏的是对人的关注,缺乏对人的生命、生存、发展的关注。叶澜教授如此描述:"以完成认识目标为宗旨的'教案',成了控制师生课堂生活的'看不见的手',制约着师生的活动,导致课堂教学变得机械、沉闷和程式化,缺乏生气和乐趣,缺乏对智慧的挑战和好奇心的刺激,使师生的生命力在课堂中得不到充分的发挥,进而使教学本身也成为导致中学生厌学、教师厌教的因素,连传统课堂教学视为最重要的传递知识的价值,也不可能得到完全和有价值的实现。更需指出的是,这样的教学价值观忽视了一个基本事实:课堂教学是教师和学生共有的人生中的重要生命经历,是他们个体生命的有意义的组成部分。"[①]

教学原本是师生共同的一段生命历程和一种生活方式,也是中学生暴露错误、改正错误、积累经验、思考人生的过程,但现在的一些教学已经变成了一种工具化的活动。本来丰富多彩、充满灵感和创意的教学过程已经降格为一种行为主义心理学意义上的"操作"。强调预设、注重结果的教学思维方式,使教学更加追求流程的顺畅和完成,却无视身边丰富多彩的生活中存在丰富的教学资源及其潜在的教学价值,教学越来越程序化和"有效",而教学作为一种生活却黯然失色。[②]

(三)对价值活动的轻视

数字时代是一个极度开明的时代、一个价值多元的时代、一个原有秩序被冲垮的时代,价值选择上的困惑困扰着今天的人们,一些人甚至刻意去排斥价值选择。这样的时代似乎陷入了一种任何价值观都有道理、所有价值观都可以并存的年代。但对于人来说,失去了对意义的寻求就无所谓自我完善。在一些学校,教育就陷入一种对于价值追求的茫然状态,无论是教育者还是受教育者都对周围世界各种各样的价值观感到迷惑,而且每个人的价值观都是基于自己的立场而产生的,并且很难达成共识。目前,一些学校教育越来越远离价值问题,进行德育教育时也尽量将其控制在规范的层面,而对于人生观、世界观的问题在名义上是重视的,但实际上只有形式上的关注。新课标提出的三维目标突出了对情感、态度、价值观的重视,但

---

① 叶澜."新基础教育"论:关于当代中国学校变革的探究和认识.北京:教育科学出版社,2006:248.
② 黎琼锋.教学价值与美好生活.北京:人民教育出版社,2012:44.

情感、态度、价值观方面的目标根本不是在泛技术化的教学中能够实现的，所以在许多课堂中的三维目标实际上是空有其名的。一些学校的教学正沦为科学化和技术化的过程，教育陷入一种去价值或去道德的境地，它已经抛弃了自身的沦理德行的追求向度，教育完全成为一个彻底通过处置知识而处置人的机械过程。[①]

教学过程对价值活动的轻视并不意味着教学中就没有了价值引导，因为教学活动同样受到许多隐性因素的影响，这些隐性因素的介入也会产生价值引导的作用。比如，如果商业化时代符合商业活动的精神进入教学领域的话，那么中学生的学习往往关注的就是分数、学历、文凭、证书等。如果实用主义观念进入教学领域的话，那么学生将更多地关注这一节课有没有用，这样一个知识点有没有用，这些知识能不能对将来的成功有帮助。如果学校教育对价值活动轻视，就意味着学校教育变成了一个同互联网一样部分失控的平台，各种价值观念都能够争得一席之地，教师也可以自由表达自己的观点，于是"读书是为了挣大钱、娶美女的观点"的言论也公然登上讲堂，这样的局面意味着教育的异化。数字时代容易为学校教育提供一种错误的导向，一些教育工作者以为一个没有标准、没有黑白、混沌一团的时代到来了，显然这是不利于教学活动正常开展的，所以我们必须警惕这种现象。

三、科学技术对人文的压制

数字化技术是今天较受关注的科技成果，人们通过对各种数字化产品和技术的使用，切身体会到科技给生活带来的便利。在网络信息的推动下，有些学校对于科学技术的崇拜已经到了无以复加的地步。这种崇拜首先表现为对数理化这样的课程的重视，一些学校将主要的教学资源集中于数理化等课程的教学上，而文科类的教师和喜爱政治、历史、地理的中学生成为学校中的"弱势群体"。在这些学校里，学校的一切工作，包括教学和管理的所有活动，实际上都是依据科学的逻辑设计来运行的，这意味着学校在关注教学效果时忽视了把人文关怀真正落实到具体的教学细节上。由此，这些学校的教学思维就是一套完整的科学思维，这种思维依然是追求确定性、线性、连续性、唯一性的思维，学校从整体上变成了一个正在运行的机器，即使提倡以人为本，那也是用机械化的方式去体现。

（一）教育管理重科学性而忽视人文性

"科学管理之父"泰勒改变了传统的凭借经验进行管理的方式，科学化、标准

[①] 金生鈜. 规训与教化. 北京：教育科学出版社，2004：31.

化的管理开始进入人们的视野，他所提倡的是给每一个生产过程中的每一个微小的动作都建立一个评价标准，并将达标作为对工人奖励的依据，这样每个工人都努力去达到甚至超越这个标准。虽然标准在不断提高，但是工人的进取心却没有停止，所以生产效率也在随之提高。泰勒极大地提高了管理学的研究水平，但与此同时他也成了一个被工人称为"野兽般残忍的人"。这种强力控制式的管理方式与数字化技术的结合将会产生更大的能量，泰勒已经将标准化在当时的水平下作到了极致，而数字化技术可以将一切尽可能地量化，于是管理中的控制将会变得更加严密。教育中的"精细化管理"原本是针对管理的粗放、主观和不负责任而提出来的，实际上精细化管理的思维逻辑正是一种纯科学的逻辑，即线性的、必然的、严密的、联系的逻辑，存在把复杂的人当作机器来处理的倾向。很久以前，英国一个小学生麦克劳德想看看动物的内脏是什么样子，就偷偷杀死了校长家的狗，如果按照科学的管理方式，那么这一行为显然就应该根据学校制定的详细条款加以处罚。麦克劳德遇到了一位高明的校长，他惩罚麦克劳德画一幅狗的血液循环图和一幅骨骼结构图。此后的麦克劳德表现出生物学上的天赋，最终因发现胰岛素在治疗糖尿病中的作用而登上了诺贝尔奖的领奖台。这位校长的管理方式和陶行知三颗糖的故事如出一辙，达到了科学逻辑下的管理所无法达到的境界。科学的管理逻辑在一致化、标准化、统一化、高效化方面有着突出的作用，但对于强调遵守教育性原则的学校管理来说并不完全适用。

当前数字化背景下的学校管理注重科学性而忽视人文性，主要表现在对量化的过分推崇及滥用上，而在规范性的引导上做得却不充分。数字化校园建设让一些学校里布满了摄像头、数据线、刷卡系统和分析仪器。即使没有这些设备，一些学校也建立了各种规范标准。这些都让中学生的行为越来越透明并且可以定量处理。这让管理看似越来越有条理，但与此同时却让中学生越来越无法感觉到个性展现的自由。相反，教育中的人本主义管理最大的特点在于，对每一位成员人格上的尊重，它通过创造合适的环境及条件满足成员的需要，并通过各种关怀对其进行引导。这一点恰好是数字化技术的短处，数字化技术必须先进行抽象化和符号化的处理，这种处理意味着人及人的行为都被同质化处理成一种类型。

（二）推崇科学精神而轻视人文精神

计算能力不是问题，存储容量不是问题，宽带不是问题，数字化浪潮带给人们极大的信心，人们相信即使今天存在很多问题，未来也一定能够解决。这就是科学精神的影响，没有无解的问题，只是今天还找不到答案罢了。这个时代的主流技术哲学仍停留在牛顿时代、停留在笛卡儿时代，仍然在意识深层秉持"科学=理性=进步"这样的观点。[1]符号化的比特世界，已经将"编码"提升为一种权力、将"连线"升格为一种权力。它所沿用的"思路"与"逻辑"，与文艺复兴时期知识分子对自己的定位、与启蒙运动时期知识分子对自己的定位、与工业革命时期知识分子对自己的定位别无二致——他们坚信自己是以进步的名义、是以科学的名义、是以理性的名义勇往直前的。[2]当电视机、计算机、手机等产品不断成为人们生活中非常重要的一部分的时候，科学似乎成为人们评判一切事物的标准。某些学校也未能免俗，一些学校用同样的标准来评价教育，所以教育学也被教育科学所替代。最为诡异的是，一些学校的人文学科的教学也被科学改造，道德教育往往依据现象—问题—原因—行动的逻辑来进行讲解，语文课文被切割成段落和句子进行分析，然后再将各个段落的意思综合起来。一篇文笔极佳的文章被分解为一个个知识点，语文中应该有的整体感悟、文化熏陶已经不见了。造成这种推崇科学精神、轻视人文精神局面的原因包括以下几点。

（1）推崇科学知识。在一些科学主义者眼里，所有问题都能够通过科学的方法解决，甚至随着科学的发展它还能够处理人文价值和精神价值方面的问题。一些学校支持通过实验、观察等方式获取知识，认为那些哲学、文化、艺术类的知识往往是主观推理或者纯粹思辨，所以往往被认为是没有什么了不起的、不可靠的知识。

（2）崇拜科学方法。理科知识的研究中当然应该使用科学方法，但人文知识通过科学方法处理后常常会出现许多问题。西方学者提出用套装知识理论描述和解释了这些问题。所谓"套装知识"，就是用"奥卡姆剃刀"处理掉知识中的个人主观经验之后剩下的那些客观的、抽象的、系统的、严密的、标准的知识。当前在一些学校中套装知识是普遍存在的，中学生接触到的往往是处理掉个人经验之后的知识，所以中学生往往觉得这些知识是没有用处的，因为距离自己的生活太遥远。

（3）过分的专门化倾向。对事物的还原和分解是科学主义的武器，这种方法已经被普遍应用于教学之中。中学的课程编制往往采用还原的方法，将人类的知识分成各个部分，再通过课程表、教学计划进行切割。教师通过一个个知识点的讲授完成教学任务，而考试通常也只是考察一个或几个知识点。所谓文科综合、理科综合、大综合更多的是将不同学科试题呈现在同一张试卷上，很少在解题思路或者解题方法上体现学科之间的融合。人文知识的分裂倾向会影响到中学生对自我和生命的整

---

[1] 段永朝. 互联网：碎片化生存. 北京：中信出版社，2009：7.
[2] 段永朝. 互联网：碎片化生存. 北京：中信出版社，2009：12.

体认识,"为了训练的目的,一个人的理智认识已经被分割得支离破碎,而其他的方面不是被遗忘,就是被忽视;不是被还原到一种胚胎状态,就是随它在无政府状态下发展"①。

(三)重视逻辑思维而轻视感性体悟

无论是文科课程还是理科课程的学习都在强调中学生思维能力的训练,而这种思维能力的训练往往是依靠理论知识的运用来解决纸面的问题。这样做往往只会培养中学生处理理论知识的逻辑思维能力。但是现实生活中,人们面对的大部分问题是实际情境中的问题,所以需要具备对实际情境的体悟能力。学校在这方面的教育是有缺失的。例如,解决实际问题时,往往需要调动多种感官,尤其是将感官所感受到的与逻辑思维结合起来,而实际上一些中学生虽然学了很多年的数学,却很难掂量出500克的大概重量。

直觉体悟是一种不同于逻辑思维的认识世界的方式,这是一种不借助语言、概念、判断来实现主体对客体体认的方式。杜威在《民主主义与教育》中曾经说:"一个孩子仅仅把手指伸进火焰,这还不是经验;当这个行动和他遭受到的疼痛联系起来的时候,这才是经验。从此以后,他知道手指伸进火焰意味着烫伤。"②其实杜威的经验说强调了两个方面,一是经历,二是反思。从经历的角度来讲,经历是直觉和体悟的开端,艺术家的成就除了纯熟的技艺外,更在于他的领悟能力,没有这种感性的经历则意味着缺乏自我完善的原动力。数字化技术可以帮助中学生在教室里就能看到全世界的风景和社会上发生的各种事件,但这种"非亲身"的经历并不能够完全取代感性的现场经历所包含的非理性的内在感受。数字化教育试图用虚拟代替真实经历的思路是存在问题的,中学生太多时间生存在数字化世界中,这将减少他们真实地直接参与社会活动的机会,意味着情感因素在个体生命中不断被稀释。从反思的角度讲,当前一些学校提倡的反思往往是一种科学性的反思,如反思缺点、优点、经验、教训,对于整个人类来说,这类反思所得出的结论有利于增加人类的知识量,但对个人来说,这种反思既不足以触动个人内在的情意系统又不会成为自我完善的动力。

音乐、美术教育原本是培养中学生感知和体悟能力的最好途径,实际上蒙台梭

---

① 联合国教科文组织国际教育发展委员会. 学会生存:教育世界的今天和明天. 华东师范大学比较教育研究所译. 北京:教育科学出版社,1996:193.
② 约翰·杜威. 民主主义与教育. 王承绪译. 北京:人民教育出版社,1990:153.

利教学法中的音乐、美术教学就将这一点发挥到了极致，如儿童音乐教学首先是从听辨各种声音开始的。然而一些中学艺术教育却被"科学化"，成为一种技艺的教育，无论是老师、家长还是中学生，都觉得不教授一点技艺不能算作真正的教育。相比较而言，听觉、视觉、想象力、体悟能力的进步常常不是肉眼可见的。事实上，多感官的参与及直觉体悟思维在创造性思维中起着重要的作用，无论是大量的纸面练习、书本学习，还是网络上的操作都很难有效地培养出创造性思维，而这种能力往往在一流的科学家（如爱因斯坦）、艺术家（如凡·高）、思想家、作家身上表现得更为突出。

四、学校教育的快餐化

数字化为教育提供了前所未有的便利条件，但相伴的是对效率、结果的极端追求，人们对传统教育慢节奏的进展十分不满。一些学校出现了许多教育快餐化的倾向，一些教育者秉承科学的立场，认为借助现代科学技术的发展，教育者已经越来越了解中学生的"大众口味"。他们假设：中学生爱好读图而不是文字，中学生爱好当代生活而不是古典生活，中学生爱好复杂而不是简单，中学生爱好诙谐而不是严肃。科学主义的狂妄在数字时代被推崇到无以复加的地步，一些教师有了更大的勇气去实施已经被技术所预设的教学，也许中学生依然具备选择的权利，但他们的选择无非就是在"麦当劳"和"肯德基"之间作出选择。教育从根本的意义上讲，应该是中学生在教师的推荐之下"点菜"，然后互相沟通，从中学生的立场不断调整、悉心调味的过程。数字化技术的介入在某些方面不仅没有带给人们所期盼的个性化，相反"个人口味"越来越被"行业标准"所取代，导致一些教师越来越没有心思去关心中学生的口味。这些教师总是全部预先作好安排然后再去向中学生推销口味。在这种快餐化教育的影响下，教育者感受到了技术带来的便利和前所未有的自信，中学生也逐渐适应并且享受这种方便、快捷的教育方式，整个教育结构也是有序而高效的，但人们却忽视了最为重要的问题——这种方式是否真正能够为中学生的自我完善提供营养。实际上，快餐化的教育是不利于中学生的自我完善的，因为快餐化的教育往往与容易受时尚文化和外部信息影响的中学生匹配。从目前教育改革的情况来看，学校教育的快餐化至少在以下几个方面可见端倪。

（一）教育内容的选择流于肤浅

在数字时代，人们往往习惯于将音乐下载收听，而不是去音乐厅欣赏一场真正的音乐会；愿意观看一部滑稽的电影，而不是静下心来阅读一本影响力较大的文学名著。那些在网络上被炒作的作品往往成为快餐式作品。缺乏张力的教育是一种没有底线的、迎合社会现实的教育，这样的教育缺乏对生活的超越而失去了教育本身的意蕴。适应儿童身心发展的需要及关注儿童生活世界是当代教育一个重要的原则，儿童的生活不应该只有"喜羊羊和灰太狼"而没有莎士比亚、歌德、鲁迅。但也有一些学者认为，这些作家的经典作品都是在成年之后完成的，成人的价值观难以让中学生理解，过早接触这些成人的思维不利于中学生的成长。

在学校中教育内容流于肤浅的现象是在一定范围内存在的，大量的名著被改写和节选为教学内容，美其名曰"读总比不读好"，这种现象意味着教育底线的失落。一些教师对新课程改革之后的数理学科内容的认识是"变简单了"，但这种简单是在什么意义上的简单？如果意味着减少中学生思考的机会而不是减少大量重复而无效的内容，那么这样的改变往往不利于中学生的发展。人的自我完善需要不断参与有难度的活动才能实现。

实际上，人的自我完善需要有一种向上拉伸的张力，这种张力来自人性中崇高的部分，让中学生接触一些深刻而又崇高的教育内容无疑是为他们的生活提供了另一种新鲜的价值理念。不可否认，在现实生活中，中学生是充满孩子气的，其思维尚浅显，教育既不应该改变中学生原生的教育，也不应该重复中学生已有的生活，而应该在中学生原来的生活中增加一些不一样的内容。放弃深刻的内容其实是不尊重儿童生活的表现，而将教育置于和日常生活同等的地位，这无疑是对学校教育意义的否定。

（二）教育质量评价流于形式

评价教育质量最重要的标准是教育对于中学生终身发展的影响，这已经成为学界普遍的共识，但"教育对于学生终身发展的影响"在学校教育实践中如何被量化是一个难题。教育质量的标准化控制往往无法达到人们所期待的水平，而所谓酌情处理往往使用的是一些简单的、外在化的处理方式。

1. 把学习进度作为教育质量的关键因素

笔者并不反对一些中学生因为自身的主客观条件而促成的快速学习，反对的是外在力量催生出来的学习进度。在这个希望更快一点的时代里，人们总是希望在更短的时间里完成更多教学任务，这一过程可能是牺牲中学生知识理解、知识内化、知识和经验整合的过程。这和快餐时代的风气是合拍的，某些快餐中的速生鸡能够快速生长意味着其生长过程是不健康的，出现了异化。蒙台梭利认为，儿童只有在一个与他年龄相适合的环境中，他的心理生活才会自然地发展，并展现他内心的秘密。学校教育如果不能够经受外来的社会压力就无法给中学生提供一个适当的保护空间，来保证中学生的正常发展。这种对于学习进度的追求正是学校对外在压力的一种屈从。

2. 把外在成就作为教育质量的关键因素

韩愈从传道、授业、解惑三个角度去考量教师的职责，这至少反映了衡量教育质量的三个方面的标准。今天的教育越来越演变成一种技能的训练，而这种技能是一种以考试为中心的听、说、读、写、算等方面的技能，这几乎成为许多教育参与者评价教育的尺度。以数学教学为例，数学兴趣、思维方式等是无法测量的，而唯一可以测量的是解决数学试题的能力，所以数学课常常变成了数学解题技能的培训。

3. 把中学生的感受作为教育质量的关键因素

《百家讲坛》等节目让许多教师意识到关注中学生在教学活动中的感受的重要性，把中学生的感受放在重要地位是无可厚非的，但中学生主观感受并不是教育质量的核心要素。一线老师关注中学生的感受，所采用的方法往往是借用儿童关心的电视节目、引用儿童喜欢的故事，用幽默风趣的语言娓娓道来或者采用栩栩如生的教学视频来刺激中学生的感受，这样做的结果往往会获得中学生的好评，而教学内涵却被放在了不太重要的地位。

4. 学校教师责任心的流失

"责任心"和"义务感"是两个看似相近、实则区别很大的概念，学校教育的快餐化还表现在今天教育工作者用义务感替代了责任心。义务感往往是当一个人处于某种地位或身份的时候不得不做某件事情的意识，单纯的义务感只能保证一个人试图付出最小的努力去承担最小的工作量。责任心则代表了一种尽善尽美的对于身份或者职业的忠心，不光在乎自己是否和岗位匹配，更在意自己的努力是否有助于增益这种事业。在学校教育中，责任心的流失表现在多个方面。在一些学校，师生的关系越来越疏离和物质化，对中学生的道德教育只关注底线的惩戒而不关注高线的引导，对中学生智力发展之外的事情缺乏关心，等等。难道教师不知道存在这些问题吗？不是，只是一些教师逐渐丧失了教学的责任感。就好像某些快餐行业也知道自己的速成产品会对人体造成危害一样，只是他们并不重视这些。仅仅从形式上看，教师没有违反职业道德也履行了基本的义务，但是这种形式化的执行却带来了本质上的偏离。

以语文教学为例，语文教育应该是工具性和人文性的统一，中学生通过所选文章的学习掌握语文知识，学会字、词、句的使用。更为重要的是，中学生在学习的过程中可以体会不同时代作者的处境，感受不同时代的特色，领悟作者丰富的内心世界并获得心灵的陶冶。多媒体在声、色、画呈现等方面的作用尤其突出，其优势在于语文知识的高效传授。但是文化的积累和传承是一个复杂的过程，多媒体目前在这方面起到的作用不明显，如讲授朱自清的《背影》，有些老师通过有关母爱父爱的音乐、短片来达到渲染气氛的目的，但从语文教学的角度来讲这无异于隔靴搔痒。对于某些教师来说，他们往往会淡化甚至放弃语文的人文性价值。"责任心"和"义务感"的背离导致教师只会去完成那些能够被量化的工作，而忽视关注教学可能达到的最好的效果。

第六章

中学生数字化成长中自我完善的教育支持

"计算不再只和计算机有关,它决定我们的生存。"[1]尼葛洛庞帝在《数字化生存》中告诉人们,数字化不仅作为一种技术提供了一些新鲜的产品和实用的技术,数字化已经深刻地改变了人们的生存方式、思维方式和发展方式。同样,尽管并非每一个中学生都能够意识到数字化成长意味着什么,但教育研究者和实践者必须尽快认识到传统教育已不再适应中学生数字化成长的需要,不能再用工业化时代的教育方式培养数字时代的人。人们应该推动教育的发展,让教育有利于中学生在数字化成长中更好地实现自我完善,为数字时代培养一批引领时代发展的栋梁之材。

第一节 数字时代的教育思想转向

不同时代的教育有着不同的思想基础,不同的思想基础决定了教育的时代划分。从西方教育发展史来看,古希腊时期寻求理性的哲学精神带领着人们寻求人性的共相,以苏格拉底、柏拉图、亚里士多德为代表的思想家都对支配宇宙最普遍的规律抱有极大的兴趣,所以这一时代的教育强调理性精神、强调心智和灵魂的发展。中世纪,人们把古希腊时代的"普遍规律"归结到上帝的头上,这是一个以皈依上帝为终极追求的时期,当时的教育以帮助人们靠近上帝为核心。从文艺复兴起,人

---

[1] 尼古拉·尼葛洛庞帝. 数字化生存. 胡泳,范海燕译. 海口:海南出版社,1997:15.

的解放成为时代的主流思想，教育以挖掘和扩充人的能力为核心，这一精神也贯穿整个工业时代的教育。人类已经进入数字时代，数字时代人类所推崇的主流思想呈现出的特征将影响到今天的教育发展。

一、数字时代："钟思维"向"云思维"转向的时代

1965年4月21日，卡尔·波普尔在华盛顿大学作的亚瑟·霍利·康普顿第二次纪念讲演，题目为《关于云和钟——对理性问题与人类自由的探讨》[1]。从欧几里得、阿基米德、伽利略一直到牛顿，他们建立起一个这样的物理世界，"所有的云都是钟——甚至最阴沉的云也是钟"[2]。这是一个钟的世界，钟意味着确定和精确，代表着某种严格的内部规律，人们可以通过努力找到这个规律，从而预测乃至控制这种规律下的物理现象。波普尔认为，牛顿的理论是第一个真正成功的理论，这个理论能够精确地去解释所有行星的运动、地球物体的运动，如苹果落地的运动、钟摆的运动等。牛顿的成功意味着"钟思维"的成功。在历史的长河中，牛顿定律的提出并不是一个孤立的事件，启蒙运动是这一事件的背景。以物理学的发展为引擎的科学和理性得到极大发扬的年代彻底确立了一种时代观念。这种观念在波普尔那里被称为"物理决定论"，这一理论在工业时代已经成为一种普遍的观念，人类的繁衍、天体的运动、人的行为、市场的变化乃至文学艺术这些变幻莫测的"云"肯定有某种内在的规律，正是在这种信念的作用下科学技术获得了快速的发展，同时科学之外的一切受到强烈的压制，甚至科学之外事物存在的合法性都受到了人们的质疑。因此，物理决定论（所有的云都是钟的学说）在开明的人中间已成为主导的信仰，而所有不接受这一信仰的人则被认为是蒙昧主义者或反动分子。[3]尤其是所有的云都是钟的观念进入社会领域，人们总是希望所有社会运转也都变成一种钟，科层制成为一种最合适的选择，秩序和控制成为与理性同义的东西，这就是福柯笔下的疯人院及与之同构的军队、学校所共同具有的特点。

工业时代的教育正是所有的云都是钟的思想指导下的实践，人们试图去找到

---

[1] 卡尔·波普尔. 客观的知识——一个进化论的研究. 舒炜光，卓如飞，周柏乔，等译. 上海：上海译文出版社，1987：1.

[2] 卡尔·波普尔. 客观的知识——一个进化论的研究. 舒炜光，卓如飞，周柏乔，等译. 上海：上海译文出版社，1987：239.

[3] 卡尔·波普尔. 客观的知识——一个进化论的研究. 舒炜光，卓如飞，周柏乔，等译. 上海：上海译文出版社，1987：223.

教育的钟，心理学和社会学规律似乎是教育中最接近于钟的东西，于是在学校中去建立一种秩序，通过规章制度、时间安排、课程设计让教育成为一种名副其实的"钟表"。这样的教育制度培养出来的中学生相信秩序是好的，是应该受到推崇的，是世界的"真相"。在今天看来，这些情况却表现出一些弊端：在学校教育中接受的宏大叙事、线性思维、黑白两分、本质思维和日常生活中的感受形成巨大的反差，在数字时代出现了宏大叙事结构的崩塌，一些中学生认为学校教育所宣扬的那一套是"骗人的"，线性思维已经被超链接击溃，黑白两分和本质思维也不再适合一个变动不安、活在当下的世界。工业化的教育和数字时代的中学生形成一种整体上的背离，人们已经充分认识到今天的人和工业时代的人有着明显的区别，不能用工业时代的教育机器来培养数字时代的人，而当今的教育面临一种整体上的转向。

所有的云都是钟的观点在今天并没有彻底失效，尤其是这种思维在推动经济发展方面的作用依然存在，但人们不能等到"触底"之后再变革，必须正视教育领域存在的普遍问题，发挥教育在社会变革中的作用。从现实来看，所有云都是钟的决定论、控制论的思维已经暴露出严重的弊端。从历史上看，对所有的云都是钟有不同看法的人早已有之，即使是牛顿本人也把太阳系看成是不完善的，推断它必将毁灭，而真正旗帜鲜明地反对所有的云都是钟的当推美国数学家、物理学家皮尔斯，他认为，"我们可以自由地猜测所有的钟都有一定的松散性或不完善性，而这就允许偶然因素得以存在。因而，皮尔斯推测，世界不仅由严格的牛顿定律所主宰，同时也受偶然性、随机性或无序性法则及统计学概率的支配。这就使世界构成一个云和钟的连锁系统，因此，甚至最好的钟在其分子结构上，也会显示出某种程度的云状"[1]。此后物理学的成功陆续证明所有的钟都是云，不确定性和偶然性成为一种常态。

数字化的出现本身是一种所有的云都是钟的思维方式的发展结果，数字化发端于将一切都转换成"0"和"1"两种符号，通过这样的形式来控制一切，包括计算机的出现也都是在"钟"的逻辑指导下的结果。从本质上讲，这是科学技术的成功，今后随着科学技术的快速发展，人机对话将成为可能。但是随着数字化的发展，社会中越来越陷入失控的状态。比如，"维基百科"这种缺乏统一策划和控制的力量战胜了由专人编辑的词典。各种消息和言论铺天盖地，人们已经很难控制这些精华

---

[1] 转引自卡尔·波普尔. 客观的知识——一个进化论的研究. 舒炜光，卓如飞，周柏乔，等译. 上海：上海译文出版社，1987：242.

与糟粕混杂的言论。人们在网络上享受到便利的同时，也受到了较多的干扰。数字时代的发展不断涌现出失控的力量，但各界对于这种现象的态度十分复杂，政府、机构、学校都在试图去掌控这种难以控制的数字化发展趋势，所以数字时代就是一种云思维与钟思维搏斗的时代。这种钟的逻辑一方面在推动着科学技术的发展，另一方面将整个社会拉向了一种不平衡的状态，人与物的关系出现了扭曲，这些都宣告着云思维应该在数字时代获得一席之地。笔者认为，钟向云转向并不是要用云来取代钟，而是让被压抑掉的云重新出现，从而获得与钟同等重要的地位。

二、云时代的教育：推动自组织的人的诞生

数字时代的人应该是什么样的？这一问题的提出依旧代表了一种本质性思维，即钟思维。于是应该将问题作相应的转换处理，数字时代的人有可能做什么，或者进一步追问数字时代的人可能面临怎样的机遇和挑战。如果说，工业社会的主要危机是使人面临被工具化的危险的话，那么数字时代的人主要面临三种危机：机器化的危机（工具化的危机的发展）、数字奴隶的危机、符号化的危机。

机器化的危机是一个非常复杂的问题，人的机器化和机器的人化已经随着科学技术的发展逐渐成为事实。人的机器化引起了人们的恐惧，一些科学家尝试在人的身体里植入芯片，然后与数字化技术连接起来，这样人就变成了数字时代的"机器"。另外，人类在与数字化产品的相处中面临着成为机器奴隶的风险，人们通常会24小时待机，人跟随着数字化产品的提醒去一步步点击，离开数字化产品人会感到不适，这样人就沦为了数字的奴隶。符号化的危机是指人可能成为一种符号，人本身没有存在的意义，所以从本质上来说，这是人面临的存在性危机。其实，上面三种危机具有一个共同性，即都属于人的意义的危机。数字时代的人应该是能够在这些危机中立足并获得长远发展的人，这种人能够在社会中找到合适的定位，他们是通过实践活动获得自身的存在感、建立自身意义感的人。数字时代人的意义是一种生成中的意义，而不是一种决定下的意义，学校教育应该引领人们去创生这种意义。因此，可以将数字时代的人称为"自组织的人"，即通过个人的自我完善来组织自己的身体、生命和精神。以下笔者将对自组织的人的特征作较为详细的描述。

（一）具有独立个性

工业时代，本质主义和一元思维深入人心，在价值观领域表现为人与人的价值

观念的趋同，这种趋同是以牺牲自己的内心感受为代价的。数字时代的人应该是具有独立个性的人，能够独立思考、独立判断、独立解决问题、能够摆脱外在的依赖、不轻易被人操纵、自己为自己的行为负责。独立个性的人不是那种轻易被外力改变、人云亦云、容易被其他组织和个人"洗脑"的人。他们的价值系统是成熟而又灵活的，无论外在力量有多么强大，内在的判断都会一直起作用。

每一个人都是独一无二的，这种独一无二并不仅仅体现在外貌、姿势、言语、思维方式、生活态度、情感表达方式、心理活动方式上，更在于每个人存在的意义上。一个具有独立个性的人，并不是被强制灌输了某种价值观的人，而是通过自己的行动、感悟和反思领会到自身存在的独特意义的人，这种人的人格是独立的、个性化的。在数字时代的初期，人们常常会对独立个性存在误解，尤其是一些中学生把叛逆、耍酷理解为一种特立独行的个性。而随着数字时代的发展，人们会领会到，独立个性不是外在的扮演而是内在独立自我的自然展开。

（二）具有全球意识

数字化技术能够让物质和信息相互转化，信息以极快的速度传输，整个世界形成了一个紧密的人类命运共同体。日常生活所涉及的区域不再是以往的一隅，而是涉及整个世界。纽约发生的经济事件可能会在短时间内影响到北京，中国商人可能需要随时和欧洲客户保持联系并关注欧洲市场的变化。在数字时代，这样的场景会普遍出现：同事们不在同一个办公室工作，甚至可能分布在世界各地，大家通过电话会议和网络视频的方式进行交流，协同处理工作。在数字时代，人与人紧密地联系在一起，人们解决一些非常普通的问题可以寻找不同国家人们的意见。比如，环境污染问题的解决，就不是一个国家能够单独解决的。从个人行为习惯上讲，每个人都应该具备在全球的框架下看待问题的能力；从解决问题的角度讲，需要来自不同国家和具有不同文化背景的人达成一些基本的共识并协调好相互之间的关系，全球意识成为数字时代人才必须具备的基本素质。具有全球意识的人首先必须能够了解不同国家或地区的文化背景、人们的行为习惯；其次能够和具有不同文化背景、宗教信仰、生活方式的人一起工作和学习；最后，也是最为重要的，每个个体都能够调动自身的知识储备和激发自身潜力去了解与参与全球问题的解决。

（三）具有情境意识

数字时代解构了工业化时代的许多观念，其中最为明显的是确定性、稳定性、永恒性被解构，并代之以永恒的变化，正所谓"变"是唯一不变的事情。如果说工业化时代解决问题的常规思维是寻找不同事物、不同问题之间的联系，那么数字时代最常见的思维是，寻找不同事物、不同问题之间的不同点，针对不同的情境寻找解决问题的不同办法。显然在数字时代，人们需要的不是一成不变的真理和包治百病的万能技巧，而是对于所处情境的敏感度。工业时代的教育似乎一再地告诉学生，总会有一个正确答案存在，然而到了数字时代，世界上并不存在唯一正确的答案，即使暂时存在，那么有可能在下一秒人们就必须修改自己的答案。面对不同的情境，关键在于寻找变化，发现到底哪里改变了，新的情境到底新在哪里。情境意识是极其复杂的，即人的感性和理性同时发挥作用、逻辑思维和非逻辑思维交替进行。一方面，需要人有足够强的洞察力去了解情境所包含的内容及细节；另一方面，必须学会吸收一些新信息、新知识，而这些鲜活的信息和知识将构成挖掘情境深层背景的必要资源，可以帮我们在模糊或者不完整的情境中作出合适的推断。

（四）具有参与意识

在工业化时代，参与各项活动大多数都依靠科层制度，并以组织成员的价值观趋同为代价。但是在个性张扬的数字时代，这种以控制为基础的参与彻底破产了，更多的是在协商、合作、相互体谅的基础上为共同目的而参与相关活动。当前，命令-控制式的组织越来越少，但是仍然有一些人缺乏参与意识，无法对自我进行有效管理，所以仍旧需要被"控制"甚至主动要求"控制"。数字时代的人应该是具有参与意识的人，他们具备主动进取和开创精神，因为他们认识到参与这项工作的意义和自己人生价值之间的关系，所以他们更会忠于自己的工作，并通过不断挖掘自己的潜力来获得马斯洛所谓的"自我实现"。在数字时代，人与人之间的关系不再是仅限于管理与被管理的关系，更多的是合作关系，如何参与到这种合作关系中显得尤为重要。在一些学校，教育是与此背道而驰的，一些中学生在学习中往往倾向任务明确、分工明确、有人领头、各司其职。这本质上还是一种控制思维的变体，这种状况下的参与往往是以消灭主体性为代价的，部分个体被动或者自愿放弃自己的意志。在数字时代，参与就如同大家一起建设论坛、一起建设维基百科、一起完成科研项目一样，每一个人都必须成为负责任的个体，能够主动激发自我意识，让自己全身心的参与到各种活动中去。

（五）具有执行能力

在工业化时代，人们也强调执行能力。这种执行能力往往指的是如何将计划、要求、指令落到实处,在执行过程中人们面对的难题是如何战胜自己的懒惰、如何把事情做好。在信息化时代,"执行"所面对的难题是如何抓住问题,找出本质原因,理清问题的发展脉络,制订解决问题的方案并加以实施,最后还要评估问题解决的效果并梳理出后续事态产生的影响。在以"命令-控制"为核心的时代,人们所执行的往往是大量程序化和重复性的任务,在数字时代,这些简单工作不断转化为机器的工作,人工智能会分担人们的相关工作,而留下的将是更为复杂的、需要有较强的判断力和分析力才能解决的非常规问题。这种能力并不是学习书本知识就能获得的。传统的学校教育过于强调传播、传授,但不太重视对解决问题的能力的培养,所以它已经不再适合数字时代的发展需求。未来的教育对中学生能力的培养重在解决实际问题,不仅要求中学生超越书本知识解决实际问题,还能够根据事实作出判断和合理假设,搜集相关的资源去证实或证伪自己的假设。

(六) 具有反思习惯

"经验+反思=成长"是学者波斯纳提出的关于教师成长的一个公式。这个公式其实也适用于数字时代的每一个人。在农业时代和工业时代,缓慢的生活节奏让人们遇到事情的时候可以通过积累的经验去解决,经验的积累往往是人们获得成长的方式。在数字时代,人们生活节奏加快,社会变化日新月异,曾经的经验往往无法应对多样化的情境。这就要求人们和更新计算机软件一样不断地去更新和激活自己的经验系统,将自己升级。反思就是一个自我更新的过程,养成反思的习惯,个体在反思过程中不断学习、不断进步,只有这样才能与不断变化的数字时代保持同步。更为重要的是,数字时代反思的一个重要特点是,通过反思赋予自己行动一定的生命意义和赋予行动对象一定的审美价值。就好比一个雕刻家通过不断的反思认识到一个作品不仅在于其完成的质量怎么样,还在于这个作品如何让个体生命更加富有意义,并且如何将这种意义在今后的活动和生活中延续下去。

三、"作为技艺的教育"向"作为文化的教育"转向

石中英教授在《教育学的文化性格》中提出了教育学的文化转向,关注的是"科学的教育学"向"文化的教育学"转向的问题。笔者通过对数字时代的特性及数字时代对于人的需求进行分析后发现,当前我们仍然需要持续关注教育(作为社会实践活动的教育)的转向。工业时代的教育渗透着科学主义的精神,它从本质上是一

种技艺的教育。这种教育通过科学的手段去发现教育规律和人的发展规律，并将这种规律转化为技术，以此来推动教育的发展，这种教育是一种在"所有的云都是钟"的思维下的教育，其本质是关注人的共性的一面并对人的共性施加影响。今天，人们越来越清晰地认识到，作为技艺的教育实际上寻求的是去除人的复杂性，以凸显人的共性。这种教育本质上表现为，主体对客体的强权。无论其表面上采用多么人性化的方法，都始终破除不了中学生无法成为自己命运主宰的困局。数字时代的教育要求中学生必须主宰自己的命运，教育在不断的革新中去建设一种适合中学生发展的文化氛围。教育的作用只是为中学生的数字化成长提供一种支撑，而且这种支撑必须以推动中学生自我完善为前提。

（一）让学校教育引领人的发展

工业化时代的教育更多的是起到一种锦上添花的作用，教育既可能在中学生自我发展中起推动作用，也可能成为中学生自我发展过程中的阻力。自我完善程度较高的中学生往往因为适应性强而受益较多，自我完善程度较差的中学生则往往会深受其害。工业时代的教育往往是在人类发展到某个年龄阶段以后再配以与之水平相适应的教育，当中学生发展出现某些问题后再采取对应的补救措施，所欠缺的正是对于人的发展的预见性。在工业时代，一些学校似乎永远是保守的，当社会已经出现许多新事物、新变化后才会慢慢地影响到这些学校。所以，工业时代的学校教育是一种缺乏理想的教育，教师如同流水线上的工人机械地完成自己应该完成的工序即可，这种教育的实效是值得怀疑的。今天，中学生已经率先进入了数字化成长的状态，纷纷触网并且成为资深网民，而学校教育工作者在深深的忧虑中开始了数字化的进程，这让人们深刻地认识到某些学校教育的陈腐。让学校教育引领人的发展，首先要让教育走在时代的前沿。工业时代的社会病在某些学校中同样表现得较为明显，这些学校由于缺乏自身的独立性只能寄生在整个社会的躯体之上，数字化的浪潮要求学校教育必须变成活跃的细胞，否则凭借数字化技术的强大力量，学校教育很可能被冲击得七零八落。学校教育如果能够成为活跃的细胞，那么学校教育对整个社会就能保持足够的敏感度，就能在历史境遇中认识到人类社会发展的新变化，否则当整个人类社会已经迈进数字时代的时候，学校教育却依旧在工业时代的模式下发展。只有当学校教育认识到明天的社会需要什么样的人，明天的人才应该是什么样的，学校教育才能尽快更新自己的"版本"，引领人的发展。当然，笔者并不幻想学校能脱离社会而存在，只是认为学校应该通过形成不断开展教育实验与改革的习惯，走在社会和人的发展的前面，引领人的发展方向。

（二）学校教育作为一种生态的培育

当前学校教育最大的困难在于难以理顺学校与社会的关系，社会总是希望学校教育去解决社会问题，学校却总希望社会为学校提供解决问题及改进教育的条件，由此就结成了一个死结。一直以来人们都认同学校教育具有文化功能，即教育的文化传递功能、教育的文化选择功能、教育的文化交流功能、教育的文化创造功能。至少对于中学来说，因为缺乏适当的条件，文化创造功能并没有得到充分的发挥。"作为技艺的教育"向"作为文化的教育"转向，意味着文化的建设或者说教育生态的培育变得更加重要。在工业化时代，校园文化建设几乎是教育生态培养的代名词，而在数字时代，教师的教学过程也可以作为一个生态培育的过程，学校中发生的一切都具有了生态培育的意义。如果学校教育是对社会环境的简单复制或者学校教育本身就是一种落后的生态，那么要想在这种落后的生态中培养出优秀的人才简直是非常荒谬的想法。即使真的出现了优秀人才也主要是中学生自身努力的结果而非学校的功劳。学校教育生态培育从本质上就是培养出一种略好于社会的生态，学校生态比社会生态"优越"的那一部分就是中学生成长的空间。

（三）从复制到创造的学校教育

工业时代的学校教育主要发挥批量复制的功能。教育是一种有意识地培养人的活动，而历史上的教育往往是把社会要求浓缩或者提炼到学校教育系统的价值观中并将其传授给中学生。随着学校越来越开放及学校环境被社会环境不断冲击，学校环境和社会环境的差别随之消失，某些学校真正能提供给中学生的教育主要集中在智育方面，这些学校在培养学生德育、体育、美育、综合实践能力方面的作用和效率常常受到人们的质疑。尽管学校教育的专业化程度越来越高，但学校要想发展就必须不断跟紧社会发展步伐，让学校教育成为社会要求的传声器。但在数字时代，学校的这种功能已经被数字化技术取代，数字化能够以强大的力量复制和浓缩现实社会中的一切，而且能够依靠自身的技术优势高效地发挥将社会影响传授给中学生的功能。那么，数字时代的学校将何去何从？学校教育只有创造新的文化，才能体现学校的价值，也才能使学校不断更新和创造新的生态文化，使管理者不断革新管理方式，使教师不断变革教学手段，使中学生不断突破原有的局限。这种新质和旧质之间的差异正是学校教育的功效之所在，是学校在数字时代的存在基础。

（四）中学生深度参与的学校教育

中学生是数字时代学校教育的主人，更是数字时代学校生态建设的主人。当中学生的精神风貌得到提升的时候，整个学校生态就会变得欣欣向荣；当中学生学会了分享的时候，学校氛围就会变得紧密团结；当中学生创造性日益增强的时候，学校生态就会变得充满创造性。学校及教育者的作用只是去激发中学生的潜力，让中学生作为重要参与者去为整个学校的生态建设努力。在工业化时代，人们更关注校园文化中的物质建设；在数字时代，物质建设必须和精神建设联系在一起，中学生的精神世界才能得到丰富和个人修养才能得到提高，而他们不断成长的直接证明则是那些外显化的改造世界物质的表现及其成果。工业化时代的中学生更多的是参与某项学校管理活动、参与具体的学习活动。而在数字时代，这一切都发生了明显的转变，中学生变成了学校的建设者（创造者），这种建设通过他们的自我完善来实现。

第二节 促进人的自我完善的学校教育的基本特征

数字时代的教育将是一种促进人的自我完善的教育，教育制度的建设和教育行为的发生都是以中学生的自我完善为主线的。对于人的自我完善来说，教育的价值在于为人的自我完善提供一种充分自由并且提供带有一定价值引导的环境，而不是对人的自我完善的直接干预。教育是一种有目的地培养人的社会活动，如何在淡化直接干预的情况下保证这种"培养人的目的性"的实现是不得不面临的一个悖论。在这种矛盾关系中，教育发展的重点从注重教授技能逐渐扩大到提高导学的技艺。数字时代的教育将逐渐呈现出以下几个特点。

一、泛在的教育环境

"任何人、任何时间、任何地点都可以学到想学到的知识"是数字时代学习的最鲜明的特征。随着数字化进程的不断加快，新的网络技术和新媒体在不断拓展人们的学习时空，云计算、云教育、大数据等互联网平台与技术不断发展，在线学习、网络课堂学习、远程学习从希望变成了现实。数字化的学校、数字化的教室、数字化的课程、数字化的作业、数字化的电子书包的陆续出现为随时随地的学习创造了条件。在技术的驱动下,学习活动可以在不同的场域中实现,学校教育不再是占绝对支配地位的教育形式,正式教育和非正式教育之间的界线变得非常模糊。学校作为教育服务的提供者,应该成为广泛意义上的教育场所,它拥有丰富的学习资源并具备开发教育资源的能力。覆盖各类学校的教育平台将会被建立起来,在这个平台上聚集了最优秀的教师群体,他们具有较强的表现能力,有着较为扎实的学科知识,对中学生有着深刻的了解,具有丰富的教学经验,了解学科动态。他们不仅能够负责课程的讲授,还与中学生进行线上交流,所有中学生都能够平等地享受这些教育资源。大部分学校将更多地履行进行个别指导、重点帮扶、学习咨询和教育资源开发等职责。

一个非常重要的问题呈现出来:在数字时代如何处理好各类教育形式之间的关系,学校教育应该如何定位。学校的未来定位和价值问题引起了学界较为激烈的争议。但笔者认为,学校教育的重要性将会继续存在,只是其功能发生了改变。当前教育数字化进程中仍然存在许多隐患。比如,中学生是否已经为数字化学习环境的来临作好了准备,他们是否能够有效地运用这种开放的学习资源;数字化技术是否能够在保证教育效果的基础上彻底代替传统教师的职能;如何保证中学生在这种环境中不会出现不正常的学习行为;等等。首先,至少在很长的一段时间内,学校教育的价值依旧保持优势,学校作为有计划、有组织、有系统地培养人的独特机构的地位不会改变。其次,在未来,学校将会作为各种学习场域的枢纽、线索而存在,将中学生从被动受环境影响的状态引导到主动学习、积极成长的状态。这是学校教育在未来一段时期内的重要使命。

二、可能性教育思维

数字时代教育中最根本的转变是从决定论思维的教育转变成可能性思维的教育,其核心在于人们从关注"是什么"转变为"可能是什么"。美国财政部原部长罗伯特·鲁宾在他的自传《在不确定的世界》中提到,"面对大量旗鼓相当的因素,做出最可能决定的关键是分析这些因素的成功可能性和重要性——这就是或然性决策方式"[1]。在数字时代,确定性的思维已经越来越不适应变幻莫测的世界,人们对因果关系的关注逐渐转变为对相关关系的关注,人们对永恒真理的追求转变

---

[1] 罗伯特·鲁宾. 在不确定的世界. 李晓岗,王荣军,张凡译. 成都:成都时代出版社,2010:5-6.

为对特定情境的探求。可能性思维引发的将是探索性和尝试性的行为，这种不断尝试、不断精进的迭代思维和行动模式将会成为数字时代人们学习和生活的重要形式。

教育上的可能性思维首先表现为人们由关心教育应该做什么转变为针对每一个具体的中学生而言，教育可以为这名中学生做什么。这关系到每个人的发展前景。工业化时代的人们往往采用这样的方式提问：我"应该"怎样度过自己的一生？我"应该"怎样活下去？我"应该"怎样做，才能使人生有意义？这是决定性思维的表现。学校教育默认存在某种生活方式的标准和个人发展的标准，认为只要找到了这些标准，人们就必然会获得发展。数字时代是一个不断解构的时代，解构的结果是人们越来越发现这种确定性的标准是不存在的，但是同时人们也发现了更多的可能性。在确定性的标准被解构的境遇下，个人发展的可能性思维出现了：我的一生有哪些可能性？我可以怎样活下去？人生可能有哪些意义？这样的教育思维减少了对中学生的外在限制，有效的教育往往是通过引导和互动的方式发生的，其前提是中学生自我意识的觉醒。

学校不再是"工厂"，教师不再是"教书匠"，中学生不再是"产品"。教师会适时地退居幕后，思考如何让中学生主动去承担学习任务，同时积极反思如何促进中学生关键能力的提升。中学生因此拥有了时间和空间来表达与实现自己的想法，真正拥有了某种可能性。教师则给予积极的关注和时时观察，通过干预、促进、澄清、聚焦、交互等方式来促进中学生意义的构建，以使他们走出个人的局限，让他们的成长道路越走越宽阔。

三、选择性教育内容

数字化环境为儿童和中学生提供了前所未有的多样性，让他们能够灵活地应对身边世界各种变化的发生。除了教师外，网络可以为中学生提供取之不尽、用之不竭的学习资源。在这样一个多样化的世界中，中学生在学校之外会获得大量的信息和知识。无论教育者如何去确定学校的教学内容，这些内容相对于海量的唾手可得的数字化资源来说都是非常有限的。"选择"成为一个重要的问题摆在了教育研究者和教育实践者的面前。

教育内容的选择性意味着教育内容可能更多地以模块化的形式出现。在工业时代，教学内容往往是一种整体式的统一提供，学校根据国家的规定设置课程，学校和老师代替中学生对学习内容进行选择，中学生选择权较小。在数字时代，提供给中学生的教育内容是模块化的内容，中学生可以根据自己的需要来完成不同的模块学习。所谓模块，通常是在某一特定主题之下，基于特定的教学目标，将一些知识、技能、能力和方法通过整合、重组和拓展等方式建立起的一个相对独立的内容系统。在这个系统中，每一个学习目标都包含具体的子目标，而且每个目标都对应相关领域的发展性目标（即水平层次）。不同的学校、不同的老师都会有自己对学习过程的不同设计，中学生可以选择不同的模块，然后根据自己的需要加以组合，最终满足自我完善的需要。

教育者在充分尊重中学生选择权的同时，也应该充分认识到中学生选择能力的局限性，在中学生进行选择时，教师必须给予一定的帮助和指导，这是数字时代学校存在的重要意义之一。在海量资源面前，搜索引擎成为人们得心应手的工具，同样在教育领域，中学生应该不断提高进行有效判断的能力，建立自己特有的内容选择方式（"工具"）。数字时代的选择最常见的不再是非此即彼的选择，而是大数据时代的选择，如同搜索资料需要搜索引擎一样，中学生也需要拥有类似的"工具"帮助他们去选择，这种"思维工具"不是外在的程序，而是他们习得的用来帮助选择的一种线索。这种线索的形成，往往是中学生在对世界形势的了解、对于历史脉络的了解和人性的了解及对个人的了解基础上建立的，学校教育在这一方面将大有作为。

四、个性化教育形式

在数字时代，中学生在学习条件方面的差异将会进一步缩小，他们可以从各种渠道获取大量的学习资源。学习条件的差异对于学习结果的影响将越来越小，而个人的学习方式及学习状态对学习结果的影响将越来越大。去中心化和开放的学习环境意味着控制越来越少、自由越来越多，与此同时对人的自我控制、自我调节的能力的要求会越来越高。在数字时代，人们越来越认识到好的教育不是单纯依靠外在的塑造就能实现的，而必须通过中学生的自我完善实现。传统教育因为客观条件的限制，很难彻底实现针对每一个中学生的个性化教育，而数字化教育则可以做到根据每一个中学生的特点和现状来设计合适的教学内容，而且数字化技术能够保证中学生在整个学习过程中都能随时得到教师有针对性的指导。在数字时代，学校及教师不会再把相关学习任务"强制摊派"给中学生，而是让中学生主动去利用学校和教师提供的学习资源。中学生往往独立面对数字化设备、独立制订学习计划、独立学习、独自解决问题，遇到困难时常常会通过自己的努力调动各种资源去解决。在数字时代，中学生可以根据自己的需要来选择不同的教师、课程和适宜的学习方法，培养自己独立思考的能力，并逐步掌握科学探索的方法与途径，以适应知识经济时代的需要。当然，学习过程中所需要的资源，如老师的指导、测量的工具、学科信息、多媒体资源，会广泛而又易得地存在。

个性化的教育依赖的是中学生的自觉和自愿，自我识别、自我选择、自我培养、自我控制四个要素完整地贯穿整个学习过程。数字化学习具有较强的灵活性，受教育者可以根据自己的需要选择教学内容及方法，从而使教学内容适合个体的个性化发展。个性化的教育可以通过各种各样的形式实现，在数字时代，差异化、个性化、定制化等教育新形式不断涌现。

五、体验性教育活动

中学生在数字化世界之所以表现得如此活跃，一个重要的原因是，在数字化空间中，中学生能够随时、自由、广泛地参与其中。他们通过参与各种各样的活动，如娱乐、社交、购物等活动以实现自己的想法。在数字化世界，他们可以扮演各种各样的角色，如朋友、演员、观众、玩伴、作者、主持人、领导等。数字化世界所能够提供的深度体验性以其极大的魅力让中学生乐此不疲，因此数字时代的教育必定也会受到影响。数字时代的教育将会以广泛、深度的体验性而体现其优越性。在数字时代，教育活动的体验性主要体现在以下几个方面。

（1）通过技术手段沟通想象和现实生活。在工业化时代，人们也重视中学生的参与性学习，但因为条件的限制往往导致参与的范围非常有限，中学生难以在其中去实践自己的想法。某些学科的实验也出于安全、成本方面的考虑，只是让中学生观摩而不是自己动手，即使学生自己动手也不是根据自己的想法去尝试而是根据既定的实验程序进行练习，这样做必然会导致大量的教育活动其实是抽象的思维活动、观摩欣赏活动或技能训练活动而缺乏真正的投入性的体验。中学生往往想得多做得少，久而久之连想象的积极性也失去了。数字化技术为改变这种状况提供了条件：当中学生幻想自己成为网球高手的时候，他能够进入游戏界面创设自己个性化的角色，基于游戏的既有设置选定自己的操作难度和希望达成的目标并成为一名网球运动员。在虚拟世界中，他们不仅可以成为运动员，还可以成为歌手、教师、项目负责人、作者、编辑乃至警察。通过这种身份的改变和不同角色活动的参与，每个中学生都能够获得自己需要的内容，从而满足自己渴望获得的。在这种有着较强体验性的世界中，中学生经常能够体验想到就能做到的乐趣，主动性和积极性不断增强，这样的教育必然会获得良好的效果。未来的教育不仅仅指数字化世界中的模拟活动，而如何将虚拟的活动转向半真实和无限接近真实的活动才是教育技术努力的方向。

（2）通过教学组织形式的变化增加中学生的共同体验性。工业时代的教育，人与人之间的交流是不充分的。在班级授课制中，学生与学生之间的交流相对有限，教师和学生的交流也不够深入。比如，中学生通过努力完成的作业常常被工作繁忙的教师简单地对待，学生和教师的交流成本高、交流的体验感较差。在数字时代的教育领域中，人与人之间交流的途径将会不断增加，如通过邮箱、论坛、短信、博客、聊天工具等增加人与人交流的机会，而且这种在线交流不再只是需要学习的一种技能，更是进一步学习所必须具备的一种手段。中学生往往通过更广泛的交流来完成学习，一些有效的学习方式将会起到很好的作用，跨时空分组合作的学习方式让中学生共同参与和共同建构的精神淋漓尽致地表现出来。中学生学习活动的过程和成果都能够成为彼此之间交流的内容。通过作品展示活动，中学生的学习欲求可以被有效激发，这种共同的体验性将从网络空间不断延续到现实的学习和生活之中。

教育体验活动将更具有建设性和创造性。工业时代的教育活动常常是一种练习活动，是为将来生活作准备的一个过程。在数字时代，中学生的学习活动完全可以转化成一种真实的学校建设和社会建设的活动。换言之，他们不再只是练习，而是可以将练习和社会建设的实际工作结合起来。技术让中学生的身影无处不在，他们通过自身的洞察力去观察、了解、思考这个世界，同时也通过自己的能力去影响世界。工业时代的学校教育中的作业和作品往往是一种不真实的情境中的演练。在数字时代，中学生越来越对这种枯燥无味的活动感到不适，他们喜欢在和真实生活同构的活动中去展示自己，通过解决实际问题来体现自身的价值。教师更多地以助手和参谋的角色出现，教师将学习的控制权归还给了中学生。

这种和生活活动接近的体验性活动在学校教育中初见端倪。要想实现数字化学习环境的有效整合还需要一段漫长的时期。让中学生如何从观察者和游离者转变成积极的参与者是近期学校教育需要解决的问题。只有解决了这个问题，数字时代教育的美好前景才会真正展现在人们面前。

第三节　促进人的自我完善的学校教育实践

中学生数字化成长过程中的自我完善对不断变革的当代中国教育实践提出了新的挑战，同时也带来了一些新的机遇。那么，在数字时代应该怎样实现中学生自我完善的教育实践？因为这个问题只有通过实践才能解决，所以这是一个既具有较大风险性又具有较强挑战性的未知领域。所谓"数字时代教育的实践"实际上目前只是一种转变中的实践形态。本书并不打算去界定未来的教育实践，只是想在对数字时代未来形势的观察及对数字化成长过程中自我完善必备的条件进行考察的基础上，对数字时代教育实践几个根本性的趋势进行阐释。

一、培育内发的教育生态系统

在探讨学校教育概念时，人们总是用有计划、有组织、有系统来描述其特点，但学校教育是否构成系统、什么样的条件下才能促使其构成系统，这是一个非常值得关注的问题。从我国的整体情况来看，各级各类的学校及教育管理机构从理论上看应该是一个完整的教育系统。从上文所阐释的内容中，我们可以认识到当前的教育不仅难以确保中学生"健全自我"的形成，而且中学生身处其中的系统本身还存在失衡和不健全的情况。在这样一个不健全的系统中，人（教师和学生）的自我完善并不是整个系统的核心，一些"非我"和"非人"的因素在一定程度上破坏了学校教育的秩序，让某些身处学校的人无所适从。出现这种状况的根本原因不是单个教师和中学生的自我约束问题，而是由这个系统本身的性质决定的。当前，一些学校的教育系统是一种外控的工具性系统，缺乏自身的主体性和鲜明的生命特征，导致教育学上提出的"教育的相对独立性"并不能真正落到实处。

在强调开放、共享、民主、互联的数字时代，要想真正建立一个促进中学生自我完善的教育系统，就必须建立一个有着内在活力、有一定自主性、具备自我调节能力的生态系统。只有通过这样的努力才能抵御经济、世俗文化对教育系统的控制及将教育系统工具化的倾向。如果这无法成为教育领域一种普遍的价值追求，那么让学校促进中学生的自我完善就缺乏立足之本，理论与实践将永远无法联系起来。一个健全的、有生命活力的生态系统至少具备以下几个基本特征。

（1）以学校为主体，拥有整体性特征。不得不承认的是，目前的中学教育系统确实具备了整体性特征，但是这种整体性是以统一和一致为前提的，某些学校并不完全具备主体性。一个具有主体性的学校应该形成了相对完备的校园生态系统，而且这种生态系统不仅要有自身价值系统的适应性，还必须充分衍生于学校历史与现实。若干事实证明，当今一部分中学较为缺乏主体性，如一些学校的校风、校训就像给婴儿起名字一样只是选择一些当下流行的、具有积极意义的词汇，造成一部分中学的校训是相同的。又如，某些中学制定规章制度的目的往往是对学生的行为进行约束而没有表现出对一种明确的价值取向的倡导，因此缺乏一种文化上的引领。再如，尽管某些中学一直在强调办学特色，但是这些学校依然存在千校一面的现象。所谓"特色"无非就是招收和培养一些特长生。

（2）具有复杂、有序的层级系统，并具备自我调节能力。生态学研究表明，结构越复杂、个体的数目越多，系统自我调节能力就越强。当前的中学系统是一个中心节点式的系统，教育行政部门作为中心节点占据了太多的资源，因而能够通过其力量去调动所有的其他个体，最终让每一个个体变得越来越一致，使其逐渐丧失自身的独特价值。

（3）具有充分的开放性。生物系统的开放性往往表现在充分地和外界交换能源与资源，而教育系统的开放性也应该表现在资源和信息的相互交换上。显然，从资源和信息两个方面看，某些中学的教育系统表现出了某些封闭性特征。首先在信息上，外界并不能够充分掌握学校的教育现状，有关办学状况的信息都作为行业内幕而被隐藏起来。信息的开放，即使不能等同于信息的透明，也至少意味着有敢于将自身置于阳光下的勇气，学校可以发布关键的信息数据来接受外界的监督和评价。在数字时代，人们的权利意识不断加强，信息对人们决策的影响力逐渐加大。只有通过信息的开放，才能获得了人们的认可，也才能真正获得资源交换上的开放。

（4）有明确的功能和服务性能。当前中学教育方针的制定往往是以国家的教育方针作为最高依据的。《中华人民共和国教育法》规定我国的教育方针是：教育必须为社会主义现代化建设服务、为人民服务，必须与生产劳动和社会实践相结合，培养德、智、体、美等方面全面发展的社会主义事业的建设者和接班人。显然，教育方针只是作为一个目标及其实现方式的指导而存在的，而系统的功能不仅意味着人们追求的功能还意味着实际实现的功能。中学教育培养人的功能说到底就是使人成为最好的自己，实际上这种功能因为某些因素的影响而受到制约。

（5）在环境的影响下，从表面上看，个体与其他要素之间相互适应，以及学校、教育和其他要素的相互适应并不存在问题，但正是因为某些学校并没有成为真正的主体，所以这种适应往往以学校的屈从为代价，而非一种在相互磨合、相互改造过程中形成的适应。

（6）环境的演化与个体的进化相联系。由于教育环境的急剧变化，"文化大革命"结束后中学教育才真正开始新时期环境的演化进程，整个教育环境的改变并没有与每个学校的进化及每个学生的成长形成良好的互动关系。根本原因是，教育系统常被视作一个没有生命的工具，其存在的意义仅仅在于作为培养学生的工具而存在，结果导致教育系统作为一个"活性系统"原本应该具有的自我演化的能力没有实现，必然无法最大限度地发挥教育系统的功能。

（7）具有动态、有生命的特征，有其发生、形成和发展的过程。中学教育系统强烈的外控倾向导致其运行随时都有可能被中断和发生根本性的转向。长期以来，教育改革的政策和方向受外控力量的影响并没有一定的系统性和延续性，缺乏一种生长中的积累，并没有表现出动态性和独特的生命特征。尤其是这一系统并不具备可持续发展性，一旦外部力量发生改变就会影响到中学教育系统的稳定性。

从上述论述可知，当前一些中学的教育系统是一种典型的工具性的附属系统。这种附属系统在解决相对复杂且具有历史延续性的教育问题上并不能最大限度地发挥其教育功能，尤其会对学生的自我完善产生非常不利的影响。也正因为如此，笔者提出了"作为技艺的教育"向"作为文化的教育"转变的观点，呼吁建立一个内生型的具有活性的教育生态系统，至少希望人们能够意识到当前"外控系统"在数字时代将是没有前途的。

当前的教育系统虽然受到历史和现实的制约，但是系统的优化并非毫无施展的空间，而建立内发的教育生态系统也并非一日之功，需要一代代人长期、持续的努力。

二、建立开放的学校教育制度

人的自我完善召唤"任何人、任何时间、任何地点、可以学到任何知识"的4A教育时代的来临。如果学校教育想在这样的社会环境中更好地立足，就必须增加自身的灵活性和适应性，建立开放的学校教育制度。学习者为自己的学习负责，学习者能够自由地选择适合自己的学习类型，可以自由地在不同类型的学校之间流动，可以不断地根据自己的需要为自己选择和创造良好的受教育条件。数字时代的教育应该改变目前存在的一些严格、固化的结构，为中学生的自我完善创造自由的环境，这可以从以下一些方面作出改变。

（1）从单一化走向多样化。在中心节点式的教育系统下，所有的分支都将趋向于中心节点，因为所有的信息都采用层递式的方式逐级发布，必然会引起各级各类学校削足适履地迎合上级要求，最终加剧模式化和单一化。我们姑且先不谈论这一模式化和单一化过程导致的主体性丧失的情况，但是至少在这种情况下，教育不能承担"不拘一格降人才"的使命，教育系统也丧失了自我更新的机会和可能性。在中学教育系统中，公办、民办、男校、女校、男女混合校、普通中学、职业中学、大规模、中等规模、小规模等各种类型的学校都存在。只要每个类型的学校都能够根据自身特点努力办学最终都能从中积累到办学经验，并且可以相互借鉴。一旦形成了千校一面的办学模式就可能造成学校个体的灵活性丧失。当前诸多教育改革的实施方式：个别实验—小规模实验—全省甚至全国推广，这样的运作逻辑对那些"被推广"的学校来说，可能破坏其教育生态，对所有学校来说，趋同性的倾向愈演愈烈。多样化办学既需要各所学校具有自主意识也需要各层次教育管理机构教学改革思路的调整。如果学校只是盲目地等待来自上级管理部门的赋权，那么最终将会是一种新形式的"依赖"取代了原来的"依附"。当然，多样化的办学模式是教育改革的方向，它以多个维度的变化为基础。

（2）学校权力的分散与平衡。数字时代的来临，教育者和受教育者的主体性觉醒是一个必然的趋势。目前在我国教育体系中，权力往往是通过赋权的方式被授予的。以校长为例，校长的权力主要一部分来自上级管理部门，在校长应有的权力不能充分发挥的情况下，容易导致校长自主性的丧失。只有优化校长的权力结构，使各方权力达到平衡才能更好地确保学校教育管理的良性运作。比如，校长指挥和执行的权力，学生家长和教职工及社会公众具有监督权，此外还应该设智囊团、咨询委员会、校务委员会、评议委员会等类似的组织机构，并让这些组织机构在各自的领域承担相应的权利和义务，各类机构的有效制衡能够为学生自我意识尤其是自我价值系统的形成营造空间。现有的困境就在于，某些上级管理部门具有较大的话语权，而一些学校管理机构形同虚设。只有通过制度的调整，确保权力的适当平衡，教职员工和中学生才能够真正成为学校的主人，使他们热爱学校并具有责任感，并把自我完善作为个体之于学校发展的一种责任。

（3）建立灵活的分流机制。目前，中学生进入某所学校往往就需要一直在该学校攻读，学生在学习、生活方面话语权较小。比如近年来，国家在积极发展职业教育，但职业教育和普通教育是两个独立的系统（有少数地方职业中学也能参加高考），中学生必须在职业中学和普通中学中作出选择。受社会舆论、制度导向的影响，很多中学生往往因为失去了就读普通学校的机会而选择职业学校，由此看来，中学生在个人道路的选择上的话语权是较小的，选择的空间是有限的。德国的某些做法可以给我们带来一些启示。1964年的《汉堡协定》规定将五年级、六年级分别定为观察阶段和定向阶段，后来又进行了调整，让中学生在五年级、六年级之后的两年内还可以进行调整。主体中学、文科中学、实科中学之间设有转轨的通道，这样的一种设计给予了中学生充分的自主选择权。

（4）不同教育阶段的良好衔接。在人的自我完善的过程中存在着一些重要的关键节点，这些节点可能会对人的一生产生重要的影响。不同层次学校的衔接点（如中考、高考）就是这种重要的节点。在我国，小学、初中、高中、高校往往是分开的，但人的自我完善是一个连续性的过程。如果在这一过程中缺乏衔接，那么将严重制约学生的自我完善。这种必要的衔接方式应该成为教育工作者必须思考的问题。学生在进入另一个学校阶段前，应该明晰地了解这个阶段应该肩负什么样的人生使命，必须为下一个阶段的学习和发展提前作好哪些准备，从而头脑明晰地进入下一个学习阶段。

三、实行价值融合的学校管理

从教育制度和教育生态的分析中我们可以认识到，在"走向失控"的数字时代，过于统一、缺乏异质性的教育管理模式可能会培养出大量习惯于接受外部力量塑造和外部指令的人，不利于个体的自我完善。从中学生长远发展和国家振兴的角度来讲，这种集中型的学校管理方式应该被去中心、多连通的学校管理取代。

将学校的总体办学目标细化分解到各部门、各个教研室、各个班级、各个学习小组，可以充分激发学校管理者、教职工和中学生的积极性。当下学校目标分解方式的缺点在于，下级的目标总是为上一个层级的目标服务，个人的价值感完全被淹没在这种权力体系之中。在数字时代，办学目标的分解应致力于让每个班级、每个小组的目标都具备个体独特意义，各自的目标并不是叠加关系而是一种并列关系。这样的设计可以让师生都拥有一定的自主权，让他们能够在日常的教学中随时体会到个体存在的意义。

在价值融合的组织结构中，增加不同层级组织之间的连通和对话是提高组织运作效率的重要方式。在平级的组织之间，如教务处和后勤部保持定期的沟通可以让彼此认识到工作中的不足，从而可以推动工作顺利开展。在学校上下级之间，如教务处和学科备课组之间定期的对话，一方面教务处可以对备课组进行有效监督和管理，另一方面学科备课组也可以根据自己的实际情况对教务处的工作提出建议，进一步强化下级组织对上一级组织的影响。实际上在这一沟通中，上下级的关系已经淡化，相互之间有着明显的价值对话关系。因为类似沟通的增多，校长的工作压力也可以在一定程度上得到减小。校长更多起到沟通协调的作用，必要时扮演类似于主持人的角色。

学校管理中的价值融合的模式一个重要的要求是，必须所有成员都"在线"，也就是说每个成员都参与到整个学校的建设中来（用学校建设来代替学校管理更能体现出中学生的参与性，这也是一种教育观念的转变），要做到这一点，学校的生态文化建设则显得尤为重要。作为"文化浸润"的教育，本质上就是要建立一个开放的平台，让中学生和教师尽可能地参与到这一平台的建设中来，这决定了新型学校管理方式能否顺利推行。

四、建立支架式的课程结构

经过课程改革，中学课程变得更加科学和适应学生学习的需要，但当前的部分教学仍旧是一种"填充型"授课方式，即让学生按照要求去不断填充，填充完毕即可以毕业。数字时代呼唤"支架式课程"的设置，让中学生通过该种方式养成自我完善的意识、积累自我完善的经验、培养自我完善的素养。

在教育领域中，相对于本书提出的"支架式课程"，学者更常使用的是术语是"支架式教学"。支架式教学关注的是每一个具体的学习任务，如果人们认识到中学生自我完善的整体性的话，那么就应该在整个课程设置上贯彻支架式教学的核心思想。支架式课程的精髓有三：确保学生在既定的教学时间内掌握自我完善必须具备的关键素养；通过知识的选择和结构化确保学生建立起完整的生命支架；通过开设适当的选修课程为学生自我完善提供条件。

（1）确保学生在既定的教学时间内掌握自我完善必须具备的关键素养。人的自我完善是一个复杂的过程，需要一些内在的心理特质作为基础。比如，稳定的自我意识、开放的经验结构、充分的自由感、强烈的创造需要、开放的价值感、深刻的精神需要等。这些重要素养的培育可以分布在不同的课程之中，尤其是某些核心素养的养成必须通过跨学科的情境体验、综合实践活动类的课程才能实现。显然，目前的课程设置过于追求认知方面的教学，这对于培育人的自我完善的素养是不利的。

（2）通过知识的选择和结构化确保学生建立起完整的生命支架。碎片化的数字时代，人们周围的世界多是以碎片化的形式存在的。为了不至于在这样的世界中迷失，人们一方面要适应这一环境，另一方面要建立内在观念的完整性。这种内在观点的完整性主要建立在个体生命支架的基础上，而这种整体支架的建立必须立足于对人类的历史和未来发展形势的了解的基础上。在数字时代，中学生应该了解人类社会的发展历史、全面了解人性的各个方面的表现、了解世界各地的文化、了解历史上出现的主要哲学观点及价值观念等，只有了解更多的文化背景才能认识自己所处文化的独特性和个体生命的独立意义。

（3）通过开设适当的选修课程为学生自我完善提供条件。自我选择在人的自我完善中起着重要的作用。当前一些学校用统一的教学安排挤占了中学生的大量时间，导致中学生无法选择做自己觉得应该去做的事情，这就意味着有不少中学生不得不放弃自己的兴趣和爱好去完成自己并不热心的"学习任务"。选修课的开设和执行都应该从人的自我完善所需要的要素出发去设置，而不应为了设置选修课而设置选修课，也不只是为了增加中学生某方面的知识而设置选修课。中学生在自主选择过程中，往往是在体验和感悟自己在某一方面发展的可能性，所以除了各种文化类、艺术类课程之外，带有职业启蒙性质的技术类课程的设置也显得极其重要。

五、推进教师作为引导者的教学新形态

在数字时代，学校教育应该造就一批热爱自我、完善自我程度较高的中学生，而不是盲目接受、被动学习的高分低能者。在数字时代，中学生价值取向的判断能力、人生道路的选择能力、个人成长资源的组织能力在人的自我完善的过程中显得愈加重要，教师应该成为这些能力形成过程中的"穿针引线者"。中学生的学习主体地位的加强并不意味着教师教学工作价值的降低，相反，它意味着教师教学工作价值的更加凸显。教师必须创新工作形式，以巨大的热情投入到教学之中去，以提高教学价值。在数字时代，教师应该成为真正的引导者，成为课堂的引导者，成为中学生成长路上的导路者。"学生主体"和"教师引导"的观点早已有之，但如何落到实处仍旧是一大难题。数字时代的来临为这种引导作用的发挥创造了条件，教师在教育中应该积极探索这种"引导者的艺术"的实现方式和路径。

教师应该在教学过程中倡导人的自我完善。一直以来我国的教学更多地关注教与学的效果。当下引起人们关注的"高效课堂"和"有效课堂"常常更多地关注教学目标的达成情况。在数字时代，人们在考察教学质量的过程中，应该只将教学目标的达成作为一种中介，而最终考察的核心要素应该是促进中学生的自我完善的情况。简而言之，课堂教学的最终目的就是促进中学生自我完善程度的提升。教师在

教学中最基本的工作就是让全体学生认识到教学应该是一个促进师生双方自我完善的过程，教师本人应该成为人的自我完善的倡导者。所谓倡导，绝不只是口头的呼吁或者观念上的灌输，而在于教师的实际行为方式和教学过程。一方面，教师必须成为自我完善的人的代表，在课堂中教师应该不断地精益求精，通过教学来实现自己的人生价值，以饱满的热情和积极的行动来感染学生。比如，在中生的教学中，教师可以在对某些课程作教学总结时，让中学生对这一节课的教学情况提出自己的看法。中学教师要敢于暴露自我，并以此为契机点燃中学生自我完善的热情。另一方面，在教学过程中，教师应该通过营造民主和自由的氛围，让中学生消除逃避、抗拒的心理，敢于暴露自身的不足，敢于在课堂之中直面自己的问题，积极弥补自身的短板，在一种心理安全的氛围中"舒展自己"。教师在线下教学中应该创造一个与网络环境类似的空间，中学生进入这个空间能够感受到足够的宽容和自由，而且有足够的学习动力。唯有如此，才有利于中学生自我完善的实现。

教师应该在教学中帮助中学生发现自我完善中的局限。自我完善的起点是自我认识，具体到教学过程中，教师的优势是通过自己的专业能力和经验将中学生的弱点暴露出来，引导学生对自我有更加深刻的认知。在不同的教学环节，教师可以设计出不同的活动，通过提问、讨论、辩论、反思、练习、案例分析、实验、实习、课后活动等形式让中学生认识到自己在自我完善中的缺失和偏差。比如，某些中学生在学习中主动性不够、质疑能力差、发现问题能力差、对情境的理解能力差、动手能力差、利用资源能力差等，中学生可能因为经验不足或者自我完善度不高等原因常常难以认识到自己存在的问题，对此教师应该起到良性的刺激作用。苏格拉底的"产婆术"本质上就是通过质疑让对方发现自身思想上的局限，从而刺激青年人思想的完善。这种技艺能够有效地帮助中学生提升自我意识，发现自我完善过程中存在的问题。

教师应该在课堂上引导中学生走出歧途。首先，教育者应该区分中学生自我完善中存在的两类问题：一类问题是自我完善中的不足，如自信心的不足、反思性实践能力差，随着自我完善的实现，这些问题可以在一定程度上得到克服；另一类问题是，有些中学生走入了某种误区甚至走向自我完善的反面，如自我压抑、自我否定、自我毁灭等。如果出现了这类问题，教师应该加以引导，课堂教学和课后工作相结合，花费较多的精力来帮助中学生澄清他们内在自我的结构，帮助他们更加清晰的认识自我，最终指导他们作出自己的选择。比如，教学活动中某些学生存在自我放弃的现象，有些中学生在各种因素的共同作用下产生了自我放弃的心理，自我放弃往往是中学生成长需要受到抑制的结果。教师应该通过一定的手段将其从课堂的边缘吸纳到课堂教学的中心，从生活的游离态转向生活的凝聚态，通过针对性的个别辅导让其真正回到成长的正轨上来，从而帮助其走向自我完善。

参 考 文 献

阿尔温·托夫勒. 1984. 第三次浪潮. 朱志焱, 潘琪, 张焱, 译. 北京: 生活·读书·新知三联书店.
埃瑟·戴森. 1998. 2.0 版数字化时代的生活设计. 胡泳, 范海燕, 译. 海口: 海南出版社.
艾伯特-拉斯洛·巴拉巴西. 2012. 爆发: 大数据时代预见未来的新思维. 马慧, 译. 北京: 中国人民大学出版社.
安德鲁·基恩. 2010. 网民的狂欢: 关于互联网弊端的反思. 丁德良, 译. 海口: 南海出版公司.
安东尼·吉登斯, 克里斯多弗·皮尔森. 2001. 现代性: 吉登斯访谈录. 尹宏毅, 译. 北京: 新华出版社.
安东尼·吉登斯. 2001. 失控的世界. 周红云, 译. 南昌: 江西人民出版社.
柏格. 2012. 人格心理学. 7 版. 陈会昌, 等译. 北京: 中国轻工业出版社.
鲍宗豪, 李振. 2004-12-07. 数字化的时代限度. 光明日报, 2 版.
鲍宗豪. 2001. 网络与当代社会文化. 上海: 上海三联书店.
鲍宗豪. 2003. 论数字时代的人文精神. 社会科学, (6): 65-72.
鲍宗豪. 2003. 数字化与人文精神. 上海: 上海三联书店.
比尔·盖茨. 1996. 未来之路. 辜正坤, 译. 北京: 北京大学出版社.
曹永国. 2010. 自我与现代性的教育危机. 福州: 福建教育出版社.
车文博. 2010. 人本主义心理学大师论评. 北京: 首都师范大学出版社.
车文博, 黄冬梅. 2001. 美国人本主义心理学哲学基础解析. 自然辩证法研究, (2): 1-5, 18.
陈凤, 肖鸾. 2007. 数字化时代的人文素质教育. 当代教育论坛(宏观教育研究), (4): 23-25.
陈坚, 王东宇. 2009. 存在焦虑的研究述评. 心理科学进展, (1): 204-209.
陈胜云. 2001. 网络社会的主体性危机. 现代哲学, (1): 36-39.
陈孝大. 1989. 人本主义的自我实现教育观评介. 教育研究与实验, (1): 15-18.
陈志良, 高鸿. 2004. 数字化时代人文精神悖论之反思. 南京社会科学, (2): 8-12.
陈志良. 高鸿. 2003. 数字化时代与人文精神. 理论学刊, (3): 30-32.
大卫·弗斯, 海哲·坎贝尔. 1998. 改造灵魂: 自我完善、创造和发展的人生历程. 姜冀松, 易晓明, 译. 天津: 天津人民出版社.
戴维·霍尔. 2013. 大转折时代: 生活与思维方式的转折. 熊详, 译. 北京: 中信出版社.

戴维·温伯格. 2008. 新数字秩序的革命. 张岩, 译. 北京: 中信出版社.
戴正清, 徐飞, 徐旭辉. 2005. 论马斯洛自我实现理论. 宁波大学学报(人文科学版), (2): 87-90.
杜时忠. 1998. 科学教育与人文教育. 武汉: 华中师范大学出版社.
　　杜振吉. 1996. 孔子的理想人格与当代社会人的自我完善. 唐都学刊, (2): 59-61, 67.
段虹. 2001. 审美教育与人的完善. 北方论丛, (3): 121-123
段永朝, 姜奇平. 2012. 新物种起源: 互联网思想的基石. 北京: 商务印书馆.
方展画. 1999. 当代西方人本主义教育理论评述. 河北师范大学学报(教育科学版), (1): 50-57.
冯建军. 2004. 生命与教育. 北京: 教育科学出版社.
冯鹏志. 1999. 伸延的世界: 网络化及其限制. 北京: 北京出版社.
弗兰克·施尔玛赫. 2011. 网络至死. 邱袁炜, 译. 北京: 龙门书局.
高伟. 2006. 生存论教育哲学. 北京: 教育科学出版社.
龚廷泰. 1999. 论人的自我完善的手段与方法. 南京化工大学学报(哲学社会科学版), (2): 14-19.
谷陂云. 2009. 罗杰斯的人本主义教育观及其启示. 现代教育科学, (10): 76-78.
郭学文. 2000. 怎样促使学生人格的自我完善. 宁夏教育, (4): 46.
郭元祥. 2002. 生活与教育——回归生活世界的基础教育论纲. 武汉: 华中师范大学出版社.
国家中长期教育改革和发展规划纲要工作小组办公室. 2010. 国家中长期教育改革和发展规划纲
　　要(2010—2020 年). http://www.moe.gov.cn/srcsite/A01/s7048/201007/t20100729_171904.html[2010-
　　7-29].
贺善侃. 2004. 网络时代: 社会发展的新纪元. 上海: 上海辞书出版社.
胡万钟. 2000. 从马斯洛的需求层次理论谈人的价值和自我价值. 南京社会科学, (6): 25-29.
霍华德·基尔申鲍姆, 瓦莱丽·兰德·亨德森. 2008. 卡尔·罗杰斯: 对话录. 史可监, 译. 北京: 中
　　国人民大学出版社.
嘉格伦. 2000. 网络教育: 21 世纪的教育革命. 万小器, 程文浩, 译. 北京: 高等教育出版社.
贾馥茗. 2008. 人格教育学. 南京: 江苏教育出版社.
贾小明, 赵曙明. 2004. 对马斯洛需求理论的科学再反思. 现代管理科学, (6): 3-5.
金盛华. 1996. 自我概念及其发展. 北京师范大学学报(社会科学版), (1): 30-36.
靳小芳. 2004. 数字化时代个性生存之可能. 内蒙古民族大学学报(社会科学版), (4): 59-62.
卡尔·R. 罗杰斯, 霍华德·基尔申鲍姆. 2006. 罗杰斯著作精粹. 刘毅, 钟华, 译. 北京: 中国人民
　　大学出版社.
卡尔·R. 罗杰斯. 2004. 个人形成论: 我的心理治疗观. 杨广学, 尤娜, 潘福勒, 译. 北京: 中国人
　　民大学出版社.
柯蒂斯·J. 邦克. 2011. 世界是开放的: 网络技术如何变革教育. 焦建利, 译. 上海: 华东师范大学
　　出版社.
科克·J. 施奈德. 2011. 唤醒敬畏: 发生深刻转变的个人传奇. 杨韶刚, 译. 北京: 机械工业出版社.
科克·J. 施耐德, 罗洛·梅. 2010. 存在心理学: 一种整合的临床观. 杨韶刚, 程世英, 刘春琼, 译.
　　北京: 中国人民大学出版社.
克莱·舍基. 2012. 认知盈余: 自由时间的力量. 胡泳, 哈丽丝, 译. 北京: 中国人民大学出版社.
克里斯·罗文. 2013. "被"虚拟化的儿童. 李银玲, 译. 上海: 华东师范大学出版社.
拉尔夫·D. 斯泰西. 2000. 组织中的复杂性与创造性. 宋学锋, 曹庆仁, 译. 成都: 四川人民出版社.
赖功欧 . 2004. 数字化时代的生存哲学走向. 江西社会科学, (1): 14-17.

雷弯山. 2004. 超越性思维: 数字化时代的思维方式. 中共福建省委党校学报, (1): 58-62.
李钢, 王旭辉. 2005. 网络文化. 北京: 人民邮电出版社.
李伦. 2002. 鼠标下的德性. 南昌: 江西人民出版社.
李明德. 2008. 西方教育思想史: 人文主义教育之演进. 北京: 人民教育出版社.
李晓宇. 2013. 数字化学习. 北京: 北京大学出版社.
李越. 1998. 马克思的自我实现观点与人本主义心理学的自我实现. 陕西师范大学学报(哲学社会科学版), (3): 156-160.
联合国教科文组织总部. 1996. 教育: 财富蕴藏其中: 国际21世纪教育委员会报告. 联合国教科文组织总部中文科, 译. 北京: 教育科学出版社.
林冬梅. 2003. 浅议信息时代的网络学习. 中国成人教育, (8): 71.
林方. 1989. 心灵的困惑与自救——心理学的价值理论. 沈阳: 辽宁人民出版社.
林增学. 2000. 心理健康结构维度的研究概述及理论构想. 社会科学家, (6): 64-68.
刘爱军. 2008. 谈谈学生个性自我完善的有效组织. 甘肃科技纵横, (6): 12, 182.
刘次林. 2003. 幸福教育论. 北京: 人民教育出版社.
刘化英. 2000. 罗杰斯对自我概念的研究及其教育启示. 辽宁师范大学学报, (6): 37-39.
刘济良. 2004. 生命教育论. 北京: 中国社会科学出版社.
刘显泽. 2001. 数字化时代职业教育特点扫描. 职教论坛, (8): 28.
刘宣文. 1999. 罗杰斯人本主义教学观述评. 浙江师大学报, (2): 81-83.
刘志, 王业扬. 1998. 略论自我完善. 北京: 解放军出版社.
卢敏. 2007. 动机研究的自我决定理论: 概念与启示. 湖南社会科学, (3): 169-171.
鲁温斯基·索洛维耶娃. 1987. 自我完善心理学. 刘成彬, 译. 北京: 农村读物出版社.
罗杰·沃什, 法兰西斯·方恩. 2013. 超越自我之道: 超个人心理学的大趋势. 胡因梦, 易之新, 译. 北京: 中华工商联合出版社.
罗洛·梅, 恩斯特·安杰尔. 2012. 存在: 精神病学和心理学的新方向. 郭本禹, 等译. 北京: 中国人民大学出版社.
罗洛·梅. 2008. 创造的勇气. 杨韶刚, 译. 北京: 中国人民大学出版社.
罗洛·梅. 2008. 存在之发现. 方红, 郭本禹, 译. 北京: 中国人民大学出版社.
罗洛·梅. 2010. 焦虑的意义. 朱侃如, 译. 桂林: 广西师范大学出版社.
罗洛·梅. 2010. 心理学与人类困境. 郭本禹, 方红, 译. 北京: 中国人民大学出版社.
罗洛·梅. 2010. 自由与命运. 杨韶刚, 译. 北京: 中国人民大学出版社.
罗洛·梅. 2012. 祈望神话. 王辉, 罗秋实, 何博闻, 译. 北京: 中国人民大学出版社.
罗洛·梅. 2013. 权力与无知: 寻求暴力的根源. 郭本禹, 方红, 译. 北京: 中国人民大学出版社.
罗洛·梅. 2013. 人的自我寻求. 郭本禹, 方红, 译. 北京: 中国人民大学出版社.
马丁·海德格尔. 1997. 林中路. 孙周兴, 译. 上海: 上海译文出版社.
马和民, 吴瑞君. 2002. 网络社会与学校教育. 上海: 上海教育出版社.
马克·鲍尔莱恩. 2011. 最愚蠢的一代. 杨蕾, 译. 天津: 天津社会科学院出版社.
马克思, 恩格斯. 1972. 马克思恩格斯选集(第一卷). 中共中央马克思恩格斯列宁斯大林著作编译局, 译. 北京: 人民出版社.
马克思, 恩格斯. 1972. 马克思恩格斯选集(第二卷). 中共中央马克思恩格斯列宁斯大林著作编译局, 译. 北京: 人民出版社.

马克思, 恩格斯. 1972. 马克思恩格斯选集(第三卷). 中共中央马克思恩格斯列宁斯大林著作编译局, 译. 北京: 人民出版社.

马克思, 恩格斯. 1972. 马克思恩格斯选集(第四卷). 中共中央马克思恩格斯列宁斯大林著作编译局, 译. 北京: 人民出版社.

马斯洛. 1987. 自我实现的人. 许金声, 刘锋, 等译. 北京: 生活·读书·新知三联书店.

马斯洛. 2004. 洞察未来. 许金声译. 北京: 华夏出版社.

马斯洛. 2010. 科学心理学. 马良诚, 等译. 西安: 陕西师范大学出版社.

马斯洛, 等. 1987. 人的潜能与价值. 林方主编. 北京: 华夏出版社.

马旭东. 2006. 马斯洛自我实现理论的特点及其价值分析. 昆明理工大学学报(社会科学版), (1): 49-52.

迈克尔·塞勒. 2013. 移动浪潮: 移动智能如何改变世界. 邹韬, 译. 北京: 中信出版社.

梅仪新. 2008. Integrated E-Learning: 成人高教学生学习方式的新途径. 成人教育, (1): 83-84.

牟晓青, 于志涛. 2012. 美国数字化时代幼儿教育变革展望. 外国教育研究, (9): 17-25.

彭运石. 1999. 走向生命的巅峰——马斯洛的人本心理学. 武汉: 湖北教育出版社.

乔岗. 1997. 网络化生存. 北京: 中国城市出版社.

乔治·西蒙斯. 2009. 网络时代的知识与学习——走向连通. 詹青龙, 等译. 上海: 华东师范大学出版社.

桑明, 杨冬梅. 2001. 数字化时代哲学的发展前景. 探索, (6): 64-66.

桑业明. 2004. 数字化时代的思维方式. 淮南师范学院学报, (4): 69-71.

沈梅. 2007. 自我概念的理论述评. 湖北教育学院学报, (7): 70-72.

宋鑫. 2009. 数字化时代生存问题的马克思主义哲学回应. 齐齐哈尔大学学报(哲学社会科学版), (5): 22-24.

孙畅鸿. 2009. 数字化时代"虚拟"探析. 中共福建省委党校学报, (8): 76-79.

孙海芳. 2003. 数字时代的文化透视. 北京邮电大学学报(社会科学版), (3): 19-22.

索尼娅·利文斯通, 莱斯利·哈登. 2011. 儿童上网之机会与风险. 李淼, 译. 北京: 中国社会科学出版社.

唐·泰普斯科特. 1999. 数字化成长: 网络世代的崛起. 陈晓开, 袁世佩, 译. 大连: 东北财经大学出版社.

童兆颖. 2005. 数字化时代的人文环境构建. 科技进步与对策, (8): 58-59.

涂艳国. 1999. 走向自由——教育与人的发展问题研究. 武汉: 华中师范大学出版社.

托尼·瓦格纳. 2013. 教育大未来. 余燕, 译. 海口: 南海出版公司.

瓦·阿·苏霍姆林斯基. 1984. 关于全面发展教育的问题. 王家驹, 张渭城, 杜殿坤, 等译. 长沙: 湖南教育出版社.

王浪. 2010. 数字化时代人文精神的失落与重塑. 理论导刊, (6): 97-99.

王秀芳. 2002. 试论网络冲击波中的学习变革. 中国远程教育, (6): 14-18+78.

王旭晓. 2000. 感性、理性、审美与人的完善. 南京理工大学学报(社会科学版), (1): 31-38.

王友. 2011. 数字化时代的"异化"与"消解". 经济研究导刊, (34): 221-223.

韦晓, 王芙蓉, 张锋. 2000. 论马斯洛"自我实现论"的性质. 云南师范大学学报(哲学社会科学版), (5): 102-105.

维克托·迈尔-舍恩伯格, 肯尼斯·库克耶. 2013. 大数据时代: 生活、工作与思维的大变革. 盛杨燕, 周涛, 译. 杭州: 浙江人民出版社.
巫汉祥. 2000. 寻找另类空间: 网络与生存. 厦门: 厦门大学出版社.
吴国盛. 2008. 技术哲学经典读本. 上海: 上海交通大学出版社.
吴雨潼. 2002. 人的完善: 对审美教育的价值呼唤. 黑龙江社会科学, (5): 75-77.
悉尼·乔拉德, 特德·兰兹曼. 1990. 健康人格: 人本主义心理学观. 刘劲, 等译. 北京: 华夏出版社.
夏洛特·布勒, 麦琳·埃伦. 1990. 人本主义心理学导论. 陈宝铠, 译. 北京: 华夏出版社.
肖爱芝. 2009. 对人本主义心理学思想的诠释. 教育研究与实验, (2): 71-74.
肖家芸. 2008. 托起教育自己的梦想——自塑教育. 上海: 华东师范大学出版社.
解光夫, 杨韵刚. 2002. 论罗洛·梅的人本主义道德观. 安徽工业大学学报(社会科学版), (3): 104-106.
谢舒潇, 吴芸, 谢雨萌, 等. 2005. 在校大学生数字化学习特征调查与分析. 电化教育研究, (6): 23-27.
谢舜, 赵少钦. 2002. 网络虚拟社会伦理问题的成因与控制. 广西大学学报(哲学社会科学版), (6): 16-21.
徐送林. 2012. 数字化时代学习面临的挑战及其对策. 中小学电教, (10): 20-24.
徐稳. 2008. 数字化时代的课堂教学. 当代教育科学, (18): 29-31.
杨鹏. 2006. 网络文化与青年. 北京: 清华大学出版社.
杨韶刚. 1995. 罗洛·梅的存在分析观阐释. 吉林大学社会科学学报, (1): 27-31.
杨韶刚. 2003. 人本主义心理学与教育. 哈尔滨: 黑龙江教育出版社.
杨韶刚. 2009. 人性的彰显——人本主义心理学. 济南: 山东教育出版社.
叶海智. 2007. 信息技术与情感教育. 北京: 科学出版社.
叶澜. 2003. 教育创新呼唤"具体个人"意识. 素质教育大参考, (4): 6-7.
叶澜. 2006. 教育概论. 北京: 人民教育出版社.
袁贵仁. 2008. 对人的哲学理解. 上海: 东方出版中心.
约翰·托夫勒. 1996. 第四次浪潮. 北京: 华龄出版社.
曾德琪. 2003. 罗杰斯的人本主义教育思想探索. 四川师范大学学报(社会科学版), (1): 43-48.
曾国屏, 李正风, 段伟文, 等. 2002. 赛博空间的哲学探索. 北京: 清华大学出版社.
查昌国. 1992. "恶"促使人自我超越与道德完善——黑格尔"恶动力"思想浅析. 安庆师院社会科学学报, (3): 87-92.
张桂芳. 2004. 数字化时代中国人文精神的缺省、重建与扩展. 江西社会科学, (9): 72-75.
张建荣. 2008. 浅析数字化时代的学习方式及发展趋势. 中国医学教育技术, (4): 351-353.
张康之. 2005. 论人的道德存在以及人的自我完善. 甘肃社会科学, (6): 55-58, 54.
张怡. 2004. 数字化时代的认识论走向. 江西社会科学, (3): 12-18.
赵建平. 2005. 自我概念研究述评. 安阳师范学院学报, (6): 73-74.
郑艳. 2009. 心理学理论视角的网络去个性化现象分析——从弗洛姆到罗洛梅的分析. 哈尔滨学院学报, (2): 28-31.
中华人民共和国教育部. 2012. 教育部关于印发《教育信息化十年发展规划(2011—2020年)》的通知. http://www.moe.gov.cn/srcsite/A16/s3342/201203/t20120313_133322.html [2012-03-13].
钟志贤. 2011. 数字化时代的学习文化变革. 江西广播电视大学学报, (4): 1-6.
周若辉. 2006. 数字时代化人的生存方式革命及特征. 湖湘论坛, (3): 39-41, 56.

周若辉. 2008. 虚拟与现实: 数字化时代人的生存方式. 北京: 国防科技大学出版社.
朱艳新, 张日. 2003. 罗杰斯的人本主义思想与人格理论. 社会科学论坛, (5): 29-30.
朱志强. 1989. 马斯洛的需要层次理论述评. 武汉大学学报(社会科学版), (2): 124-126.
B. A. 苏霍姆林斯基. 1992. 怎样培养真正的人. 蔡汀, 译. 北京: 教育科学出版社.
C. P. 斯诺. 1994. 两种文化. 纪树立, 译. 北京: 生活·读书·新知三联书店.
M. 兰德曼. 2006. 哲学人类学. 阎嘉, 译. 贵阳: 贵州人民出版社.
Jones C, Ramanau T, Cross S, et al. 2010. Net generation or digital natives: is there a distinct new generation entering university? Computer and Education, 54(3): 722-732.
Kennedy G E, Judd T S, Churchward A, et al. 2008. First year students' experiences with technology: are they really digital natives? Australasian Journal of Educational Technology, 24(1): 108-122.
Kirkwood A, Price L. 2005. Learners and learning in the 21st century: what do we know about students' attitudes towards and experiences of ICT that will help us design courses? Studies in Higher Education, 30(3): 257-274.
Kuiper E, Volman M, Terwel J. 2005. The web as an information resource in K-12 education: strategies for supporting students in searching and processing information. Review of Educational Research, 75(3): 285-328.
Li Y, Ranieri M. 2010. Are "digital natives" really digitally competent? A study on Chinese teenagers. British Journal of Educational Technology, 41(6): 1029-1042.
Mayer R E. 2001. Multimedia Learning. Cambridge: Cambridge University Press.
McCourt L P, Ballantine J A, Whittington M. 2003. Evaluating the validity of self-assessment: Measuring computer literacy among entry-level undergraduates within accounting degree programmes at two UK universities. Accounting Education, 12(2): 97-112.
Merritt K, Smith D, Renzo J C. 2005. An investigation on self-reported computer-literacy: Is it reliable? Issues in Information System, 6(1): 289-295.
Nasah A, Da Costa B, Kinsell C, et al. 2010. The digital literacy debate: An investigation of digital propensity and information and communication technology. Educational Technology Research and Development, 58(5): 531-555.
Oblinger D G, Oblinger J L. 2005. Educating the Net Generation. Boulder: EDUCAUSE.
OECD. 2011. PISA 2009 Results: Students on Line. Digital technologies and performance (Volume VI). Paris: OECD Publishing.
Ong W J. 1982. Orality and Literacy: The Technologizing of the Word. London: Routledge.
Ophir E, Nass C, Wagner A D. 2009. Cognitive control in media multitasker. Proceedings of the National Academy of Sciences of the United States of America, 106(37): 15583-15587.
Pea R D. 1985. Beyond amplification: using the computer to reorganize mental functioning. Educational Psychologist, 20(4): 167-182.
Prensky M. 2001. Digital natives, digital immigrant, part Ⅱ: Do they really think differently? On the Horizon, 9(6): 1-6.
Salomon G, Perkins D N, Globerson T. 1991. Partners in cognition: Extending human intelligence with intelligent technologies. Educational Researcher, 20(3): 2-9.
Schumacher P, Morahan-Martin J. 2001. Gender, Internet and computer attitudes and experiences.

Computers in Human Behavior, 17(1): 95-110.

Selwyn N. 2009. The digital native-myth and reality. ASLIB Proceedings, 61(4): 364-379.

Snyder I. 1999. Digital Literacies: Renegotiating the visual and the verbal communication. Prospect, 14(3): 13-23.

Talja S. 2005. The social and discursive construction of computing skills. Journal of the American Society for Information Science and Technology, 56(1): 13-22.

Tapscott D. 2008. Grown up Digital: How the Net Generation is Changing Your World. New York: The McGraw Hill Companies.

Thinyane H. 2010. Are digital natives a world-wide phenomenon? An investigation into South African first year students' use and experience with technology. Computers & Education, 55(1): 406-414.

UNESCO. 2008. Towards Information Literacy Indicators. Paris: UNESCO.

Van Deursen A J A M, Van Dijk J A G M. 2010. Measuring Internet skills. International Journal of Human-computer Interaction, 26(10): 891-916.

Van Dijk J A G M. 2005. The Deepening Divide: Inequality in the Information Society. London: Sage Publications.

Veen W, Vrakking B. 2007. Homo Zappiens: Growing up in a Digital Age. London: Network Continuum Education.

Volman M, van Eck E, Heemskerk I, et al. 2005. New technologies, new differences. Gender and ethnic differences in pupils' use of ICT in primary and secondary education. Computers & Education, 45(1): 35-55.

Walraven A, Brand-Gruwel S, Boshuizen H P A. 2008. Information-problem solving: A review of problems students encounter and instructional solutions. Computers in Human Behavior, 24(3): 623-648.

Winograd T, Flores F. 1986. Understanding Computers and Cognition: A New Foundation for Design. Norwood: Addison-Wesley Longman Publishing.

附　　录

数字化成长状况调查问卷

同学：

　　你好！为了研究数字化成长过程中的中学生自我完善问题，我们想了解你中学时代的一些基本情况。这次调查采用不记名的方式，希望你能根据你的实际情况和真实想法认真填写，以便为我们的研究提供科学的依据。谢谢你的支持和帮助！

2013 年 10 月

　　一、基本情况（选择题除标示"多项选择"的题目以外，每题只选择一个答案，请在所选择的答案上打√，在横线上补充相应信息）

　　1. 你就读的大学名称：_____

　　2. 你的性别：A. 男　　B. 女

　　3. 你参加的高考类别是：A. 文史类　　B. 理工类　　C. 艺术体育类

　　4. 你的中学所在省（直辖市、自治区）是：_____

　　5. 你的家庭户籍所在地是：A. 城区　　B. 镇区　　C. 乡村

　　6. 中学阶段你或者你的家庭拥有下列哪些数字化产品？（多项选择，请在所有合适的选项上打√）

　　　A. 计算机　　B. 手机　　C. VCD 机　　D. 数码照相机

　　　E. MP3 或 MP4　　F. 掌上游戏机

7. 中学阶段你每周观看电视的时间大约是：
   A. 8 小时以下　　　　　B. 8～14 小时　　　　　C. 15～21 小时
   D. 22～28 小时　　　　 E. 28 小时以上

8. 中学阶段你最喜欢收看的节目类型是：
   A. 新闻类　　　　　　　B. 教育类　　　　　　　C. 体育类
   D. 娱乐类　　　　　　　E. 影视类　　　　　　　F. 其他（请补充）

9. 中学阶段你收看电视的最主要理由是：
   A. 学习知识　　　　　　B. 打发时间　　　　　　C. 满足兴趣
   D. 增长见闻　　　　　　E. 其他（请补充）

10. 中学阶段收看电视给你最大的帮助是：
    A. 学习知识　　　　　　B. 丰富生活　　　　　　C. 增加乐趣
    D. 了解世界　　　　　　E. 其他＿＿（请补充）

11. 有人认为，收看电视的时候大脑不用思考，你认为符合你中学阶段的情况吗？
    A. 完全符合　　　　　　B. 基本符合
    C. 不太符合　　　　　　D. 完全不符合

12. 有人认为，收看电视比阅读书籍更能使人快乐，你认为符合你中学阶段的情况吗？
    A. 完全符合　　　　　　B. 基本符合
    C. 不太符合　　　　　　D. 完全不符合

13. 你第一次使用网络是在：
    A. 上小学之前　　　　　B. 小学一到三年级　　　C. 小学四到六年级
    D. 初中阶段　　　　　　E. 高中阶段　　　　　　F. 高考前未使用

注：第 13 题选择 A、B、C、D、E 选项的请继续答题，选择 F 选项的可以停止答题，上交问卷。

14. 中学阶段，你每周使用计算机的时间大约是：
    A. 8 小时以下　　　　　B. 8～14 小时　　　　　C. 15～21 小时
    D. 22～28 小时　　　　 E. 28 小时及以上

15. 中学阶段，你使用计算机所进行的活动有哪些？（多项选择）
    A. 网上学习　　　　　　B. 网络游戏　　　　　　C. 交友聊天
    D. 网上购物　　　　　　E. 阅读新闻　　　　　　F. 收听音乐、观看影视
    G. 收发邮件　　　　　　H. 查找资料　　　　　　I. 其他＿＿（请补充）

中学生的数字化成长与教育

16. 网络信息繁多，你在中学阶段怎么判断信息的真假：

   A. 不会判断　　　　　　　B. 凭感觉　　　　　　　C. 暂时相信

   D. 自己仔细分析　　　　　E. 其他____（请补充）

17. 人们对中学阶段上网存在不同看法，从你的中学经历来看，你认可哪一种：

   A. 中学生上网弊大于利　　B. 中学生上网利大于弊

   C. 中学生上网的利弊说不清楚

18. 请你对自己的中学时代上网时间进行总体评价：

   A. 应当减少时间　　　　　B. 刚好合适

   C. 应当增加时间

19. 有人认为使用网络可以帮助中学生更好地成长，你是否同意：

   A. 完全同意　　　　　　　B. 基本同意

   C. 不太同意　　　　　　　D. 完全不同意

20. 请评价你自己中学阶段对数字化产品的依赖程度：

   A. 非常依赖　　　　　　　B. 比较依赖

   C. 不太依赖　　　　　　　D. 不依赖

二、根据你的中学生活情况，请在符合你的选项后面打√

题项	完全同意	基本同意	不太同意	完全不同意
21. 我经常通过微博、微信、QQ空间等展示自己				
22. 数字化世界比现实中有更多机会展现自己				
23. 网络与现实中的我不一样				
24. 在网络上更能展示真实的自我				
25. 自己在网络中比现实中更受欢迎				
26. 网络上的人对我的评价很客观				
27. 网络活动能帮我更好地发现自己的优缺点				
28. 网络可以让我知道更多人对我的看法				
29. 我在网络上是个真诚可信的人				
30. 我不在乎网络上的人对我的看法				
31. 我通过网络获取的信息已经超过从传统媒体获取的信息				
32. 网络反映了世界的真实状况				
33. 网络帮我更好地认识世界				

续表

题项	完全同意	基本同意	不太同意	完全不同意
34. 我难以判断哪些网络信息是有用信息				
35. 我不知道如何鉴别网络信息的真假				
36. 我很难相信网络上的信息				
37. 网络信息令我对真实世界迷惑不解				
38. 我经常通过网络了解各种社会新闻				
49. 网络改变了我对周围世界的看法				
40. 我经常通过数字化媒体获得知识				
41. 我总是不假思索地接受网上的知识				
42. 通过网络交往能够促进自己成长				
43. 网络生活提供了现实生活中无法接触到的经验				
44. 网络增加了我与别人的沟通				
45. 我有一些网络上的朋友				
46. 在网络上我更容易知道他人的想法				
47. 我经常对自己的网络行为进行反思				
48. 网络广告会影响我的消费行为				
49. 我曾经被网络谣言欺骗				
50. 我经常努力去改善自己和数字化产品之间的关系				
51. 数字化世界比真实世界更自由				
52. 明知网上有些事情不该做，但还是做了				
53. 如果长期不上网，我会有想上网的冲动				
54. 我能很好地控制上网的时间				
55. 我上网时经常因干别的事情而耽误原计划做的事情				
56. 经常因为使用数字化产品而推迟入睡时间				
57. 数字化世界对人生观、价值观、世界观构成威胁				
58. 数字化世界是一个民主的世界				
59. 数字化世界比现实世界更公平				
60. 数字化世界和生活世界是不同的世界				
61. 虚拟生活是现实生活的一部分				
62. 我对网络上和我相反的观点感到气愤				

续表

题项	完全同意	基本同意	不太同意	完全不同意
63. 网络传递的消极信息多于积极信息				
64. 网络能激发我对现实生活的思考				
65. 网络能让我产生新奇的想法				
66. 遇到困难时我会在网上求助				
67. 网上求助很少能得到真正的帮助				
68. 我经常在生活中使用在网上看到的新技术				
69. 我善于利用网络来解决生活中的问题				
70. 上网对提高解决问题能力帮助不大				
71. 数字媒体减少了我参与社会实践活动的时间				
72. 我的大部分网络活动是娱乐和消遣				
73. 我上网经常是漫无目的、随心所欲的				
74. 我经常反思和评价网络上的文艺作品				

再次感谢你的合作，祝你学习进步、健康快乐！

后 记

书稿的修改正遇上了 2020 年新型冠状病毒肺炎疫情，特殊时期的"停课不停学"是教育界对未来教育的一次预演，全国中学生尝试在"空中课堂"学习。这种突如其来的境遇进一步催生了人们对"数字时代教育将何去何从"更急迫地思考，我也越来越意识到这一问题的深刻性。本书试图开辟一条从数字时代中学生的境遇出发来思考中学教育的路径，形成从人的自我完善的视野来评价数字时代教育的思路，现在看来本书还带有明显的探索性。

本书是我在博士学位论文的基础上修改、完善而成的，感谢导师涂艳国教授引领我走进教育研究的大门，启发我尽早开始了对数字时代教育问题的思考，尤其是涂老师为我提供了包容而又具有引领性的研究环境，让我能够一直思考和研究一个充满诱惑的问题，同时也是一个值得研究的问题。

本书能够出版并被纳入"信息化进程中的基础教育变革研究丛书"，很感谢湖北第二师范学院"湖北省优势特色学科群（教师教育）"、湖北教师教育研究中心及熊华生教授对本书的支持；感谢罗儒国、罗祖兵两位师兄在出版过程中所做的组织工作；感谢科学出版社崔文燕、张春贺两位编辑所做的审读和加工工作。由于我水平有限，本书可能还存在不足之处，恳请专家、学者批评指正。

肖　凯

2020 年 5 月